基础教育
国际比较研究丛书

Series of International and Comparative Studies on Basic Education

顾明远 主编

自然体验学习

Nature-based
Experiential Learning

黄 宇 —— 主编

上海教育出版社
SHANGHAI EDUCATIONAL
PUBLISHING HOUSE

图书在版编目（CIP）数据

自然体验学习 / 黄宇主编. — 上海：上海教育出版社，2020.12
（基础教育国际比较研究丛书 / 顾明远主编）
ISBN 978-7-5720-0504-6

Ⅰ.①自… Ⅱ.①黄… Ⅲ.①学习方法 – 研究 Ⅳ.①G791

中国版本图书馆CIP数据核字(2020)第271340号

策　　划　袁　彬　董　洪
责任编辑　杨　瑜　沈明玥
书籍设计　陆　弦　陈　芸

基础教育国际比较研究丛书
顾明远　主编
自然体验学习
黄　宇　主编

出版发行	上海教育出版社有限公司
官　　网	www.seph.com.cn
地　　址	上海市永福路123号
邮　　编	200031
印　　刷	上海展强印刷有限公司
开　　本	640×965　1/16　印张 17.5　插页 3
字　　数	210 千字
版　　次	2021年8月第1版
印　　次	2021年8月第1次印刷
书　　号	ISBN 978-7-5720-0504-6/G·0368
定　　价	68.00 元

如发现质量问题，读者可向本社调换　　电话：021-64377165

Series Introduction

总　序

　　2020年注定是人类历史上不平凡的一年，新冠疫情的爆发改变了世界发展的基本格局。一些国家保守主义、单边主义抬头，逆全球化思维盛行；但更多国家和国际组织呼吁全球应加强合作，共同抗击疫情并抵制疫情给世界各国社会、经济、教育等不同领域带来的不良影响。受疫情的影响，不少国家因通信基础设施薄弱已出现了学习危机，加之疫情影响导致的经济危机势必影响很多国家的教育投入，进而加剧教育不平等的现象。此外，疫情期间不少国家不断爆出的种族歧视、隔阂言论和行为，给世界和平和发展带来了潜在的风险。为此，2020年联合国教科文组织"教育的未来"倡议国际委员会发布了《新冠肺炎疫情后世界的教育：公共行动的九个思路》(Education in A Post-COVID World：Nine Ideas for Public Action)，特别强调要加大教育投入，保障公共教育经费，同时呼吁"全球团结一心，化解不平等。新冠肺炎疫情解释了权力不均和全球发展不平等问题。各方应重新倡导国际合作，维护多边主义，以同理心和对人性的共同理解为核心，促进国际合作和全球团结"。[1]

　　事实上，全球教育发展面临的挑战远非如此。回

---

[1] International Commission on the Futures of Education, UNESCO. Education in A Post-COVID World：Nine Ideas for Public Action [R/OL]. [2020-06-24] https://unesdoc.unesco.org/ark:/48223/pf0000373717/PDF/373717eng.pdf.multi.

顾人类社会进入21世纪以来，经济的快速发展和科技的日益进步的确给教育的发展带来了很大的变化，"经济增长和创造财富降低了全球贫穷率，但世界各地的社会内部以及不同社会之间，脆弱性、不平等、排斥和暴力却有增无减。不可持续的经济生产和消费模式导致全球气候变暖、环境恶化和自然灾害频发……技术发展增进了人们之间的相互关联，为彼此交流、合作与团结开辟出了新的渠道，但我们也发现，文化和宗教不宽容、基于身份的政治鼓动和冲突日益增多"。[1]这些全球可持续发展的危机已然给世界各国的教育提出了巨大的挑战。为此，联合国教科文组织特别重申了人文主义的方法，强调："再没有比教育更加强大的变革力量，教育促进人权和尊严，消除贫穷，强化可持续性，为所有人建设更美好的未来，教育以权利平等和社会正义、尊重文化多样性、国际团结和分担责任为基础，所有这些都是人性的基本共同点。"[2]

对此，中国政府一直高度赞同并积极行动，响应国际社会的号召。我们以习近平总书记提出的"人类命运共同体"和"文化交流互鉴"的思想为指导，坚持教育对外开放，积极地开展各项国际教育交流与合作活动。日前，《教育部等八部门关于加快和扩大新时代教育对外开放的意见》也明确指出，要"坚持教育对外开放不动摇，主动加强同世界各国的互鉴、互容、互通，形成更全方位、更宽领域、更多层次、更加主动的教育对外开放局面"。[3]为此，我们需要更加深入地研究各国教育改革的最新动向，把握世界教育发展的基本趋势。

北京师范大学国际与比较教育研究院作为教育部普通高等学校人文社会科学重点研究基地，始终围绕着世界和我国教育改革与发展的

---

[1] 联合国教育、科学及文化组织.反思教育：向"全球共同利益"的理念转变[M].巴黎：联合国教科文组织，2015：9.
[2] 同上：4.
[3] 教育部.教育部等八部门全面部署加快和扩大新时代教育对外开放[R/OL].(2020-06-18)[2020-06-24]. https://www.xuexi.cn/lgpage/detail/index.html?id=12928850217812069436& item_id=12928850217812069436.

重大理论、政策和实践前沿问题开展深入研究。此次组织出版的"基础教育国际比较研究丛书"共10本，既有国别的研究，涉及英国、美国、法国、加拿大等不同的国家，也有专题的研究，如基础教育质量问题、英才教育等。这些研究均是我院教师和博士生近年来的研究成果，希望能帮助从事基础教育工作的教育决策者和实践者开拓视野，较为深入准确地把握世界教育发展的前沿问题，以更好地促进我国基础教育新一轮的深化改革。在出版过程中，我们得到了上海教育出版社的大力支持，特别是此套丛书的负责人袁彬同志和董洪同志的大力支持，具体负责每本书的编辑不仅工作高效，而且认真负责，在此一并感谢！

2020年6月24日

于北京求是书屋

序

Foreword

在一个空气湿润的春日，一群孩子聚集在森林里，他们身着防水保暖的户外服装，脚上穿着长筒雨靴，互相鼓劲，喊着号子兴奋地将一根原木合力举起。"嗨，让我们来玩捉迷藏吧！"一个孩子大声喊道，调皮地躲到了一棵大树的后面。"我们要开始计数喽！"其他孩子应和着，嬉闹着跑进了树林。

这一幕发生在加拿大的一所森林学校中。每天，孩子们沿着小径，来到没有围墙的"教室"，开始一天的学习。他们在森林中一路探寻、触摸、感受、冒险甚至犯错，并且提出问题，寻找问题的答案。和普通学校的孩子一样，他们在这里发展心智，培养技能，形成德操。目前，这种学习模式在欧洲、北美，以及澳大利亚、新西兰、日本、韩国等国家和地区已经广泛开展。

把自然体验作为一种重要教育内容的理念起源于北欧国家，在丹麦、瑞典尤为盛行。北欧国家森林茂密，地广人稀，自然保护状况良好，教育过程中特别重视野外活动，学生从幼儿阶段起便经常到森林中开展教育活动。即使在最寒冷的季节，孩子们也会到森林中去。幼儿园的日常游戏、歌谣、跳舞、阅读等活动全部在森林中开展，从而逐渐形成了一整套特殊的教育理念和教学体系。到20世纪80年代，丹麦和瑞典在这方面的各类活动已经趋于成熟，并在长期的发展过程中，经过汇合、总结、提炼、升华，传播到世界其他地区，从而形成了"自然体验学习"（nature-based experiential learning）的主张。尽管各个国家的自然条件和地理环境大相径庭，但利用本国丰富的自然环境为儿童提供良好的个体发展机会是共同的理想。不同国家和地区的森林学习均强调共同的基本理念，即"在自然中学习""关于自然的学习"和"为了自然的学习"。因此，可以将"自然体验学习"视为以大自然为媒介、以自然体验活动为主线的各类教育的总称。目前，世界各国开展"自然体验学习"的场所不仅有公立的学校教育机构，还包括托幼机构、非政府组织和私人设立的各级各类教育机构等，教育对象主要为3—17岁的少年儿童。

大自然是一个蕴藏着无穷可能性的"教室"，从中可以获得各式各样的体验，让孩子们乐在其中。孩子们可以侧耳倾听鸟鸣或其他动物的叫声、人类在雪地上行走的嘎吱声、风从林间穿过的呼啸声，可以认真观看森林四季的色彩、动物和植物的身姿、晴天或阴天的光影，可以细心体察寒风的凛冽、阳光的煦暖、树皮的粗粝，可以驻足品味花草的味道、泥土的气息、随风传来的芬芳。无数生动的体验汇聚在一起，便形成了丰富的自然体验学习。因此，孩子们在大自然中的学习是主动的，他们的好奇心、求知欲和集体意识推动着整个学习的方向，让每一次学习都是新鲜的。孩子们也会把各自的个性、经历和故事带到学习中，在整个自然体验的过程中展开绘声绘色的绝妙想象。或者是天马行空的幻想，或者是生活经验的再加工，孩子们的想象力为自然体验学习增添了无穷的乐趣。

儿童的学习质量取决于他们的想象力、直觉、学习意愿，以及沉浸于学习环境的水平。通过引发好奇心和激发兴趣，一次林间漫步便可以成为引导儿童精神成长的奇妙探险。在自然体验学习中，孩子们可以看到一个事物的多个视角，可以融合与运用不同学科的内容。通过在自然中学习，建立与自然亲密的联系，孩子们会发展出一种"关心的知识"，把学习的目的从"我知道"转移到"我关心"，认识到自己是自然整体的一部分,并且发展出关心自己、他人和生命的整体价值观。

"教育"一词在拉丁语中是从词根"引发"变化而来的。自然体验学习正是基于教育的这一真谛,将体验作为核心的教学手段和方法,让孩子们自主地生成观念和思想。自然体验学习提供的是一种"引发式"的课程,而不是"注入式"的课程,其中的学习过程和学习成果同样重要。通过沉浸于大自然的体验,孩子们能够与自然产生深刻的联系,并且持续地发展社会技能和身体技能。20世纪中叶以来,无论是在城市还是乡村,儿童周边的生活环境都呈现出逐渐恶化的趋势,进而导致儿童的直接环境体验逐渐减少,对其人生观、道德观、世界观的养成带来消极的影响,美国作家洛夫(Richard Louv)将这一现象称为"自然缺失症"。自然体验学习正是治愈"自然缺失症"的一剂良药。

近年来,随着环境和可持续发展的议题受到广泛关注,一些国家和地区对自然体验学习的效能进行了许多调查研究,也为自然体验学习的开展提供了充足的场所和丰富的设施条件。20世纪末,美国康奈尔(Joseph Cornell)的《与孩子共享自然》(1979)一书被译介到中国,自然体验学习的许多观点和做法在我国得到了逐步普及和推广。教育不仅建构学生对环境的态度与价值观,并且借助专业知识的传承与思想的激发,发展出更新的解决方法,推进人类生活向前迈进。面对全球生态和环境的严重问题,教育作为人类核心利益的重要价值愈加凸显。没有有效的教育,人类将无以应对全球变化,促进可持续发展未来的实现。从历史和国际的经验来看,在教育体系中为儿童提供更多的自然体验学习机会,推进教育转向可持续发展,显然是值得进一步探索和实践的。

本书是北京市教育科学"十三五"规划重点课题"基于自然体验学习的可持续发展教育课程资源的研究与开发"(课题编号:CAJA16056)的研究成果之一。其中,第一、二、三、四、六章由黄宇（北京师范大学）编写，第五章由王瑾（首都师范大学）编写，第七章由刘健（人民教育出版社）、王雱（北京理工大学附属中学）、闫得方（北京市顺义区第五中学）、金萍（北京理工大学附属中学）、孙雪峰（北京市顺义区第十三中学）等编写，徐佳、赵珂、史安丁、高雅男、崔慧慧等（北京师范大学国际与比较教育研究院）协助对书稿进行了修改和整理，最后由黄宇统稿完成全书。

　　希望本书的出版能够为中国环境与可持续发展教育的发展，为自然体验学习的推进和普及，为方兴未艾的自然体验学习实践提供有益的参考。

目 录

第一章 什么是自然体验学习 ...1

第一节 自然体验学习的源流 ...3
第二节 自然体验学习的内涵 ...5
第三节 自然体验学习的价值 ...9

第二章 自然体验学习的理论基础 ...17

第一节 亲生命情结 ...19
第二节 自然观察智能 ...32
第三节 体验式学习 ...41

第三章 自然体验学习的内容 ...47

第一节 自然研究 ...49
第二节 环境教育 ...54
第三节 户外教育 ...62

第四章　自然体验学习的评价　... 71

第一节　自然体验与身心健康　... 73

第二节　自然体验学习与教育　... 85

第三节　自然体验学习的评价标准　... 95

第四节　自然体验学习的评价方法　... 102

第五章　自然体验学习的实施　... 115

第一节　自然体验学习的原则　... 117

第二节　自然体验学习的常用方法　... 119

第三节　自然体验学习的常见类型　... 125

第四节　自然体验学习的风险防范　... 132

第六章　自然体验学习机构的实践案例　... 137

第一节　瑞典的森林幼儿园　... 139

第二节　英国的森林学校　... 150

第三节　日本的自然学校　... 159

第四节　中国台湾的环境学习中心　... 168

第七章　我国中小学课程中的自然体验学习 ... 177

第一节　普通学科课程相关的自然体验学习 ... 179

第二节　综合实践活动课程相关的自然体验学习 ... 196

第三节　校本课程相关的自然体验学习 ... 208

结语　面向可持续发展的自然体验学习 ... 222

附录1　自然中心简明指南 ... 227

附录2　开展自然体验学习时的注意事项 ... 246

参考文献 ... 258

第一章

什么是自然体验学习

第一节

自然体验学习的源流

自然体验学习的思想主要来源于自然研究（nature study）、保全教育（conservation education）和户外教育（outdoor education）。自然研究最早可追溯到英国维多利亚时代，当时的英国教师和学者就开始关注对自然界及其中的生命体的学习。1892年，苏格兰植物学家格迪斯（Patrick Geddes）博士在爱丁堡建立了一座"观察塔楼"，供学生观察、学习自然现象，因此他被认为是第一位在环境与教育之间架起重要桥梁的人物，他的瞭望楼则被视为最早的实地学习中心。与此同时，19世纪美国兴起了"面向全民的科学教育"运动，提倡发现式、探究式的学习方法。在此背景下，1873年美国博物学家阿加西（Louis Agassiz）在马萨诸塞州的帕尼基斯岛上创设了一所以自然界代替书本作为教材的学校。尽管这所学校的历史不长，但它的教育实践和裴斯泰洛齐（Johan Heinrich Pestalozzi）的"实物教学"理论相结合，对当时的教育界产生了强烈的冲击。1891年，杰克曼（Wilbur Jackman）出版了《为普通学校的自然研究》（*Nature Study for the Common Schools*）一书，奠定了科学教育立场的"自然研究"的基础。1908年，著名的农业和农村教育家巴里（Liberty Bailey）创立了"美国自然研究学会"（American Nature Study Society）。在他的思想影响下，自然研究开始重视热爱自然、理解自然的情感培养。1899年，格迪斯访问了美国，使英国和美国的

"自然研究"运动得以合流。随后,"自然研究"运动又和杜威(John Dewey)的进步主义教育思潮汇合在一起,将强调亲身经历、感受和体验大自然,强调爱护自然、人与自然和谐共处等理念引入教育领域。

保全教育的基本思想是"尽力保护和留存因为人类活动的影响而逐渐丧失的大自然",其起源与美国的自然保护历史密切相关。美国成立初期的大开拓时代,自然往往被视为人类的敌手和征服的对象。到了19世纪后期,人们开始重新认识自然。超验主义哲学家爱默生(Ralph Emerson)在1836年写下《论自然》(Nature)一文,表达了对自然的欣赏、爱慕和重视。这种将自然视为"精神家园"的思想经过梭罗(Henry David Thoreau)的琢磨,又进一步由穆尔(John Muir)、利奥波德(Aldo Leopold)发扬光大,形成了美国自然保护运动的基本思想。20世纪初期,穆尔与平肖(Gifford Pinchot)曾经展开过一场关于"保存主义"(preservation)和"保全主义"(conservation)的论争,从而形成了对自然资源保护和利用的不同流派,在世界范围内产生了深远的影响。保全教育的传统在后来的环境教育思潮中得到了延续和发展,美国著名的"学习树项目"(Project Learning Tree)和"荒野项目"(Project Wild),集中体现了保全教育的观点和主张。

19世纪末20世纪初,一些有识之士对浪漫主义和超验主义思潮做出回应,将在自然中的活动作为磨砺人格、促进儿童成长的重要媒介,从而催生了户外教育。当时在欧洲、美国、澳大利亚和新西兰等地,已经出现了有组织的营地活动。1898年,美国博物学者西顿(Ernest Seton)出版了《动物记》(Wild Animals I Have Known)一书,获得了巨大成功。他主张"孩子们在一年中应当有一个月的时间去参加野营",从而在美国社会掀起了观察和了解自然的热潮。1908年,陆军中将贝登堡(Robert Baden-Powell)在英国首先创立了童子军组织,并迅速在世界各地传播开来,成为许多国家和地区户外教育的起源。

自然研究、保全教育和户外教育的传统为自然体验学习提供了思想源泉,也构成了自然体验学习的基本内容。实际上,自然体验学习的许多具体主张和做法,都是对以上三种传统的继承和发展。

第二节

自然体验学习的内涵

要理解自然体验学习,首先需要理解"自然"的含义。对于多数人来说,"自然"这一概念可能是无须探讨的概念。一般而言,很多人把"自然"理解为物理世界或自然科学研究对象的总称。这种认识无疑与近代自然科学对西方思想的巨大影响有关。这种对自然的理解不仅在古代中国无迹可寻,在西方思想中也是较晚出现的。

中国人的自然观最早可从老子的《道德经》中窥得一二。老子主张"希言自然",并认为天地自然也处于转瞬即逝的变化之中,"希言自然。故飘风不终朝,骤雨不终日,孰为此者?天地;天地尚不能久,而况于人乎"。在这里,老子用"飘风"与"骤雨"比喻自然，已经接近我们所说的"自然"。自然为世间存在的万事万物，并因天地宇宙的千变万化而瞬息万变。自然就是自然万物本身。同时，世界上也不存在能够脱离自然的人。人受制于天地万物，这种不为人的意志所左右，宇宙间永恒的变化，大致相当于中国人所谓的"自然"。

"中国的'自然'和西方的nature原本就是不同来源的没有任何关系的两个词汇"[1]，可是在现代思想的影响下，中国人将此"自然"概念作为普遍适用的概念加以接受，并以此来理解原来本土的"自然"和其他的一些重要概念，如天、地、天道、天理、气等。虽然人们并未完全忽略中国思想中"自然"的传统意义，但接受日本以"自然"这两个汉字作为nature的译名，不可避免地会以近代西方nature概念的意义来理解传统的"自然"的概念，这在一定程度上是将其简单化了。

基于观念史的原因，自然的概念具有复杂多义性。一般而言，人们所体验的"自然"，是在哲学上的质料意义的自然，即康德所言的"不是作为一种性状，而是作为一切事物的总和，这是就它们能够是感官的对象、从而也是经验的对象而言的。所以自然被理解为一切显像的整体，亦即除一切非感性的客体之外的感官世界"[2]。通俗地说，这里所指的"自然"，就是通常所指的大自然、自然界或自然环境，是与人类的意识及人工创造物、衍生物相区别的物质世界，包括自然界除人之外的物种、现象和过程。

因此，自然的概念具有十分广泛的含义，从事物的内在特征到整

---

[1] 池田知久."自然"的思想［M］//张岱年，苑淑娅.中国观念史.郑州：中州古籍出版社，2005：39.
[2] 康德.自然科学的形而上学初始根据［M］//李秋零，主译.康德著作全集：第4卷，北京：中国人民大学出版社.2010：476.

个物质世界[1][2]，包括自然现象、自然事物、自然过程等。但是，人们并不能从所有的这些对象中获得自然体验。实际上，自然体验所关注的对象是相对狭义的，也就是可以不借助专用仪器，仅通过感官感受到的自然环境：山岭、河流、森林，各种植物、动物和它们的生活痕迹，风、阳光、云彩、雨露、潮汐和季节变化带来的景观变化，等等。另外，尽管产生自然体验的环境特征有着广泛且复杂的差异性，但自然体验学习基本上只涉及一般人可以广泛体验到的自然区域。一些自然环境其实很难被"体验到"，例如极地、沙漠、高山、深海、热带雨林或其他极端的原生环境等。因此，自然体验学习所关注的自然环境往往是性质温和的、令人熟悉的、易于亲近的。

同时，还需要注意到，自然体验学习中所指的"自然"，并非专指"荒野""原野"那样通常规模巨大、很少或没有明显的人类存在和干预的自然环境[3]。人工环境通常与自然环境形成对比，如建筑、街道、广场和其他人造物等。但是，尽管城市中的绿地、公园等场所具有人为设计、塑造和组织的性质，但它们仍然是由树木、花草和其他自然生态要素组成的，与建筑物、道路和其他人造事物截然不同。因此，自然体验并非只能从"原生"的自然环境中得到。人们当然能够从探索原始森林的经历中获得自然体验，但是也能够从欣赏乡村、田野、牧场的过程中获得自然体验；还可以从欣赏城市公园、行道树、室内盆栽的过程中获得自然体验；甚至通过风景画、照片、视频、虚拟现实技术等媒介，人们也可能产生身处自然环境的感觉，获得身处

---

[1] Guthrie, W. K. C. A History of Greek Philosophy; vol. II: The Presocratic Tradition from Parmenides to Democritus[J]. Philosophical Books, 1965: 93-94.
[2] Naddaf, G. Greek Concept of Nature[M]. New York: SUNY Press, 2005: 11-12.
[3] Pitt, D. & Zube E. H. Management of Natural Resources[M]. Stokols, D., & Altman, I., (Eds.). Handbook of Environmental Psychology, 1987: 1009-1042.

自然环境中的体验。由此可见，自然体验学习的场所除了未经人类干预的"原生自然"之外，还有经过人类有限改造利用的"人化自然"、人类利用自然元素营造的"人工自然"以及人类运用信息技术模拟建造的"虚拟自然"等。从历史发展来看，人类最初的自然体验主要是来自原生自然和人化自然，然后才是人工自然和虚拟自然。因此，自然体验学习的起源和流变，也跟人们和原生自然、人化自然、人工自然、虚拟自然的接触密切相关。

从国际上的经验来看，自然体验学习可以认为是以自然体验为基础的一种体验学习模式，具有体验学习的共性。库伯（D. Kolb）[1]借鉴杜威[2]和皮亚杰（J. Piaget）[3]等人的研究成果，将体验学习分为四个阶段：具体经验、观察与反思、观念的形成、新情景中对观念的测试。一个完整的自然体验学习过程同样应当包含以上四个阶段。但是，自然体验学习是以大自然作为媒介的一种特殊的体验学习，它与其他的体验学习过程也有着明显的区别。自然体验学习的关键因素之一在于，学习行为往往发生在户外环境而不是人工建筑环境中。另一个关键因素是，自然体验学习体现着"亲身动手参与"的学习风格。因此，自然体验学习离不开自然体验活动，开展自然体验学习的一个重要方式就是自然体验活动。日本文部省有关加强青少年野外教育的调查研究者会议认为，自然体验活动是指在大自然中开展的各种活动的总称，具体来说有野营、远足、滑雪、划独木舟等野外活动，观察动植物和星象的自然环境学习活动，以及使用自然物进行制作、在大

---

[1] Kolb, D. A. The Process of Experiential Learning. Experiential Learning: Experience as the Source of Learning and Development [M]. Upper Saddle River: Prentice-Hall, Inc., 1984: 20–38.
[2] Dewey, J. The Pattern of Inquiry [J]. The Essential Dewey, 1938, 2: 169–179.
[3] Piaget, J. The Stages of the Intellectual Development of the Child [J]. Bulletin of the Menninger Clinic, 1962, 26(3): 120.

自然中举办文化艺术活动等。

综上所述,自然体验学习的关键是要为学习者提供一种较少人工干预和影响的学习环境,使学习者在其中"浸润"和发展,从而获得身体、心灵、知识、技能、品德等方面的发展。据此,可以把自然体验学习定义为:个体有计划、有目的、有组织地到自然环境中去,通过自然体验活动,获得直接体验(经验),从而习得知识和能力,完善心智和品格的过程。

第三节

自然体验学习的价值

自然体验学习具有可以与普通学校教育相互补充的多方面价值。在精神成长方面,自然体验学习可以满足人们回归自然的需要,让人暂时挣脱现实生活的桎梏,抛开生活的烦恼,在另一个真实的环境里,回到自己的本真状态,真切地感受生命的力量,洞察生命的意义。同时,在自然体验学习中,参与者能够获得一种美的享受。在广阔的大自然中进行体验学习,发现生活的价值归宿以及乐趣,深刻感悟生活的美感。通过与自然的亲密接触,加深对不同美的理解,以及对自然法则的理解。从哲学角度来看,自然体验是构成人生体验的重要内容,是构成完整的人不可缺少的部分。例如,一项为德国政府开展的综合研究总结道:"在未来的知识型社会中,整体性学习、对生活世界的经验、所有感官的发展和社会情境中的自我意识将构成人类生活的基础。"[1] 从美学角度来看,"欣赏自然美有一种归真返璞的感受,有一种超凡脱俗,远离尘世喧嚣,洗净人世烦恼的心旷神怡的体验。只有面对自然美的时候,人们才真正感受到自己是一个完整的、活生生的生命存在。如果说,人作为社会关系的一个纽结,在社会的网络上被撕碎了的话,在自然中他重新被缝合了;如果说,人在社会阶层的挤压中被削平了的话,在自然中,他复又膨胀为一个鲜活饱满的生命存在。正是在自然的怀抱中,人充分地享受着大自然赐予的全部的、天真的乐趣。他以一种独立完整的人格与大自然对话,他真正体验到他是一个自主的、具有完全生命力的人"。[2] 从教育学角度来看,人对自然的种种体验和思考是人类历史上所有教育的基本内容。教育总要形成某种世界观,而这种观念反映着人类对待自己与自然关系的总体信念和态度,决定着人类的思想和行为,它使受教育者成为完整的人。因此,自然体验学习对人的精神成长具有重要的价值。

在社会交往方面,自然体验学习也有其独特的价值。自然体验学习中的体验活动本身代表的就是一种生活方式,这是一种与都市生活截然不同的生活方式。它倡导人们离开繁忙拥挤的都市,走进自然,向大自然寻求人类生存的本质意义;放下现代文明带来的舒适与慵懒,充分体会到一种回归人的本性与初衷、检验人的智慧与力量的乐趣。它倡导人们亲近、珍惜和热爱自然,倡导人们通过自然体验运动加深人与人之间简单、真诚的人际交往。这种积极健康的生活

---

[1] Karlheinz, R. Potential und Dimensionen der Wissensgesellschaft: Auswirkungen auf Bildungsprozesse und Bildungsstrukturen [J]. Pädagogisches Handeln, 1999: 162-167.
[2] 封孝伦.人类生命系统中的美学[M].合肥:安徽教育出版社,1999:185-186.

观念正在扩散和影响社会的各个阶层,这对于提升人们的生活质量有一定的意义。另外,自然体验活动是一种积极良好的社会实践和锻炼经历,参与者除了锻炼自己以外,还可以感受户外生活的魅力。户外运动大多不是单独进行的,它通常需要同伴之间的密切配合和相互信任,运用团队精神,去完成活动。这对参与者是一种考验,但它同时又会带给他们信任和满足感,以及克服困难后的自信与成就感。这种建立在相互信任、配合基础之上接受考验的活动经历,对于培养人们积极的社会行为方式很有帮助,能够增进人们之间的人际交往、改善人际关系。

  在身心健康方面,自然体验学习的价值也不容忽视。自然体验学习从某种程度上来讲,可以看作是一种生态休闲运动。而空气清新、植被丰富、污染较少的森林、湿地或其他自然环境,对身体健康的益处不言而喻。目前,儿童生活与大自然的疏离已经成为当代社会中的普遍现象。20世纪中叶以来,无论是城市还是乡村,儿童生活的周边环境都呈现出逐渐恶化的趋势,进而导致儿童的直接环境体验逐渐减少,带来许多消极影响。洛夫[1]将这一现象命名为"自然缺失症",专指人类因疏离自然而产生的各种生理和心理表现,如感觉迟钝、注意力不集中、沉溺电子产品等。这些现象在儿童中表现得较为显著,常会导致儿童肥胖、注意力紊乱、孤独、抑郁、愤怒等一系列后果。现有的研究表明,自然体验学习可以有效地减少紧张感,提高注意力、耐力、自律水平和心理稳定水平,是"自然缺失症"的对症良药。自然体验学习可以顺应儿童天性,激发其学习兴趣;增加儿童的自然知识和科学经验;培养爱心,使其感悟生命;培养探索精神,加强团队

---

[1] Louv, R. Nature Deficit[J]. Orion, 2005(7/8): 70–71.

合作精神；净化心灵，促进道德发展；培养艺术创作能力等[1][2][3]。

在认知发展方面，自然体验学习还可以帮助儿童习得自然方面的相关知识，学习和了解野外活动相关技巧，形成良好的规则意识和行为规范，培养环境意识和学习相关学科的兴趣等，这也是自然体验学习最为重要的价值之一。

自然体验能够影响个体对环境知识的习得。博格纳（F. X. Bogner）[4]以中学生为研究对象，让学生参与某个国家公园项目，并在参与项目之前以及之后的一个月和六个月时分别进行测试，目的是对比长期教育项目和短期教育项目的影响。这个项目采用了情感和认知相结合的方法，既包括直接的一手体验（比如触摸树木、画出植物地图、观察蚂蚁），也包括模仿游戏（比如"狐狸和兔子"）。学生既了解了国家公园的信息，又扩充了关于事实和生态概念的知识（比如关于树木、捕食者—猎物关系的知识）。学生分别参加了两种项目，第一种为期五天，第二种则只有一天。结果表明，参加五天项目的学生在环境行为量表上的得分提升程度要普遍高于参加一天项目的学生。在一个相似的研究中，博格纳和威瑟曼（M. Wiseman）[5]（样本数=409）也发现，户外生态教育对青少年的知识水平有积极影响。

自然体验还会影响儿童自然观念的形成。季博尔（M. Gebauer）[6]

---

[1] 吕燕琴.大自然是孩子获取科学经验的最佳捷径[J].企业科技与发展，2009（20）：314-315.
[2] 杨国全.引导少儿接触大自然的教育意义[J].现代中小学教育，1992（05）：8-11.
[3] 晓庄.大自然，激发孩子更多的思与爱[J].中外管理，2010（04）：127.
[4] Bogner, F. X. The Influence of Short-term Outdoor Ecology Education on Long-term Variables of Environmental Perspectives[J]. Journal of Environmental Education, 1998, 29(4): 17–29.
[5] Bogner, F. X. & Wiseman, M. Environmental Perception: Factor Profiles of Extreme Groups[J]. European Psychologist, 2002, 7(3): 225–237.
[6] Gebauer, M. Zum Zusammenhang von Naturkonzeptionen und Naturerfahrungen bei Grundschulkindern, in: Klee, R., Sandmann, A. & Vogt, H. (Eds.). Lehr- und Lernforschung in der Biologiedidaktik[M]. Innsbruck: StudienVerlag, 2005: 147-161.

通过因子分析归纳了五种对自然的观念：（1）科学的；（2）自然的；（3）人文的；（4）统御性的；（5）负面的。这些观念可以被划分为积极观念（自然的、人文的）和消极观念（统御性的、负面的），认为自然是"科学的"观念则既有积极也有消极的内涵。研究表明，很少甚至拒绝自然体验的儿童会有消极的自然观念，受家庭控制和影响较深的儿童容易形成"自然是统御性的"观念，自然体验丰富的儿童则可能产生人文的或负面的自然观念。

自然体验可能帮助儿童形成对自然积极的态度和价值观。例如，林德曼-马蒂斯（P. Lindemann-Matthies）[1]评估了一个瑞士的教育项目，项目包括科学（观察任务）和审美自然体验（自然画廊），发现该项目提高了儿童对当地动植物的认知和欣赏度。比特纳（A. Bittner）[2]对一个德国国家公园项目进行了评估研究，发现与自然相关的体验最有可能产生对自然的兴趣和环境保护行为。耿瑞丹和黄宇[3]则研究了自然体验对流动儿童人格养成的影响，发现自然体验可以帮助流动儿童养成健康积极的人格。

许多实证研究都表明了自然体验在培养儿童对环境的正向态度和行为方面具有重要影响，还有证据显示不同类别的环境体验对儿童的环境行为有不同的影响。例如，对生物教学的研究表明，自然体验是环境意识和环境行动的基础[4][5]；而一部分研究结果显示，孩童时代

---

[1] Lindemann-Matthies, P. The Influence of an Educational Program on Children's Perception of Biodiversity [J]. The Journal of Environmental Education, 2002, 33(2): 22–31.
[2] Bittner, A. Außerschulische Umweltbildung in der Evaluation [M]. Hamburg: Verlag Dr. Kovač, 2003.
[3] 耿瑞丹，黄宇. 自然体验学习对流动儿童人格培养的影响研究.（研究报告）. 未出版，2010.
[4] Janssen, W. Natur erleben [J]. Unterricht Biologie, 1988, 12(137): 2–7.
[5] Klautke, S., & Köhler, K. Umwelterziehung — ein didaktisches Konzept und seine Konkretisierung [J]. Unterricht Biologie, 1991, 15(164): 48–51.

的自然体验经历对环境敏感行为的产生有着积极影响[1]。根据"重要生命经验"的研究成果[2][3],环保人士普遍认为童年与自然接触的经历对他们日后的行为具有决定性意义。一些传记和心理分析研究也显示主体"外在环境"的经历和"内在本性"的发展之间存在密切的相互作用[4][5][6]。芬格尔(M. Finger)[7]基于一项广泛的实证研究(样本数=1 004)指出,对于标准的环境行为(例如,回收垃圾和使用公共交通),自然体验是影响最大的因子;对于中等的环境行为(例如,自身完成标准环境行为并告知他人),自然体验的影响排在第二位;对于深度的环境行为(例如,中等的环境行为外加参与环境示范),自然体验则影响较小。

伯格霍茨(S. Bögeholz)[8]将自然体验分成四种类型:(1)审美取

---

[1] Langeheine, R. & Lehmann, J. Die Bedeutung der Erziehung für das Umweltbewußtsein [J]. Kiel, Institut für die Pädagogik der Naturwissenschaften, 1986.

[2] Tanner, T. Significant Life Experiences: A New Research Area in Environmental Education [J]. The Journal of Environmental Education, 1980, 11(4): 20-24.; Tanner, T. On the Origins of SLE Research, Questions Outstanding, and other Research Traditions [J]. Environmental Education Research, 1988, 4(4): 419-423.; Tanner, T. Choosing the Right Subjects in Significant Life Experience Research [J]. Environmental Education Research, 1988, 4(4): 399-418.

[3] Chawla, L. Significant Life Experiences Revisited: A Review of Research on Sources of Environmental Sensitivity [J]. The Journal of Environmental Education, 1998, 29(3): 11-21.; Chawla, L.Significant Life Experiences Revisited: A Review of Research on Sources of Environmental Sensitivity (abridged version) [J]. Environmental Education Research, 1998, 4(4): 369-382.; Chawla, L. Research Methods to Investigate Significant Life Experiences: Review and Recommendations [J]. Environmental Education Research, 1998, 4(4): 383-398.; Chawla, L. Significant Life Experiences Revisited once again: Response to Vol. 5(4) Five Critical Commentaries on Significant Life Experience Research in Environmental Education [J]. Environmental Education Research, 2001, 7(4): 451-463.

[4] Gebhard, U. Kind & Natur. Die Bedeutung der Natur für die psychische Entwicklung [M]. Wiesbaden: Westdeutscher Verlag, 2001.

[5] Wilke, E. Naturbeziehung und persönliche Entwicklung — Eine qualitative Untersuchung zur Frage des Verhältnisses von äußerer und innerer Natur [M]. Hamburg: Verlag Dr. Kovač, 2004.

[6] Chawla, L. Significant Life Experiences Revisited: a review of research on sources of environmental sensitivity [J]. Environmental Education Research, 1998, 4(4): 369-382.

[7] Finger, M. From Knowledge to Action? Exploring the Relationships between Environmental Experiences, Learning and Behavior [J]. Journal of Social Issues, 1994, 50(3): 141-160.

[8] Bögeholz, S. Qualitäten primärer Naturerfahrung und ihr Zusammenhang mit Umweltwissen und Umwelthandeln [M]. Opladen: Leske+Budrich, 1999.

向型;(2)社会取向型;(3)工具—科学取向型;(4)生态—科学取向型。他研究了1 243名10—18岁的儿童后发现,根据自然体验类型、环境知识和行为之间的关系,可以将学生划分为两个群体,即偏向美学/社会性体验的学生,以及偏向科学性体验的学生。学生群体内的差异很小,但群体间却显现出明显的差异,偏向科学性体验的群体在环境知识、动机和行为意图方面表现出了更高的水平[1]。同时,他还发现拥有更多自然体验的学生对于物种知识、生态概念知识的掌握程度更高,在导致环境行为的动机和意图方面也表现出更高分值。在另一项研究中,伯格霍茨和卢特(S. Rüter)[2](样本数=265,年龄11—18岁)比较了积极和消极(如遇到蚊子、蜘蛛或蛇等)的自然体验对环境行动的影响,发现积极的自然体验和父母环境行为的影响力要远高于消极的自然体验。

---

[1] Bögeholz, S., Mayer, J. & Rost, J. Nature Experience and Environmental Behavior of Students: An Empirical Study. In: Bayrhuber, H. & Mayer,J. (Eds.). Empirical Research on Environmental Education in Europe [M]. Münster: Waxmann, 2000: 103-110.
[2] Bögeholz, S., & Rüter, S. Wenn Erfahrung weh tut — The Dark Side of Nature Experience. In: Gropengießer, H., Janssen-Bartels,A. and Sander, E. (Eds.). Lehren fürs Leben [M]. Köln: Aulis Verlag Deubner, 2004: 80-95.

第二章

自然体验学习的理论基础

第一节

亲生命情结

自然体验学习强调学生与自然、与自然中其他生命进行直接接触,这种亲近生命的倾向被称为"亲生命情结",可以说它是人类与生俱来的自然特性,是在进化数千年来与自然的联系以及与其他生物的联系中逐渐建立起来的。人类有着亲近其他生命的本能,正如马斯洛(Abraham Maslow)在20世纪60年代末写的那样,人类对自然的兴奋和兴趣是一种生物学意义上的本性,与自然、与自然其他生命的亲近可以说是最美妙的体验[1],正是这种亲生命的本性构成了自然体验学习开展的前提。

弗洛姆(Erich Fromm)首次用"biophilia"这个词来形容人类对其他生命形式的亲和力,包含生命过程以及所有活着、至关重要的事物。这个词后来由威尔逊(E. O. Wilson)发扬,他提出亲生命假说(biophilia hypothesis),将"biophilia"定义为"人类潜意识中寻求与其他生命情感联系的本性"[2],它是与生俱来的一种倾向,是人类在历史进化过程中发展出来的、由基因决定的本能,即是一种遗传编码的人类倾向。坎恩(P. Kahn)进一步认为,亲生物性是一种内在价值,

---

[1] Maslow, A. The Farther Reaches of Human Nature [M]. New York: Viking, 1971.
[2] Wilson, E. O. Biophilia and the Conservation ethic. In Kellert, S., Wilson, E. O., (Eds.). The Biophilia Hypothesis [M]. Washington D.C.: Island Press, 1993: 31-41.

它将人类视为自然界中的种族，与自然强烈联合在一起[1]。

威尔逊在后来的研究中坦率地提出亲生命情结是环境伦理的生物学基础，在《亲生命性》(*Biophilia*)一书中，他将"表面伦理"与更深层次的保护伦理区分开来。"我们之所以是人类，很大程度上是因为我们与其他有机生命体相联系的特殊方式。这是人类思想起源的母体，是一种根深蒂固的联系。在某种程度上，每个人都可以是一个自然主义者。"威尔逊表示，遵循表面伦理的动机包括经过尝试的真实激励，如经济回报、意外的治疗效果或其他技术的突破，以及我们在自然环境中所享受到的乐趣。他认为更深层次的动机可能来自理解和培养我们对自然的吸引力，以及认识这种吸引力与我们最深层次的人类满足感之间的联系。

克劳尼（David Clowney）在威尔逊的思想基础上将亲生命情结视为一种善待环境的美德，他同样认可"我们与其他生命形式之间的紧密联系似乎不言而喻"这样的假设，这种趋向自然生命的本能在某种程度上存在于所有人类中，而不仅仅存在于那些自身就是生物学家的人身上。这种倾向在对人类生活做出贡献的同时，又将对人类生活的自然环境的关怀作为目标与情感内容，克劳尼的研究探讨了亲生命性作为一种个体美德和集体美德的特征，有助于环境保护主义者采取更多有效的策略[2]。

作为一种"幸福主义的环境美德"（eudaemonistic environmental virtue），亲生命情结使我们趋向于采取有助于我们蓬勃发展的各种行

---

[1] Kahn, P. Developmental Psychology and the Biophilia Hypothesis: Children's Affiliation with Nature [J]. Developmental Review, 1997, 17(1): 1-61.
[2] Clowney, D. Biophilia as an Environmental Virtue [J]. Journal of Agricultural and Environmental Ethics, 2013, 26(5): 999-1014.

第二章
自然体验学习的理论基础

动、探索，并积极建立与自然的联系。亲生命情结隐喻了环境的特殊性和重要性，需要我们与自然建立良好的关系，并要求我们维持尽可能多的生活的多样性。亲生命情结若是要达到道德层面上的卓越性，需要积极的意志：它必须是要达成一种成就，而不仅仅是停留在一种天性，它促使我们成为优秀的人类。

克劳尼认为，拥有某种品质是一种道德美德的自由，这种品质不必与美德的目标相同，也不必与美德的情感内容相同。一个喜欢生物的人会尊重、欣赏、学习和保护其他生命。当这个人被问及这样做是否只是为了人类的利益时，他可能否认，甚至可能因为这个问题而感到被冒犯，换句话说，他可能是为了生命本身的价值而珍惜其他非人类的生命，因为热爱其他生命与人类的可持续发展息息相关。不管这种美德是如何获得美德地位的，把它称为"人类中心主义"似乎也是一种误导。那么，亲生命情结作为一种幸福主义的环境美德会是什么样子呢？首先，它必须有人类本性的基础，即我们对非人类生命的自然吸引与兴趣；第二，它必须能促进人类的繁荣。威尔逊指出了人类与自然世界保持联系的两种主要方式：首先，我们需要活着的其他生命支撑我们的生存，我们从植物那里获取氧气，我们的食物来源于各种生物；其次，我们对其他生命还有另一种需求，是一种精神上的、心理上的、认知上的、想象上的或者情感上的需要。

威尔逊曾在书中想象了这样一个世界，在这个世界里，我们成功地用各种人工替代品取代了生机勃勃的自然。在这样的世界中，我们会变得"贫穷"，因为再也不会有真正的大象、长颈鹿、蚂蚁或者狮子，再也没有令人惊奇的生物圈，再也没有我们无法完全理解也无法创造的美妙、复杂的生态系统，它曾是我们的家园。为了人类的精神文明，发展一种热爱是必要的，保护好人类非驯化品质的生态伦理也是必要的。

  然而，在现代社会中，许多人割裂了与自然世界的直接联系。一些研究者表示，生活在西方文化中的人之所以与自然分离，是因为我们自然而然地接受了笛卡儿（René Descartes）和培根（Francis Bacon）的哲学思想[1][2]，这是资本主义经济体系的产物[3]，它倾向于把人类放在第一位，把那些生物和我们共同的环境放在我们自己的环境中[4]。脱离自然是一种现代常见的现象，与此同时，我们的日常行为也对他者造成了影响。我们扰乱了其他物种的生活，甚至对他们赖以生存的系统造成了影响，这种影响可能是无意识的，许多人不知道他们的行为对其他生命造成了多大的伤害。这样的脱节源于一种约定俗成的认知，即人类的价值和需求比非人类的需求与价值更重要——这与利奥波德在《沙乡年鉴》（*Sand County Almanac*）中经常引用的观点形成了鲜明对比。利奥波德的观点是："土地伦理使现代人的角色从土地社区的征服者变成了土地社区的普通成员和公民。"[5]派尔（R. M. Pyle）则一针见血地描述了我们与自然的脱节[6]，他将其归因于人类对于自然直接体验的减少，而这种直接体验的减少被他归因于城市化、技术的日益普及与滥用，特别是对儿童来说，与自然疏离的问题日益突出，他把这种与自然缺乏直接体验的现象称为"经验的缺失"。

  然而，对于大多数发达国家的城市居民来说，缺乏接触"野生"自然的机会并不会阻碍他们成为亲生命者。相反，为了克服缺乏"野

---

[1] Capra, F. The Hidden Connections: A Science for Sustainable Living [M]. New York: Anchor Books, 2002.
[2] Jackson, W. Becoming Native to this Place [M]. Berkeley: Counterpoint Press, 1996.
[3] Daly, H. & Farley, J. Ecological Economics: Principles and Applications [M]. Washington D.C.: Island Press, 2004.
[4] Berry, T. The Great Work [M]. New York: Bell Tower, 1999.
[5] Leopold, A. A Sand County Almanac and Sketches here and there [M]. New York: Oxford, 1949.
[6] Pyle, R. M. Nature Matrix: Reconnecting People and Nature [J]. Oryx, 2003, 37(2): 206–214.

生"自然这一困难，城市居民会更多地关注那些几乎无处不在的野生动物以及植物，比如鸟类、昆虫、小型哺乳动物、苔藓、草本、乔木，并有意识地寻找与非人类生命间接联系的渠道。所有的美德都有一个认知维度，亲生命性的认知维度的一部分是获取关于我们与自然世界的关系的知识，以及关于非人类生命的生态相互关系的知识，这样对大自然以及对大自然中其他生命的直接接触体验活动，可以发生在保存完好的荒野自然世界中，也可以发生在我们的居所的后院中。

温德邦（J. G. Van den Born）等人的研究表明，那些在童年时期与"野生自然"有过更直接和更密切接触的人，在成年时比那些童年时期与"驯化后的自然"接触更多的人表现出更多的归属感，他们称这样的倾向为"野生愿景"（visions of wild nature）[1]。研究者们将"野生自然"定义为几乎没有或根本没有人为干预和影响的自然环境，而"驯化后自然"则被定义为包括室内植物和家庭宠物在内的高度组织化的环境。这项研究意义重大，因为它揭示了童年经历和成年亲和力之间的关系。还有其他研究表明，那些生活在美观、生态健康的社区中的人具有更积极的环境价值观和更高的生活质量，而那些生活在环境质量较低社区中的人往往对环境的兴趣程度较低，且他们的生活质量相对较低[2]。

亲生命情结者重视我们与自然的联系，包括对环境的偏好，虽然野生动物和人类在选择自己的栖息地时都会受到本能的引导，但两者也存在差异。野生动物对栖息地的选择是由基因决定的，很少有可改

---

[1] Van den Born, J. G., Lenders, R. H. J., De Groot, W. T., et al. The New Biophilia: An Exploration of Visions of Nature in Western Countries [J]. Environmental Conservation, 2011, 28(1): 65-75.
[2] Kellert, S. R. Building for Life: Designing and Understanding the Human-nature Connection [M]. Washington D.C.: Island Press, 2005.

变的本能[1]，但人类的本能主要是由学习规则组成的，也因此人类和自然环境之间的关系在某种程度上也是由文化和个人因素决定的，比如经验体验和文化适应[2]。对于人类而言，环境偏好与自然环境的审美品质有关；亲生命情结意味着对动物、植物和所有其他生物体的喜爱[3]，以及在人性进化过程中从未消失的对大自然的偏好[4]。虽然并非所有的美学特征都可以追溯到"适者生存"，但是不难发现，在这些特征中有那些最初是生存法则的特征，即经过长期进化，人类在自然环境中更具优势。在过去的二十万年里，人类一直在自然环境中进化，即根据自然环境的变化进行生长和适应，并对自然环境有着自然的着迷，拥有与生俱来的"与自然的联系"，亲生命情结也反映了个人如何感觉自己是自然世界的一部分以及与自然有联系的程度和深度[5]，也就是说，相信我们属于自然就像自然属于我们一样。在过去的几年里，越来越多的研究关注到了人们与自然的联系，与自然"联系"的能力被看作是一种积极的人格特征，可以提高人的认知能力，使人保持健康（积极稳定的心态、健康的身体等），提升生活的幸福感。

亲生命的天性在我们的进化历史中几乎是固定不变的，受到以下两种能力的影响：一个是对自然的刺激能轻松产生反应的能力[6]，即对

---

[1] Klemetsen, A., Amundsen, P. A., Dempson, J. B., et al. Atlantic salmon Salmo salar L., brown trout Salmo trutta L. and Arctic charr Salvelinus alpinus (L.). A Review of Aspects of their Life Histories [J]. Ecol. Freshw. Fish, 2003, 12: 1-59.

[2] Colucci Gray, L., Camino, E., Barbiero, G., et al. From Scientific Literacy to Sustainability Literacy [J]. Sci. Educ. 2006, 90: 227-252.

[3] Barbiero, G., & Berto, R. Introduzione Alla Biofilia. La relazione con la Natura tra Geneticae Psicologia [M]. Roma, Italy: Carocci, 2016.

[4] Barbiero, G. Biophilia and Gaia. Two Hypotheses for an Affective Ecology [J]. Biourbanism, 2011, 1: 11-27.

[5] Schultz, P. W., Schmuck, P., & Schultz, P.W., (Eds.). Inclusion with Nature: Understanding the Psychology of Human-nature Interactions. In The Psychology of Sustainable Development [J]. New York, USA: Kluwer, 2002，61: 78.

[6] Wilson, E.O. The Future of Life [M]. New York, USA: Alfred A. Knopf, 2002.

自然着迷的能力；另一个是不对称同理心（asymmetric empathy），或称不对称共情力，即从情感上接触各种生命形式，并受其感知条件的影响。研究表明，人们在自然环境中花费的时间越多，对大自然产生的共情力就越强烈，就越能感受到与大自然越来越紧密的联系。那些对自然环境有更多经验的人可能比那些经验较少的人对自然环境表现出更强的情感联系。

亲生命本能的观点在很长一段时间中扩大并融合进了美学领域的应用。例如阿普尔顿（J. Appleton）的栖息地理论（the habitat theory），指出人类对自然的依恋和归属是基于他们对景观中独特特征的偏好，如色彩、形状和空间布局，这些特征给人类带来了快乐的情绪体验[1]。还有乌尔里希（R. S. Ulrich）的美学情感理论（the aesthetic-affective theory）[2]，其强调来自自然界的特殊效应，即自然能够激发人类感官的各种反应，并带给人潜在的安全感。

根据进化论的说法，人类在东非的热带稀树草原上生活了大约两百万年。在此期间，人们认为某些景观特征为个体和群体提供了更好的生存机会。例如，水域不仅满足人类个体生存的生理需求，而且可成为人们阻隔大多数天敌的一道防线。水域也吸引了人类赖以生存的其他动物和植物，树干相对较低的树木或许可以攀爬，而那些树冠相对较高的树木则不会阻挡视线。基于这样一种进化论的解释，威尔逊曾表示："我的思想倾向于生活在热带稀树草原上，以至于某种程度上，美可以说存在于观察者的基因。" R. 卡普兰（R. Kaplan）的研究

---

[1] Appleton, J. Landscape Evaluation: the Theoretical Vacuum [J]. Transactions of the Institute of British Geographers, 1975(66): 120–123.
[2] Ulrich, R. S. Aesthetic and Emotional Influences of Vegetation: A Review of the Scientific Literature [M]. Stockholm: Swedish Council for Building Research, 1985.

发现，人们更倾向于选择自然环境而不是人工环境，更喜欢有水、有树木以及附着其他植被的建筑环境，相比之下对没有这些特征的建筑环境会产生厌倦[1]。

这些偏好可能符合人类祖先身处东非大草原的生存模式，福克（J. H. Falk）与巴林（J. D. Balling）的研究验证了热带草原假说，并强调了自然的完整性和连通性是人类与生命相互作用的关键[2]。这项研究要求受试者对五种不同的生物群落刺激进行评分，这五个群落分别代表热带雨林、混合阔叶林、北方针叶林、东非热带稀树草原和沙漠，福克与巴林假设年龄较小的儿童（8岁和11岁）更喜欢稀树草原而不是其他四个生物群落，由于环境偏好的因素之一是对环境的熟悉程度，而且随着儿童年龄的增长，他们对周围硬木的熟悉程度也逐渐增加，因此研究者们还假设年龄较大的儿童同样喜欢硬木森林（代表混合阔叶林）和稀树草原（代表东非热带稀树草原），并且喜欢这两个生物群落胜过其他三个，最终这些假说都得到了验证。

如果亲生命情结被单纯地理解为与生命和生命过程的联系，那么分析我们与动物的关系应该能提供更多的证据。人类与动物有着根深蒂固的联系，这种联系在我们的日常语言和认知中都能得到普遍的表达。即使粗略浏览一下我们的日常语言，也能找到丰富的例子，诸如"初生牛犊不怕虎""老黄牛""抓住狐狸尾巴"等。就像风景画令人愉悦一样，人类与动物的接触似乎总是能促进生理健康和情感幸福。例如，许多牙科诊所的候诊室至少在过去的几年里都设计了普通

---

[1] Kaplan, R. Nature at the doorstep: Residential Satisfaction and the Nearby Environment [J]. Journal of Architectural and Planning Research, 1985, 2: 115-127.
[2] Falk, J. H., & Balling J. D. Evolutionary Influence on Human Landscape Preference [J]. Environment and Behavior, 2010, 42(4): 479-493.

的水族箱，这些水族箱摆放的醒目位置难道反映的是一种武断的文化习俗吗？在一个简单的实验中，卡切尔（A. Katcher）、弗里德曼（E. Friedmann）、贝克（A. Beck）和林奇（J. Lynch）的研究发现，观看水族箱能够让高血压患者和正常人的静息血压出现显著降低[1]。1984年，卡切尔、西格尔（H. Segal）和贝克在一个更详细的实验中，更为仔细地研究了水族箱对即将接受口腔手术的患者的影响[2]，手术后，请口腔外科医生、观察员和病人评估手术期间病人的舒适程度，其结果表明，在手术过程中，水族箱对于使病人放松和提高病人的舒适度具有与催眠同样的效果。

更广泛地说，研究者已经发现与其他生物经常接触对人类的健康有积极的影响，对那些患有器质性或功能性精神障碍的人更加有益[3]。首先，数以百计的临床报告显示，当患有慢性脑综合征（如阿尔茨海默病或动脉粥样硬化）的老年患者拥有家庭宠物时，他们微笑的时刻会增多，同时对照料他们生活的人变得更加友善，也更善于社交。其次，许多研究还表明在自闭症儿童的照料中也有类似的情况，通过与动物（如狗、猫、鸟、海豚，甚至小乌龟）的互动，可以让自闭症儿童更好地集中注意力，开展社交互动，产生积极快乐的情绪并促进语言能力的提升。最后，在对患有各种功能性精神障碍的人进行研究时，也发现了动物对其身心健康恢复的良性反应结果。

---

[1] Katcher, A. H. Looking, Talking, and Blood Pressure: The Physiological Consequences of Interacting with the Living Environment [J]. New Perspectives on Our Lives with Companion Animals, 1983: 351–359.
[2] Katcher, A., Segal, H., & Beck A. Comparison of Contemplation and Hypnosis for the Reduction of Anxiety and Discomfort during Dental Surgery [J]. American Journal of Clinical Hypnosis, 1984, 27(1): 14–21.
[3] Katcher, A., & Wilkins G. Dialogue with Animals: Its Nature and Culture [J]. The Biophilia Hypothesis, 1993: 173–197.

谢泼德（P. Shepard）等研究者进一步验证了这一结论[1][2]，被限制活动的无行动能力者、残疾者、高龄者、贫穷者、长期处于压力中的工作者、留守儿童群体，他们都能够在动物的陪伴下表现出更快乐的情绪，甚至在亲人、动物的陪伴下能够活得更久。此外，研究还表明在动物的陪伴下，精神病罪犯群体的自杀以及攻击性行为减少，酗酒者身体康复速度加快，老年人的自尊心提高，精神分裂症儿童的情绪状态发生显著改善，盲人或聋人自信心加强，身体残障者表现得更加快乐，智力迟钝者学习速度加快，绝症患者的信心提升……这些人的社交关系普遍得到了促进，动物的陪伴对人类的身心健康的恢复以及幸福感的提升有极大的作用。

总的来说，亲生命情结在很大程度上仍然只是一种猜想、一种假设，甚至是一种在概念上和实践中都存在问题的假设。我们可以提出一个基本的问题：如果不是完全由基因决定的话，那么在多大程度上，亲生命情结是由基因决定的？费舍尔（C. S. Fischer）认为，亲生命情结假说体现的是一种基因决定论，如若如此，那么这个假设就有很大的缺陷，从某种程度上说，这个假设"基本上是空洞的"[3]。

如果用严格的生物学术语来理解亲生命情结，会让这个概念遭遇更多质疑，无法使人们深入理解生命友好的理念。但是，人类愿意亲近大自然，愿意促进自身与动植物和自然景观接触的生活方式可能具有遗传决定因素。生物对环境持续适应过程的遗传进化是整合了环境上有利的遗传变化的结果，使得更适应特定环境条件的生物具有更高

---

[1] Shepard, P. The others: How Animals Made us Human [M]. Washington D.C.: Island Press, 1996.
[2] Shweder, R. A., Mahapatra, M., & Miller, J. B. Culture and Moral Development. InKagan, J. & Lamb, S. (Eds.). The Emergence of Morality in Young Children [M]. Chicago: University of Chicago Press, 1987: 1-82.
[3] Fischer, C. S. Widespread Likings: Review of The Biophilia Hypothesis [J]. Science, 1994, 263: 1161-1162.

的存活率并获得更高的繁殖成功率。因此，这样的人类群体有更多的机会将遗传材料贡献给人类的基因库，从长远来看，能够增强整个人类群体的环境适应性。

亲生命情结的假说强调人们对自然的积极回应。然而，大自然也会引起消极的、恐惧的、有害的反应[1]。毒蛇和蜘蛛经常让人感到恐惧，美洲狮和其他大型食肉动物也是如此，蚊子也会使人感到烦躁，沼泽和沙漠听起来就存在威胁，悬崖与黑暗的森林都会让人产生恐惧的情绪。

基于此，一些研究人员提出了生物恐惧症（biophobia）以进一步扩展亲生命情结。对积极的环境因素（如潜在的食物和水源、住所）和负面的因素（如掠食者、毒蛇或有毒植物的危险）的反应能力在人类进化过程中可能都具有适应性意义。咬人和引起刺痛的昆虫、蛇、蝙蝠和其他动物引起很多人强烈的厌恶或恐惧，即使对于之前没有与这些动物接触过的人来说，这可能是通过观察其他人的反应形成替代学习的反应[2]。奥尔（D. W. Orr）提出，就像爱与恨相对立、生与死相对立，我们必须选择亲近生命而不是恐惧生命[3]。

乌尔里希做了类似的研究，对比了亲生命情结和生物恐惧症，设计了大量使用生物恐惧（例如，蛇、蜘蛛、高度、封闭空间和血液的图片）激发条件反射和对抗性的实验。这项研究表明，人类从生物学角度上获得适应性生物恐惧（恐惧/回避）反应，尤其不会忘记对某些自然刺激和情境的反应。此外，最近的研究结果表明，生物恐惧相

---

[1] Öhman, A., & Mineka, S. The Malicious Serpent: Snakes as a Prototypical Stimulus for an Evolved Module of Fear [J]. Current Directions in Psychological Science, 2003, 12(1): 5-9.
[2] Lichtenstein, P., & Annas, P. Heritability and Prevalence of Specific Fears and Phobias in Childhood [J]. The Journal of Child Psychology and Psychiatry and Allied Disciplines, 2000, 41(7): 927-937.
[3] Orr, D. W. Love it or lose it: The coming biophilia revolution. In Kellert, S. R. & Wilson, E. O., Eds. The biophilia hypothesis [M]. Washington D.C.: Island Press, 1993: 415-440.

关的自然应激非常迅速，往往可能自动地且无意识地发生。乌尔里希对数百项关于生物恐惧症的研究进行了全面综述，并将这些研究与新兴的关于亲生命情结的研究进行了对比[1]。

然而，有趣的是，威尔逊自己在亲生命情结和生物恐惧症之间建立了一种不同的关系。威尔逊将亲生命定义为与生命联系的过程，在这种与其他生命友好的框架中，人们对其他生命的反应既有积极的一面，也有消极的一面。这些复杂的情感沿着几个情感谱系下降：从吸引到厌恶，从敬畏到冷漠，从平静到恐惧驱动的焦虑。因此，根据威尔逊的观点，亲生命说明了一种积极向上的生活倾向。

亲生命情结促使人们积极建立与自然的联系。1984年威尔逊首次在《亲生命性》一书中提出亲生命情结，人类与其他生命系统之间，不管是动物还是植物，都存在着与生俱来的亲密情感联系，人类本能地喜爱绿色的植物、纯净的水，喜欢享受与自然之间的联系感，人类在潜意识中寻求与其他生命的联系可以说是一种与生俱来的本性。在亲生命本能的驱使下，人类积极地与自然世界保持联系，为确保生存，人类吸收植物制造的氧气，食用各种动物、植物、微生物获取养分。生而为人，首先需要其他活着的生命支撑我们的生存；其次，我们人类作为一种生命体的存在，对其他生命还存在生命体对另一种生命体的亲近需求，这是一种认知上的、想象上的或者情感上的需要。其中人类亲生命情结的认知需求促使我们去获取关于与非人类生命的关系的知识，以及关于生态相互关系的知识，无论是身处大自然或是在居住地附近，我们本能地寻找着自然界中的各种生灵，认识了解其

---

[1] Ulrich, R. S. Biophilia, Biophobia, and Natural Landscapes. In S. R. Kellert & E. O. Wilson, (Eds.). The Biophilia Hypothesis[M]. Washington D.C.: Island Press, 1993: 73-137.

第二章
自然体验学习的理论基础

他生命存在的生态系统，感受着我们与其他生命的联结，人们对自然积极回应，由此便产生了自然体验学习。

自然体验学习给人类提供了直接亲近其他生命的契机，对于人类来说，这不仅仅是亲生命的天性使然，更能够通过自然体验学习提升人类对自我的认知。我们正处于现代化加快、城市化进程扩大、技术日益普及的时代，生活水平不断提高，随之而来的是与其他生命直接接触体验的减少，这样一来，我们理所应当地认为人类的价值和需求比非人类的需求与价值更重要，人类与其他生命的关系出现了分离，在无意识中造成了对其他生命的影响，扰乱了其他物种的生活，甚至侵害了它们生存的权益，导致物种多样性减少、生物入侵以及生境破坏。囿于人类中心主义，人类接触自然好似成为现代社会生活的奢侈品，然而对于地球来说，我们人类也只是地球上的一个物种，我们在快节奏的生活中忘记了自我，忘记了与其他生命的联结。人类与自然、与其他生命的直接接触减少了，在许多情况下被间接接触所取代[1][2]。凯勒特（S. R. Kellert）将自然体验分为三种类型：直接的、间接的、替代的或象征性的。直接体验指的是通过在"基本上独立于人类干预和控制"的环境中进行的无计划的、未管理的与自然环境和非人类物种的实际身体接触[3]，这些直接体验的活动可以在后院和空地，也可以在森林和草地。通常情况下，通过电影、书籍和照片等的接触是间接体验，而间接体验也包括实际的身体接触，但发生在更受限制、程序化和管理的环境中，比如我们在参观动物园、科学博物馆、植物园、自然中心和水族馆的时候，都是在与自然、与其他生物进行间接接触。无论是直接体验还是间接体验，

---

[1][3]　Kellert, S. R. Experiencing nature: Affective, Cognitive, and Evaluative Development in Children [M]. Cambridge, MA: The MIT Press, 2002.
[2]　Louv, R. Last Child in the Woods [M]. New York: Algonquin Books of Chapel Hill, 2005.

都提供了认识大自然和与大自然建立联系的机会，但是对大自然、对其他生命进行直接接触，在促进自然归属感、形成对其他生命的认知等方面发挥着不可替代的作用[1]。那么，如何进行与其他生物的直接接触？如何重新回归本心找寻人类的根本？自然体验学习恰好为我们直接接触其他生命体提供了契机，人类想要接触其他生命体是一种与生俱来的倾向，自然体验学习唤醒了我们对非人类生命的自然兴趣，接触其他非人生物，尤其是从孩童时期就开始与它们进行直接接触尤为重要，在亲生命的无意识行为中进行自然体验学习，在与动物、植物、微生物接触的过程中，慢慢地与其他生物建立联系，有利于人类提升对其他生物的积极态度，提升对自然的归属感，养成积极的环境价值观。

第二节

自然观察智能

开展自然体验学习可以帮助学习者从大自然中获得启发，获得与自然相关的智能。美国哈佛大学心理学家加德纳（Howard Gardner）在其书《重构多元智能》(*Intelligence Reframed: Multiple Intelligences*

---

[1] Kellert, S. R. Experiencing nature: Affective, Cognitive, and Evaluative Development in Children [M]. Cambridge, MA: The MIT Press, 2002.

for the 21st Century）中拓展了智力的范围，增加了第八种智能：自然观察智能（naturalist intelligence），指观察自然界中的各种形态，对物体进行辨认和分类，能够辨别自然和人造系统的能力。拥有这类智能的孩子能够在幼年时就表现出对自然界的敏锐认知，他们通常可以敏锐地感受到他们周围环境的变化，这种潜能正是由于高度发达的感官知觉水平，他们能够比其他人更快地注意到周围事物的相似性、差异性和变化过程，而自然体验学习正是一种在自然中观察事物的学习活动，开展自然体验学习活动有助于开发学习者的感官能力，培养学习者对大自然的欣赏能力并且树立正确的环境观。

加德纳于1983年出版了《智能的结构》（*Frames of Mind: The Theory of Multiple Intelligences*）一书，系统地提出了多元智能理论（the theory of multiple intelligences）。他将智能定义为一组能力，即"在一种文化环境中个体处理信息的生理和心理潜能，这种潜能可以在某种文化背景中被激活以解决问题或是在各文化背景中创作该文化所重视的作品的能力"。

在最初，多元智能理论包含了以下七个方面的智能。

（1）言语—语言智能：指听、说、读和写的能力；

（2）音乐—节奏智能：指感受、辨别、记忆、改变和表达音乐的能力；

（3）逻辑—数理智能：指运算和推理的能力；

（4）视觉—空间智能：指感受、辨别、记忆和改变物体的空间关系并借此表达思想和情感的能力；

（5）身体—动觉智能：指运用四肢和躯干的能力；

（6）觉醒智能：指认识、洞察和反省自身的能力；

（7）交往—交流智能：指与人相处和交往的能力。

加德纳认为，学习应该是整体性的，可以更少关注传统的语言和数学方法，以促进其他类型智力的发展和所有感官的使用。这个框架允许教育学家去思考不同的学习方式，同时也让他们意识到，如果一个人没有通过传统途径学习，那么其他方法也可能是有用的。传统智慧被视为传统智力测验所确定的东西，加德纳将其转变为对智力构成的广泛认识。

加德纳认为，心理学家迄今没有花很大的精力去研究自然观察智能，他们一般都使用人为的刺激物（如几何图形等）来评估人的认知能力，同样，智力测验的编制人员也很少把动植物的分类作为测验的内容之一。他说，不同的智能对不同的符号系统具有不同的敏感性，而世界上每种文化在动植物分类上都有非常广泛的语言和表征系统，这显示了自然观察智能的通用性。此外，有些艺术作品，如从山洞壁画到传统舞蹈，都代表了自然观察智能能够辨别各种有特色现象的表现。因此，加德纳认为，一个人"能够辨别动植物，对自然万物进行分门别类，并能运用这些能力从事生产（如打猎、耕种乃至生物科学研究）"就是自然观察智能的表现。自然观察智能可以被增加到多元智力范畴中去，成为第八种智能。

加德纳指出，在1983年所提出的七种智能形成综合性的用于支配人们思维和行动的能力，它们每天都在帮助人们理解周围的世界。虽然自然观察智能在人们的日常生活中所起的作用没有像其他七种智能那么明显，但它起到了规范其他七种智能的作用，如激发对自然的兴趣，学会用自然观察的方法加深对科学的认识，理解自然对人们日常生活的影响等。

自然观察智能是一种识别、区分、揭示的能力，为我们在自然和环境中遇到的事物制定标准。换句话说，是一种人类识别生物和宇宙其他部分的能力。自然观察智能是对自然及其内容（生物及非生物）

的敏感性，是理解和欣赏自然对自身的影响以及规范自身行为对自然影响的能力[1]，可以说自然观察智能能够帮助人类识别和分类各种生物，并且能够促进人类充分享受与大自然的和谐共处。这个观点与阿姆斯特朗（T. Armstrong）的思想是一致的，阿姆斯特朗认为自然观察智能的定义是识别技能和分类物种，包括附近的生物，以及处理、利用和保护生物的能力[2]。阿姆斯特朗还认为，自然观察智能对于今天的生存非常重要，因为环境的许多方面都受到技术发展的威胁，因此需要那些有自然观察智能倾向的人将生态问题提上议事日程，同时培养儿童群体的自然观察智能，促使他们致力于环境保护事业。鉴于自然观察智能在环境保护方面的重要意义，自然观察智能的开发效果会随着儿童年龄的增长而降低，因此需要从幼儿时期就开始逐步培养并养成习惯，由于孩童时期是对自然观察智能价值观内化最快的阶段，越早地开始将越快地吸收和应用，一旦错过最佳发展期，就会难以内化以至发展缓慢。教育工作者和家长应把握开发自然观察智能的黄金发展期，从身边简单的小事做起，在日常生活中为孩子们介绍生物和其他存在于周围的自然物体。

布斯托米（Yazid Bustomi）的研究提供了一些如何培养孩子的自然观察智能的策略[3]，比如邀请孩子在家庭和学校以外的地方进行活动，尝试园艺、浇花、观察昆虫、介绍周围的自然物体，如各种植物和昆虫的名称。根据自然主义者的观点，智能与识别和分类环境中的生物的技能由个体对自然物体、生物的喜爱程度决定，也与个体对自

---

[1] Anita, L. 101 Cara menumbuhkan Kecerdasan Anak［M］. Jakarta: PT Elex Media Komputindo, 2003.
[2] Armstrong, T.Seven Kind of Smart Menemukan dan Meningkatkan Kecerdasan Anda Berdasarkan Teori Multiple Intelligence.［M］. Jakarta: Gramedia, 2002.
[3] Bustomi, Y. Panduan lengkap PAUD melejitkan potensi anak［M］. Bandung: Citra Publishing, 2012.

然环境中的生物，比如植物、昆虫，以及其他物体，如岩石、沙子等事物的敏感程度有关。周围自然存在的意义就在于让个体关注周围的环境。此外，解释活动，如爱护动物，保养植物，不乱扔垃圾和许多类似的活动也会有益于开发自然观察智能[1]。

在我国，自然观察智能指个体辨别环境（不仅是自然环境，还包括人造环境）并加以分类和利用的能力。那些能敏锐地觉察大量类似物体之间的细微差异的人，或者能够熟练对岩石和昆虫等进行分类的儿童也都表现出较为充分的自然观察智能。拥有这种智能形式的人通常对其他物种和环境有浓厚的兴趣，并且对外界有很强的亲和力，许多研究也表明此类兴趣往往始于孩童时期。回溯历史，在人类进化过程中，尤其在猎人、采集者和农民的生活中，这种智能助力良多，但是在今天，它可能对人们成为生物学家或农民产生潜在影响。拥有并重视这种形式智能的人群的例子很多，如美洲原住民。自然观察智能可以在户外学习和生态治疗活动中培养和培育，因此我们有理由相信个体能够在户外学到更多的知识。

自然观察智能提出较晚，尤其是对自然观察智能所包含的能力说法不一。夏惠贤在对儿童自然观察智能的观察中发现[2]，其内在本质能力包含观察、分类、条理化以及寻求事物间的联系等能力。马月芝、金瑜总结自然观察智能包含了三大要素：对生物的分辨观察能力、对自然景物敏锐的注意力、对各种模型的辨认力。霍力岩、孙冬梅总结自然观察智能包含的能力为：观察能力、辨认事物间差异、对事物进行分类、确认事物间关系以及使用这些能力在相关领域进行实践和创

---

[1] Dockett, S. & Fleer, M. Play and Pedagogy in Early Childhood: Bending the Rules [M]. Sydney: Harcourt Brace & Comp, 1999.
[2] 夏惠贤.论自然观察者智力及其课程开发 [J].比较教育研究，2004（01）：27-32.

造的能力[1]。

美国学者坎贝尔（Bruce Campbell）的《多元智能的教与学》一书中，提出了具有较高自然观察智能的人的一些特点，总结有以下几方面："一要有兴趣甚至是陶醉其中，二要多感官的敏锐观察，三要能主动发现事物的细节变化过程，四要具有建立事物间一定的标准和联系的能力"，并根据自然观察智能的性质及其特征，致力于在教学活动中开发学生的自然观察智能[2]。坎贝尔指出，自然观察智能可以在儿童身上以多种方式得以展现。一些儿童试图理解事物运作的原理，另一些儿童则可能着迷于事物变化的规律；一些儿童想要探索自然环境、关心生活在这些环境中的居民，另一些儿童则乐于对物体进行分类、确认其形态；一些儿童擅长确认并记忆物体之间存在的差异，并表现出对大自然的强烈热爱，以及与生态系统友好相处的热情。自然观察智能高度发达的个体可能会有如下表现：充满兴趣、满怀热情地探索人类与自然环境；寻找机会观察、辨别、接触、关注物体（包括动植物等）；能根据物体特征进行分类或归类；能辨认物种成员或物体分级的模式；热衷于了解物种的生命周期或人造物的生产；愿意了解"事物的工作原理"；对系统如何变化发展感兴趣；对物种之间的相互关系以及自然系统与人工系统之间的依赖关系感兴趣；能使用显微镜、望远镜、观察笔记、计算机等工具去研究生物体或生物系统；愿意学习生物的分类系统或其他语言结构或数学模型分类系统；对生态学、化学、动物学或植物学等职业具有兴趣；乐于探索新的分类系统或生命循环理论，或者揭示出物体间或系统间新的模式和相互关系。

---

[1] 霍力岩，孙冬梅.自然观察智力及其在幼儿园教育中的培养[J].教育科学，2006（03）：82-85.
[2] Campbell, L., Campbell, B., & Dickinson, D. Teaching & Learning through Multiple Intelligences [M]. 160 Gould Street Needham Heights, MA: Allyn and Bacon, Simon and Schuster Education Group, 1996.

对于一位自然观察者而言，与自然界的互动是他的兴趣所在。因此，教师鼓励学生接触大自然、到野外考察等活动可以培养自然观察智能，让学生在自然环境中用自己的观察、理解和组织方式来进行学习。在与自然界的互动中，学习者会不断地记录他所遇到的事物，通过对野外观察的记录，以及事后进行的回顾与理解，他就能从中发现和提出问题。野外考察就是把大自然作为课堂，将观察到的细节和事实以及由观察所引发的问题、思考和感受一一记录下来，成为今后探讨的主题或线索。野外考察给了儿童更多接触大自然的机会，满足了他们探索自然奥秘的好奇心，而且还锻炼了儿童在野外的生存与适应能力。一般的野外考察记录可以鼓励学生以日记的形式来体现，并围绕以下主题来学习。

（1）考察地的温度、湿度、日照情况。

（2）考察地的地形情况，是丘陵、草原还是平地？

（3）描述土壤的性质，是砾石、砂石还是泥土？

（4）考察植物的生长状况，是否属于同一类植物？

（5）这些动植物的出现表明了该地的什么信息？

（6）为什么这些动植物会生长在这一地方？

（7）描绘出一种你想进一步追踪研究的动植物名称，并采集一些有关植物的标本。

（8）通过本次考察，令你感到最惊讶的问题是什么？并列出相应的问题。

通过考察，学生对以上问题的尝试和思考，在回到教室后，教师就能帮助学生确定他们所要研究的动植物对象，将有共同兴趣的学生组成一个研究小组，进行项目学习（project-based learning，简称PBL），一同探讨各自感兴趣的主题。

野外考察可以与项目学习联系在一起，通过考察和确立项目学习的主题，学生就能逐渐发展三种主要认知技能——发现事物的异同点、根据不同的标准对事物进行分类、察觉出事物间的相互关系，而这些正是自然观察者的思考方式。

许多研究已经证明，发展自然观察智能，尤其是应用周围的自然环境作为媒介来发展自然观察智能非常重要，会给孩子的生命过程带来积极影响。当孩子成长到一个更成熟的年龄，这种智能将成为长期的记忆。从事环境教育和（或）环境保护工作的成年人经常提到，儿童时期的天性和高度重视自然世界的家庭模式，两者对他们自身的环境意识具有影响力。这种归因表明，在人类的儿童时期，大自然对于发展人与自然世界的联系非常重要，也体现了社区和成年人对青少年与大自然建立联系的重要性。例如，在对挪威和肯塔基州56名环保主义者的采访中，发现这两个国家或地区几乎所有成年人都回忆起他们儿时玩耍或青少年时徒步旅行的地方，绝大多数受访者还将这些经历与关于一位特殊亲戚的记忆联系起来，也许正是这位亲戚证实了自然的价值。对不同国家的成年人进行的大规模调查研究也发现，积极的环境态度和行为与他们早期的自然经历存在联系[1]。

通过在自然界的经历，儿童不但能够享受户外时光，发展创造性，而且能为有效地参与社会和环境保护做好准备。这些真实的自然体验对于塑造孩子对自然环境的终身价值观、态度和行为模式至关重要[2]。这些做法可能把孩子从自然世界中拉出来，但研究结果支持这样一个前提，即花时间在大自然中与一个有爱心的成年人相处有助于孩

---

[1] Chawla, D. F., & Cushing, L. Education for Strategic Environmental Behavior [J]. Environ. Educ. Res. 2007, 13(4): 437–452.
[2] Wilson, R. Nature and Young Children: Encouraging Creative Play and Learning in Natural Environments (Second edi.) [M]. New York: Routledge, 2012.

子理解和联系自然世界[1]。

  人类社会的不断进步需要越来越多多元化的人才,人类智能发展与社会、生活的联系越来越紧密。基本的七种智能形成综合性的用于支配人们思维和行动的能力,帮助人类理解周围的世界。相比之下,第八种智能——自然观察智能在日常生活中的作用并不明显,但它起到了规范其他七种智能的作用,能够激发人类对自然的兴趣,学会用自然观察的方法加深对科学的认识,理解自然对人们日常生活的影响等。根据此观点,智力的内涵更加丰富了,辨别大自然中的动植物,对自然物体、生命体有共情力,对自然环境中动植物敏感度高等自然观察者的智能都是智力的体现。自然观察智能的开发和形成需要人类与自然界不断互动,尤其对于儿童来说,教师和家长需要把握住自然观察智能的发展黄金期,在孩童时期通过自然体验学习丰富与大自然的互动体验,比如开展户外活动,引导孩子进行种树、浇花、观察昆虫等简单的自然研究活动,向孩子介绍石头、动植物等周围的自然物体,鼓励孩子从小接触大自然,学会辨别自然物体,来培养对大自然的兴趣,养成对大自然积极的态度。多数研究也表明积极的环境态度和行为与早期的自然经历息息相关。

  多元智能理论为自然体验学习提供了心理学上的重要依据。第一,多元智能理论提出,个体具备多种身心潜能,其中的自然观察智能是伴随人类进化而形成的基础性、普遍性的智能,可以通过对自然的亲近和丰富的自然体验得以发展。这恰恰说明自然体验学习的必要性。第二,多元智能理论表明,优质的教育应当能够为拥有不同潜能的学习者提供差异性的服务,促进每个人身上不同的智能得到充分发展。自然观察智能作为一种可独立观察和发展的智能向度,尽管常常被忽视,但也是学

---

[1] Moleong, L. J. Metodologi Penelitian Kualitatif[M]. Bandung: PT Remaja Rosdakarya, 2009.

生素养的重要组成部分，需要得到教育工作者的重视。自然观察智能优异学习者的学习需求不能被忽视，自然体验学习的重要性亦因此得以显现。第三，多元智能理论揭示，自然观察智能往往令人表现出独特的建立资料结构和处理资料的模式，以及跳跃性、非线性的思维过程。因此，学校的课程设计与时间安排，有必要纳入自然体验学习的相关内容，以回应需要非线性学习且需要大量时间进行观察活动的自然观察智能优异者的需求。这为自然体验学习的实施指出了可能的路向。

第三节

体验式学习

自然体验学习也能够在体验式学习理论中找到根基。自然体验学习作为体验学习的一种，具有体验学习的共性，同时也有其特殊性。它是以大自然作为媒介，在大自然中开展各种有计划的学习以获得亲身体验的学习活动，即在自然中学习。在自然的真实情境中，学习者获得各种认知层面的知识，分析、反思学习过程，形成抽象理性认识，建构自我的环境态度，在"做中学"的过程中学习到最直接、最基本的新经验。

体验式学习（experiential learning theory，简称ELT）一般指的是让参与者在参与精心设计的活动、情境的过程中仔细观察、认真反思并且积极分享，从而对自己、他人以及环境产生新的认识和感受，并且将其运用于现实生活中的一种学习方式，同时也是个体通过实践活动获得新知识、技能、态度与方法的学习过程[1]。体验式学习并非新生之物，其渊源可以追溯至孔子时期，孔子认为教学不只是传授知识，更是要帮助学生自己去体验和领悟知识，所以他多次带着学生"入太庙"、周游列国直接体验，还提出"举一隅，不以三隅反，则不复也"。亚里士多德也指出"对于那些必须会做的事情来说，在能做之前，我们必须通过做来学习它"[2]。此后，在漫长的哲学尤其是哲学心理学发展史上，体验式学习思想一直与强调直接经验重要性的认识论联系在一起[3]。

从体验式学习理论的发展来看，体验式学习理论吸收了詹姆斯（William James）、杜威、勒温（Kurt Lewin）、皮亚杰、维果茨基（Lev Vygotsky）、荣格（Carl Jung）和弗莱尔（Paulo Freire）等人的理论成果，这些理论成果都旨在建立以学生为中心的教育系统，从整体上来说，体验式学习理论将学习视为一个积极的过程，在体验式学习过程中包含至少一个明确的学习目标和一系列的事件学习任务，在这一系列的某一阶段或某些阶段中都需要参与者的积极参加。

20世纪初，杜威针对学校教育过度去情境化、过度注重书本知识学习的现实，从其经验论哲学出发，提出体验式学习理论。他认为"教育即经验的改造或改组"，教育的目的是让人们更好地生活，因此要培养学生处理生活中各种问题的能力，而书本中这样的学术性知识无法达到此目的。杜威提出将生活和教育相结合，社会即学校，主张"做中学"，提出经验式学习框架（见图2-1）。

---

[1] Walter, G.A., & Marks, S. E.Experiential learning and change: Theory, design, and practice [M]. New York: John Wiley & Sons, 1981.
[2] Bynum, W. F., &Porter, R. Oxford dictionary of scientific quotations [M]. Oxford: Oxford University Press, 2005: 21.
[3] 庞维国.论体验式学习 [J].全球教育展望，2011，40（06）：9.

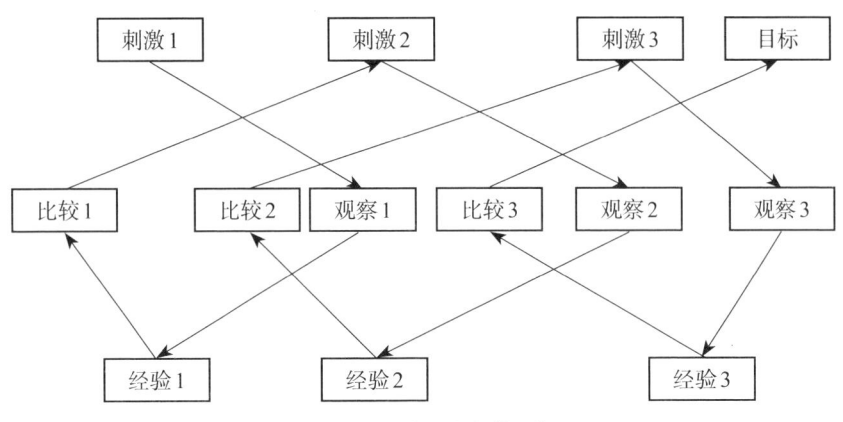

图2-1 杜威的经验式学习构架

杜威指出,经验包括一个主动因素和一个被动因素。在主动方面,经验就是尝试;在被动方面,经验就是承受的结果,是由于对事物有所作为而使我们自身受到的影响。因此,单纯的经验并不能成为经验,他认为作为尝试的经验需要包含变化,这个变化是"有意识和变化所产生的一系列结果联系起来,否则它不过是无意义的转变"。通过"活动产生的经验—判断—知识"这个不断循环和螺旋上升的过程,人在不断地成长,知识和能力在不断地提升,而经验也成为有生命力的东西。

20世纪中期,科学主义兴起,主张实验室研究的行为主义思想在教育界占主导地位,杜威的理念逐渐式微。其后,人本主义心理学家罗杰斯(C. R. Rogers)从个人需求出发重新提出体验式学习。罗杰斯认为,体验式学习侧重于知识的应用,在实际遇到问题进而有解决问题的需要时,个体就会主动地学习。他认为体验式学习具有四个特征:个性化参与,即学习是个人的事,每个人都有独特的学习需求;内发的学习动机,学习是因为个体自发地想要去学;评价是自我评价的,学习的结果只对个体自身有意义;体验式学习是全方位渗透到学习者各方面的[1]。体验式学习等同于个性化的转变和成长,其优势在于能满足学习者的需求和愿望,人本主义视域下的体验式学习,从杜威的"直接经验+反思",转向了"直接经验+情意体验"。

20世纪80—90年代,在建构主义思潮下,学习过程被看作是个体与环境循环互动的发展过程。皮亚杰提出认知发生论,认为学习的关键在于对概念或图式的顺应以及同化过程中的双向互动。智力的适应源于这两个彼此联系又对立的过程,随着这种"不平衡—平衡"的循环过程,心理发展也由此发生(见图2-2)。

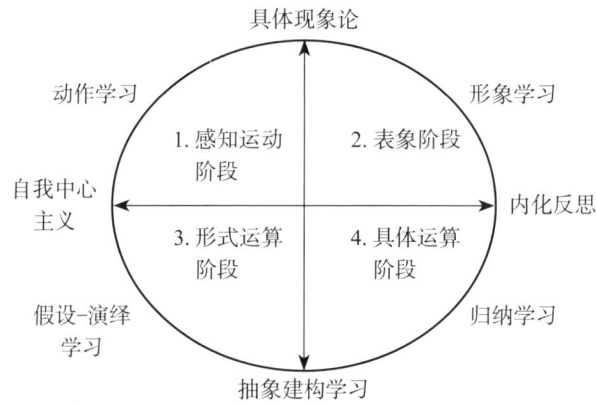

图2-2 皮亚杰的学习和认知发展模型

当同化强于顺应时,个体将环境因素纳入机体已有的图式或结构之中,以加强和丰富既有的主体认知;而当顺应强于同化时,个体将改变自身动作或图式以适应环境。从具体到抽象、从自我中心式到反省式的认知发展过程,源于顺应与同化之间的不断转换。这是一系列持续的阶段升级,越往上则有更高层次的认知功能。

在建构主义思潮下,许多教育心理学家认为,学习是"通过经验

---

[1] Rogers, C.R. Freedom to learn [M]. Ohio: Merrill Columbus, 1969.

转化创建知识的过程,知识来源于经验的获得和转化过程"的综合。单纯依赖体验和反思,并不能使学习效果达到最佳[1]。组织心理学家库伯吸收杜威、罗杰斯等人的合理思想,提出了著名的"体验式学习循环模式",发展了体验式学习(见图2-3)。在库伯看来,体验式学习要经历4个阶段:(1)具体体验,学习者在真实情境中活动,获得各种知识,产生相应感悟;(2)观察、反思,学习者回顾自己的经历,对体验进行分析、反思;(3)形成抽象的概念,学习者把感性认识上升到理性认识,建构一种理论或模型;(4)在新情境中检验,学习者在新的情境中对自己的理论假设进行主动检验。库伯指出,这四个环节分别代表了感知学习、反思性学习、理论学习和实验学习四种最为有效的学习方式,因而体验式学习本质上是一种综合学习。

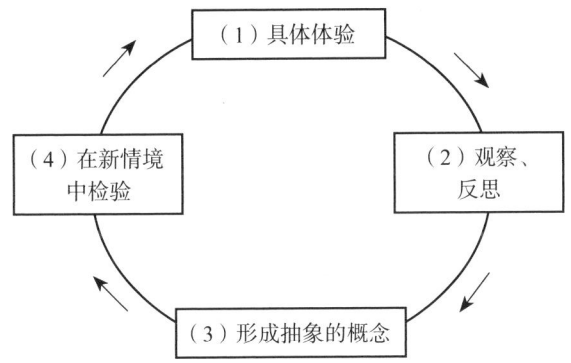

图2-3 库伯的体验式学习循环模式

根据教学的目的,可以将体验式学习分为认知体验式学习、情感体验式学习和行动体验式学习。认知体验式学习可以产生新知识,获得新知识。学习者的认知首先是从对真实世界的感知和体验开始的,

---

[1] Kolb, D. A. Experiential Learning: Experience as the Source of Learning and Development [M]. New Jersey: Prentice-Hal, 1984: 41.

然后是对自身的体验进行回顾和反思，分析原因，抽取出适用理论，进而构建出理论模型，随后将理论再次应用于实践中，最后根据实践的体验再次反思分析，修正模型。以情感教育为目的的教学可以采用情感体验式学习。情感体验式学习让学习者身处所需培养的情境中，并在情境中设置丰富的能唤醒情绪的事件，用信息来引起学习者的情绪反应，并指导学习者对所唤起的情绪进行评价。行动式体验学习主要用于技能的学习，即"做中学"。学习者在现实的生活场景中进行实际的操作，对操作的结果进行反思，再修正操作，最终形成技能。

人类的去自然化正在发生，这种状况对于孩童以及青少年来说尤为严峻，在学校学习到的知识往往都是二手经验的传授，有太多无形的知识在非亲自体验的过程中消失了，学生缺乏直接体验，反而把更多体验的时间花费在电视、电脑、电子游戏中，这样往往错失了在大自然环境中体验的欢愉以及自我内化知识的机遇。正如奥尔所评述的那样，"我们建造的文明使我们95%的时间都待在室内，与自然隔绝。随着我们对自然的人工改造不断推进，我们在自然中体验的机会越来越少。"[1]这样一来，学习终将成为一个非本质的、脱离实体的过程。在体验式学习理论框架下，自然体验学习获得了更多发展的机遇，它更像是融合了认知、情感、行动的综合学习过程。学习者以自然为媒介，首先，在自然的真实情境中获得各种认知层面的知识，产生相应的感悟，进行具体的体验；其次，在自然体验学习活动结束之后，通过回顾自己在大自然中的经历，对学习过程进行分析、反思；随后，将感性的情感认知内化为抽象的理性认识，建构自我的环境态度；最后，学习者可以在新的自然情景中进行检验，并且在"做中学"的过程中学习到最直接、最基本的新经验。

---

[1] Orr, D. Earth in MindQ [M]. Washington D.C.: Island Press, 1994.

第三章

自然体验学习的内容

第一节

自然研究

自然研究（nature study）是一项从19世纪末到20世纪20年代初在欧美地区快速发展的教育运动，强调通过教育和对自然的初步体验促进儿童保护伦理的发展。此外，自然研究也逐渐在世界范围内推动了自然教育领域的形成和发展。自然研究的主题主要有：培养儿童对自然科学和大自然的感情；倡议在校园中建设小植物园；传播人类（特别是儿童）与自然有着天然内在联系的观念[1]；培养环境意识；解读自然要素的相互关系；解读自然和美、艺术的关系等。早期，自然研究注重生态感知，主张通过个体活动获得直接经验。随着环境教育和可持续发展教育的发展，20世纪70年代以来，自然研究逐渐与环境教育、可持续发展教育合流[2]。

从整体上看，自然研究是在浪漫主义思潮和杰克曼、霍尔（G. S. Hall）、桑代克（W. Thorndike）、杜威倡导的"进步"教育的影响下产生的一场教育运动。具体来说，自然研究是一种哲学和课程，旨在使儿童了解当地的植物、动物和栖息地，并培养他们的性格，使他们能够保护自然世界。自然研究倡导者贝利（L. H. Bailey）在1912年的一份农村学校传单中这样描述，"成功生活的一个基本必要条件是同情自己所处的

---

[1] Carson, Rachel. The Sense of Wonder [M]. New York: Harper & Row, 1956.
[2] 王清春，刘正源.2016自然教育行业调查报告[R].第三届全国自然教育论坛，2016.

自然环境。这种同情源于对环境中物体和现象的良好认识。获得这一点的过程就是知识的获取，而获得这种同情的过程现在被普遍称为自然研究。"[1]尽管一直以来，自然研究始终没有一个统一的定义，但是，从教育学的角度看，自然研究是利用自然体验的方式，建立"人与自然""人与人""人与自我"之间的联系，促进人与自然和谐共生的教育行为。它培养的是保护行动之前以及之中的情感，因此在孩童阶段尤为重要，早期在美国的自然研究就主要面向幼儿和儿童。

在很长一段时间内，欧洲的教育只集中在对古典文学和拉丁语法的机械学习，教育的职责是为教会服务；教授逻辑和修辞是为了让学生做好捍卫信仰和辩论的准备。培根对观察和实验的坚持推动了科学推理的发展，洛克（John Locke）则强调对学生因材施教。二者共同推动了感觉现实主义的思想流派的产生，这种思想主张对自然和社会环境的把握，认为学习必须通过感官来实现，而不是纯粹记忆的产物。法国政治理论家卢梭（Jean-Jacques Rousseau）则提出自然、人和经验是人类伟大的三位老师。其中，自然，特别是环境，为教育提供了条件。瑞士教育家裴斯泰洛齐在卢梭思想的启发下，提出对儿童的"真正的研究"应建立在仔细观察物体、分析感官印象、实验和推理的基础之上，强调使用各种各样的自然物体作为教学工具，主张对象和思想先于文字和符号。他的这些思想在欧洲和美洲广为传播，并成为19世纪末自然研究的先驱。而幼儿园运动创始人福禄贝尔（Friedrich Wilhelm Froebel）则强调自我运动是儿童自我教育和释放天性的关键，大自然是激情和兴趣的源泉，户外活动具有相当重要的影响。更重要的是，他认为，自然研究不仅仅是对标本的了解，更是对生命、生长

---

[1] Lavender, L. A History of Nature Study in Texas [D]. Denton: Texas Woman's University, 1997.

中的植物、动物的行为、器官的功能等自然事物的了解。他将自然研究视为道德进步和精神洞察力的开端，这成为美国自然研究的一个重要方面。随着欧洲进步的教育理念被介绍到美国，人们逐渐认识到，"感觉印象"对个人发展至关重要，而真正的教育不能仅仅基于书面作品[1]。科学原理必须由孩子在自然世界中发现，而不是记作事实[2]。

1860年前后，实物教学被引入美国，它的应用一直持续到19世纪80年代，被认为是自然研究和基础科学的直接先驱。它的目的是培养孩子的观察力和注意力，因此课堂不强调授课主题或者教学顺序。实物教学被引入之前，自然法则被视为神的一种表达方式而不是人类可以理解的东西，几乎不被教授。同时，学校规模的扩大进一步增加了教师对书本或板书的依赖，教学日益僵化。在大多数学校中，语言和简单的算术是课程的核心组成部分，而科学、艺术相关的学科比如地理、音乐则被认为是轻浮的。

在裴斯泰洛齐模式的引导和巴纳德（F. A. Barnard）的提倡下，位于纽约的奥斯韦戈示范学校正式将实物教学作为教师培训的一部分，拉开了美国的实物教学运动。从奥斯韦戈开始，实物教学向北方其他师范学校蔓延。它最受欢迎的时期恰逢免费公共教育的蓬勃发展和各州数千所学校的创建，因此得到了广泛传播。哈里斯（W. T. Harris）警长于1873年开办了全国第一所公立幼儿园[3]。幼童在一个福禄贝尔式的环境中利用感官，对自然材料——动植物进行直接观察[4]。帕克（F. W. Parker）是马萨诸塞州昆西市学校的负责人。他创造了一种基于来自环境和科学的更多

---

[1] Cubberly, E. P. The History of Education [M]. Boston: Houghton Mifflin, 1920.
[2] Underhill, O. E. The Origins and Development of Elementary School Science [M]. Chicago: Scott, Foresman, 1941.
[3] Thompson, M. M. The history of education [M]. New York: Barnes and Noble, 1951.
[4] Good, H. G., & Teller, J. D. A history of western education [M]. New York: Macmillan, 1969.

种类的材料的实物教学法,被后来者称为"昆西教学法"[1]。

19世纪末到20世纪初,随着基础教育与实物教学法的普及,欧美地区逐渐兴起了自然研究运动。著名的哈佛大学博物学家阿格西(L. Agassiz)提出了"学习自然,而不是书本"的口号,鼓励将博物学教育作为基础教育的一部分[2]。他在波士顿地区举办了数百场讲座,还手把手地培训师范生如何用自然物体在中小学进行科学教学。1891年春天,伊利诺伊州库克县师范学校的老师杰克曼出版了《普通学校的自然研究》一书,详细介绍了如何利用自然现象和物候来教授各个学科[3]。在书中,作者鼓励老师帮助学生走到自然中去,让学生用第一手观察和体验进行求知与发现,学习自然科学。这种教育理念时至今日还影响着许多教育工作者。

从1891年到1893年,美国陷入了严重的农业萧条,农业状况成为国家关注的话题。为了保障城市就业,家庭离开农场的人数创下历史新高,人们普遍担心粮食产量会下降。纽约州的官员决心减缓人们移民到纽约市的速度,给康奈尔大学农业系拨款8 000美元来调查这个问题。为了完成这项任务,贝利博士和他的同事康斯托克(A. B. Comstoc)于1897年创建了一个项目,在全国范围内立即受到了关注和好评。在康奈尔大学农业学院中,自然研究被认为是农业改革运动的一部分。它旨在通过加深对自然世界的了解来发展更好的耕作方法[4]。贝利的思想在1903年出版的《自然研究理念:一种解释》(*The Nature Study Idea*)一书中得到了扩展,认为只有同情自然的孩子才能享受乡村生活。他

---

[1] Good, H. G., & Teller, J. D .A history of western education [M]. New York: Macmillan, 1969.
[2] Armitage, Kevin C. The Nature Study Movement [M]. Lawrence: University Press of Kansas, 2009.
[3] Jackman, W. S. Nature Study for the Common Schools [M]. New York: Henry Holt and Company, 1894.
[4] Underhill, O. E. The Origins and Development of Elementary School Science [M]. Chicago: Scott, Foresman, 1941.

在1899年早期的《康奈尔自然研究公报》（*Cornell Nature-Study Bulletin*）中写道："努力的目的是使孩子热爱自然，从而满足于乡村生活。除此之外，没有其他方法可以解决农业的困境。"[1]早期自然研究的倡导者，如哈里斯和斯特朗（H. H. Straight），他们的研究更多地指向对自然研究的哲学需要，而不是教师在课堂上的需要。而康奈尔大学提倡的自然学习则强调实用性，例如如何利用儿童的兴趣开展自然学习，以及自然学习如何改善师生的心理健康。这一时期，自然研究在美国教育界得到了极大关注，1895年至1935年间，仅关于自然研究的著作就有114部。

1926年，美国国家教育协会指出，"自然研究致力于教育的最终目的是培养一个全面发展的人，能够过上健康、幸福的生活，并为他人的福利和幸福作出有价值的贡献。"并提出了70多个具体目标，包括伦理的、精神的、审美的、智力的、社会的、公民的、经济的、重要的、提倡的和实际的等不同指向。其中第4条目标是"认识到自己与所有其他生物和整个宇宙的关系，认识到自己对同伴和自然力量的依赖"；第11条目标是"创造和使用美的能力"；第20条目标是"培养正确的评估、态度和对相关事物的欣赏"，这一条包括（1）培养对真理的习惯性好奇态度，（2）区分有用和有害的能力，（3）消除恐惧冲动和不必要的杀戮欲望，（4）获得直截了当地思考并得出正确结论的能力[2]。由此可见，自然研究实际上已经成为可以实现综合性教育目标的教育领域。

在自然研究全盛时期，美国的大部分学校都开展了不同形式的自然研究项目，特别是在受康奈尔大学和芝加哥大学的教育研究工作影响较大的地区。1925年之后，自然研究在学校中逐渐被更为系统和规范的科学课

---

[1] Lavender, L. A history of Nature Study in Texas [D]. Denton: Texas Woman's University, 1997: 35.
[2] National Education Association. Fourth yearbook: The Nation at Work on the Public School Curriculum [M]. Washington: Department of Superintendence of the National Education Association, 1926: 65-70.

程所取代，但直到现代，在科学教育和环境教育的发展过程中仍能觅得其踪迹。自然研究倡导者认为，原始的自然经验是至关重要的，它为儿童提供了资源，帮助他们批判性地评估大众文化和唯物主义[1]，认为"自然研究是一个所有科学都可以通过生活经验联系起来的场所"[2]。自然研究采用了以儿童为中心的创造性方法，通过观察和艺术表达将自然融入整个课程。另外，与科学教育不同，自然研究的理想结果是"为了爱而教"，而不是控制自然[3]。自然研究运动出现的时候，也正是美国社会反思人类活动对自然环境影响的阶段。通过自然研究，孩子们更深入地了解他们身处的自然世界及人与自然的关联，因此这一运动也影响了许多家长和教育工作者，并推动了在户外学习的科学实践，影响了后来20世纪上半叶环境领域中的一些重要人物。19世纪初自然研究运动与早期环境行动之间的协同作用，可谓是当代环境教育及其相关理念在美国最初的显现。

第二节

环境教育

人类与环境从来都是不可分割的。马克思曾说过："人直接地是自

---

[1] Armitage, K. C. The Nature Study Movement: The Forgotten Popularizer of America's Conservation Ethic [M]. Lawrence: UP Kansas, 2009.
[2] Kohlstedt, S. G. Teaching Children Science: Hands-on Nature Study in North America, 1890-1930 [M]. Chicago: U Chicago P, 2010.
[3] Comstock, A. B. Handbook of Nature Study [M]. Ithica: Comstock Associates/Cornell UP, 1986.

然存在物。"[1]无论在中国还是在西方，人们对于人与自然之间关系的思考从未停止。现代的环境教育思想，无疑吸收了人类历史上人与自然关系相关认识的思想。

通过自然环境开展教育活动是一种历史悠久的教育主张，如卢梭的自然教育思想、杜威的实用主义教育思想和第一次世界大战后的"乡村学习"教育思想等。卢梭强调人类应当"回归自然"，归复"自然状态"，他认为："出自造物主的东西，都是好的，而一到了人的手里，就全变坏了。"[2]因此，他提出了通过自然教育培养自然人来完成培养社会新人的教育理想。1767年，他在《爱弥儿》中提出，"应该是自然教育孩子，而不是学校教师用正规的教育方法教育孩子。"他所强调的"自然"包含两层含义：一是外部的自然，即未掺杂过多人为设计的自然空间；二是内部的自然，即教育需要遵循教育主体的认知天性。他的思想有助于后世学者形成对环境和教育之间关系的正确认识。杜威的实用主义教育思想则强调"从做中学"，通过与环境的互动来获取经验，主张"活动课程"，反对分科教学，将知识学习视为一个整体[3]，为环境教育的跨学科性奠定了思想基础。1892年格迪斯（Patrick Geddes）在爱丁堡所建立了一座"观察塔楼"，供学生观察、学习自然现象。此后，英国的乡村研究不断发展，为环境教育的产生奠定了基础。1970年成立的英国国家环境教育协会（National Association for Environmental Education，简称NAEE）便是从当时的国家乡村环境研究联合会发

---

[1] 马克思,恩格斯.马克思恩格斯全集：第三卷（第2版）[M].中共中央马克思恩格斯列宁斯大林著作编译局,编译.北京：人民出版社,2002：324.
[2] 卢梭.爱弥儿（上卷）[M].李平沤,译.北京：人民教育出版社,2001：1.
[3] 杜威.民主主义与教育[M].北京：人民教育出版社,1999.

展而来[1]。此后在欧洲和美国相继兴起的户外教育、营地教育等教育实践也为环境教育提供了思想源泉。

产业革命以后,生产力有了极大的发展,科学技术突飞猛进,人类从自然界获取的资源越来越多,排放的废弃物也与日俱增,从而引发了很多生态环境问题,包括水污染、大气污染、固体废弃物污染、酸雨、荒漠化、森林锐减、资源减少、生物多样性丧失、臭氧层损耗、全球气候异常变化、持久性有机物污染等[2]。从20世纪30年代开始,尤其是五六十年代以来,西方发达国家相继发生了多起因环境污染导致短期内人群大量发病和死亡的"公害"事件。这也唤起了人们对环境问题的关注和反思。

面对日益严峻的环境污染形势,人们终于开始认识到,对自然资源和生态环境的不合理利用和破坏,将给人类自身的生存环境带来危害。一些有识之士开始大声呼吁,必须正确认识人类活动与环境的关系。同时,人们也开始认识到,要做到有效地利用和保护环境,必须大力提升公众的环境保护意识,培养从事环境保护工作的各种专业人才。在这种背景下,环境保护团体和组织相继成立。这些环境保护团体和组织在从事环境保护活动的同时,还编写和出版有关森林、野生动物、矿产保护等方面的书籍和教材,从而推动了环境教育的发展。

20世纪70—80年代,环境教育在全球范围内得到了快速发展。联合国及其下属机构召开了一系列关于环境与发展的国际性会议,明确了环境教育的基本内涵,确立了环境教育的国际地位,并不断推动

---

[1] 帕尔默.21世纪的环境教育:理论、实践、进展与前景[M].田青,刘丰,译.北京:中国轻工业出版社,2002:2.
[2] 钱易.生态文明建设与可持续发展[M]//解振华,冯之浚.生态文明与生态自觉,杭州:浙江教育出版社,2013:26.

环境教育纳入各国正规教育体系，"环境教育"因而成为世界性的潮流。通过一系列的国际性的环境教育会议，环境教育在世界范围内得以蓬勃发展，人们对环境教育的定义、性质等基本内涵达成了共识，并推动了环境教育理论和实践的发展，环境教育的性质和范围不断扩大，逐渐走向了跨学科层面，并且逐渐在各国正规课程体系以及国家法律层面获得了一席之地。

澳大利亚裔英国环境教育学者卢卡斯（M. Lucas）对环境教育思想体系的建构做出了重要贡献。1972年他在向美国俄亥俄大学提交的博士学位论文《环境与环境教育：概念问题与课程含义》中，意识到了"知识""态度"与"环境行动"并非完全紧密联系、一气呵成的，"态度并不意味着知识，知识并不意味着特定类型态度的形成，知识或态度也不意味着特定的行动"[1]，环境教育应当对三者分别培养，所以他提出了相对独立的三大环境教育系统，即"关于环境的教育"（education about the environment）、"在环境中或通过环境的教育"（education in the environment）及"为了环境的教育"（education for the environment）的环境教育模式。他认为要建立适合"关于环境的教育"和"为了环境（尤其为保护环境）的教育"的环境教育体系，其中他更强调"为了环境的教育"。这体现了"知识""态度"和"环境行动"三种相互独立又相互关联的环境教育形态和途径，为后来世界各国的环境教育工作者开展环境教育工作提供了借鉴和思考。

在卢卡斯奠定的环境教育体系中，"在环境中的教育"是重要的一环。卢卡斯认为环境教育应该在教室课堂之外的，学生熟悉的或课

---

[1] Lucas, M. Environment and the Human Environmental Education: Conceptual Issues and Curriculum Implications [D]. Ohio: The Ohio State University, 1972.

程相关的真实环境中开展和进行。他认为，虽然环境教育在动机和认知方面存在一些优势，但在收集数据方面，学生可能拒绝直接搜集数据，而是选择利用二手数据，特别是利用图书馆中的二手数据来应对一些环境教育。因此他提倡"在环境中"开展环境教育，让学生在真实环境中直接接触和实际体验，感知真实的环境，认识环境问题，发现环境问题的棘手甚至是严重性，从而激发其环境忧患意识。同时，这样的教育能够增强学生发现问题、实地操作和实践动手的能力，帮助他们学会处理信息，运用各种科学仪器和科学研究方法开展调查，也培养他们的合作和分享等各类技能。因此，在这一意义上，环境教育继承了保全教育的思想，天然地包含了自然体验学习的因素。

广义来说，凡是改善自然资源管理和减少环境破坏的教育都是保全教育。它能够包容各个学科，特别是在科学和自然资源管理中，它能够针对各种目标对象正式和非正式地进行。它的目标是：（1）帮助人们意识到并且欣赏自然资源的价值以及保持这一价值的生态过程；（2）帮助人们认识和理解是什么在威胁着他们的环境福利、应如何去管理环境、如何为改善环境管理作贡献；（3）鼓励人们力所能及地去做改善环境管理的事情。达到这全部三个目标的使命，使得保全教育得以与其他类型的教育和指导区分开。如果教导他们去鉴赏环境，但人们的行为没有发生相应的改变，说明这并不是有效的保全教育。类似的，如果鼓励人们以对环境负责任的方式去行动，但人们因为忽视而采取错误的行为，同样于事无补。由此可见，环境教育与保全教育分享着共同的思想基础，也为自然体验学习提供了丰富的内容。

2008年在巴塞罗那，世界自然保护联盟（International Union for Conservation of Nature，简称IUCN）与来自177个国家的8 000多位代表发起倡议，要求环境教育以"重建人们与大自然之间的亲密关系"为重点，其中尤其关注青少年与自然之间关系的建立。2011年7月，澳大利亚环境教育协会（Australian Association for Environmental Education，简称AAEE）和世界环境教育大会（World Environmental Education Confreness，简称WEEC）常设秘书处在澳大利亚的布里斯班联合举办了以"探索、体验、教育"为主题的第六届世界环境教育大会。在一系列会议以及可持续发展思想的指导下，国际环境教育逐渐意识到环境素养培养的重要性，并强调通过户外教育、自然体验式学习等途径建立与环境之间的纽带，以培养年轻一代的环境素养，促进环境教育的发展。正如德国环境教育学者多拉塞（Rainer Dollase）指出的，环境教育应该是"情感基础第一，不是认知基础第一"，因为"大自然的美是具有环境意识行为的向导"[1]。显然，环境教育在发展过程中，一直关注"人与自然的关系"的主题，并且将其作为自己的重要组成部分。

因此，环境教育的目标、内容、原则和方法，都为自然体验学习提供了宝贵的思想框架和具体的学习内容。例如，在英国环境教育委员会（Council for Environmental Education，简称CEE）1987年的有关文献中，认为环境教育的内容包括：

1. 知识和技能

（1）能够建立起关于环境，包括人工的和自然的知识体系，充分认识到实际的和潜在的问题；

（2）能够独立地或在集体活动中从环境中搜集信息或收集关于环境的信息；

---

[1] 陈红岩.环境教育：利益、科学与价值观的持久战[J].生命世界，2013（09）：64-67.

（3）能够综合考虑与环境问题相关的不同意见，作出合理的判断；

（4）能够认识到环境问题是如何相互联系而且相互作用的；

（5）能够评价从不同来源得到的关于环境的信息并且尝试解决环境问题；

（6）能够理解并知道如何运用目前社会可达到的技术手段来进行环境改造。

2. 态度和行为

（1）培养对环境的欣赏，以及对自然和人工环境的批判意识；

（2）培养对环境的关心以及加深对环境的理解的兴趣；

（3）对自己的环境态度进行批判并按照步骤改变自己的行为举止；

（4）热情参与爱护或改善环境的行动；

（5）积极参与有关环境的决策过程并让不同意见公开化。

类似的，在我国的《中小学环境教育实施指南（试行）》[1]中，指出中小学环境教育的目标如下：

一、总目标

环境教育旨在引导学生关注家庭、社区、国家和全球面临的环境问题，正确认识个人、社会和自然之间相互依存的关系；帮助学生获得人与环境和谐相处所需要的知识和技能，养成有益于

---

[1] 中华人民共和国教育部.中小学环境教育实施指南（试行）.2003，[EB/OL].http://www.moe.gov.cn/srcsite/A06/s7053/200310/t20031013_181773.html.

环境的情感、态度和价值观；鼓励学生积极参与面向可持续发展的决策与行动，成为有社会实践能力和责任感的公民。

二、具体目标

（一）情感、态度与价值观

1. 关爱自然，尊重生命

2. 关爱和善待他人，能积极、平等、公正地与他人合作，尊重不同的观点与意见，尊重文化的多样性

3. 意识到公民在环境方面的权利和义务，有建设可持续未来的愿望

4. 关注环境，积极参与有关环境的决策和行动，做有责任感的公民

（二）过程与方法

1. 观察并分析周围环境的状况及其变化

2. 识别家庭、学校和社区的环境问题，并设计、实施和评价解决方案

3. 通过多种方式和途径，主动而有效地搜集与环境有关的信息

4. 围绕环境问题表达自己的观点，并与他人有效沟通

5. 批判性地思考区域或全球主要环境问题的成因，并对比各种解决途径

（三）知识与能力

1. 知道人对环境的依赖，反思个人生活对环境的影响

2. 理解环境问题及其对个人、家庭、学校和社区的影响

3. 知道自然环境和生态系统的结构、功能和演化过程

4. 分析和理解经济技术、社会生活、政策法律与环境之间

的相互作用

5. 知道公民参与保护环境的主要途径和方式，并对比其效果

第三节

户外教育

户外教育是人类最早的教育方式，也是最有效的学习方法之一，但也因为其历史悠久且形式多变，多数学者认为很难探究户外教育的确切起源[1]。目前学界公认的关于户外教育的起源分为古代和现代两段。古代户外教育的起源可追溯到古巴比伦时期，虽然那个时期的教育资源和教育对象局限于少数官吏、僧侣等人，但雏形已基本形成。之后，户外教育逐渐有了进一步的发展，包括孔子周游列国、古罗马学校逐步构建学科分类等都将其推向一个顶峰。

现代户外教育起源于贝登堡发起的童子军运动（Scouting）。贝登堡原本是英国的一位将军，1899年到1902年他奉命领军在非洲与祖鲁族作战。在南非一次战争（梅富根城战役）中，传令少年协助作战的行为令贝登堡产生成立童子军的想法。归国后，贝登堡深感整

---

[1] Ford, M. P. Principles and Practices of Outdoor/Environmental Education [M]. New York: Wiley, 1981.

个国家的低年龄文化层呈现出一种萎靡不振的风气。为了改善这一风气，贝登堡在1907年召集20名少年于英国南部桃山白浪岛，实验性地教授他们野外求生技能，例如生火、炊事、追踪、露营等，以及一些纪律和人生道理。此次露营成为世界童子军大露营的开端。第一次露营成功之后，贝登堡先生写成《童军警探》(Scouting for Boys: A Handbook for Instruction in Good Citizenship)，1908年书籍出版之后，世界童子军开始发展。童子军运动最初的目的，是强调以实际的户外活动为非正式的教育训练，在身体、精神和智力上培训青少年成为社会的一分子，培养途径包括露营、森林知识、水上活动、徒步旅行、野外旅行和运动等[1]。1941年，德国教育家哈恩（Kurt Hahn）认识到传统学校教育太过重视智力的单向培养，忽略了为学生提供社会成长的机会，缺乏对身体发育、心理健全、性格引导的教育内容，于是哈恩在德国也创办了类似于童子军的机构，将训练中心命名为户外拓展训练组织（Outward Bound），强调培养孩子的沟通、交际、生存技能。此后，随着童子军运动以及外展训练的发展和传播影响以及第一个户外教育奖项——爱丁堡公爵奖（The Duke of Edinburgh's International Award）的创办，现代户外教育的定义得到学术认可，并逐步形成单独的学科门类[2]。

与户外教育相关的名词有很多，包括户外学习（outdoor learning）、户外教学（outdoor pedagogy）、教室外学习（out of classroom learning）、田野调查（field trip）、场馆参观（visit）、远足（expedition）等。这些相关

---

[1] 刘玉兰."生活的准备教育"——世界童军运动教育理念对当前青少年教育的启示［J］.青少年研究（山东省团校学报），2013（02）：22-27.
[2] Veevers, N., & Allison, P. Introduction: The Philosophy of Kurt Hahn. In M. Zelinski Ed., One Small Flame: Kurt Hahn's Vision of Education［M］. Ontario: The Heart Publishing, 2010.

名词有不同的教学重点和实践方式,如果从学校角度来看,其最大的共同特点在于在校外学习与学科有关的知识与能力,因此,这些在户外或教室外进行的教学方式统称为校外方案(out-of-school program)。

但不论如何,户外教育的内涵仍然是最广的。尽管国内外学者经常使用户外教育一词,但是对户外教育的定义、内涵与特色仍有不太相同的看法,对户外教育的定义、内涵、特征还未取得共识。正如澳大利亚学者尼尔(J. T. Neill)所述,户外教育的意义和内涵随着时空环境和文化的变化而不同[1]。1958年,美国户外教育先驱唐纳森(G. E. Donaldson)提出,发生在户外的教育(in outdoor)、关于户外的教育(about outdoor)以及为了户外的教育(for outdoor)是较为全面的户外教育内涵架构,从"在哪里学/怎么学""学什么"以及"为什么学"这三个重要的思考面向出发,不同学者有着不同的观点(见表3-1)。

表3-1 户外教育的历史发展

学者与年代	定义、内涵	特 征
唐纳森(1958)	户外教育是在户外的教育、有关户外的教育以及为了户外的教育[2]	户外教育就是在户外进行,专注户外知识、技能,为了户外的教育,它阐释了教育发生的地点、内容与目标
刘易斯(C. A. Lewis)(1975)	将户外的活动视为一种直接的、简单的学习方式,强调调动学生感官(视、听、嗅、触、味)进行直接的观察和体验学习[3]	通过五官的直接体验进行学习

---

[1] Neill, J. E. Outdoor Education: Definition (definitions). 2004, [EB/OL] http://www.wilderdom.com/definitions/definitions.html.

[2] Donaldson, G. E., & Donaldson, L. E. Outdoor Education: A Definition [J]. Journal of Health, Physical Education and Recreation, 1958, 29(17): 63.

[3] Lewis, C. A. The Administration of Outdoor Education Programs [M]. Dubuque. IA: Kendall-Hunt, 1975.

（续表）

学者与年代	定义、内涵	特 征
斯柯特（M. Skatos）（1975）	户外教育是为了学生全面发展的教育哲学，它将儿童视为一个求知以及需要直接体验的个体[1]	户外教育是全人教育
福特（P. Ford）（1981）	户外教育包括三个方面：知识、技能与态度[2]	完整性的学习
哈默曼（D. R. Hammerman）（1985）	户外教育需要透过跨学科的方式达到课程目标[3]	跨领域以及多领域整合学习
普瑞斯特（S. Priest）（1986）	户外教育是一种发生在户外的学习体验。通过做中学，这种学习体验需要知觉、心理和肌肉活动的有效结合，是融合多学科知识的课程，强调人与社会、自然互动的过程[4]	做中学的体验学习方式以在户外环境中发生为主，是一种整合性的学习，同时融合了探险教育和环境教育
福特（1986）	户外教育是课程延伸、获取直接经验的方法和手段，专注于户外的教育，发展人类生存、生活所需的知识、技能，培养人健康向上的世界观[5]	拓展教学方式、培养学生的世界观
拉平（E. Lappin）（2000）	户外教育是运用户外环境来丰富课程教学的一种方式，包含如环境教育、保育教育、冒险教育、露营、荒野疗法和户外休闲[6]	具有包含性，是一种提升课程学习的方法
尼尔（2001）	户外教育泛指运用自然环境或新奇环境，比如海上历险，挑战学习者的一种教学过程，以获得成长[7]	在自然环境及或新奇环境中进行挑战性的活动

[1] Skatos, M. Proposition 13 and Outdoor Education［J］. Journal of Physical Education And Recreation, 1979.
[2] Ford, P. Principles and Practices of Outdoor/Environmental Education［M］. New York: Wiley, 1981.
[3] Hammerman, D. R., Hammerman, W. M., & Hammerman, E. L. Teaching in the outdoors［M］. 3th ed. Interstate Printers & Publishers, Inc. Danville, 1985.
[4] Priest, S. Redefining Outdoor Education: A Matter of Many Relationships［J］. Journal of Environmental Education, 1986, 17(3): 13-15.
[5] Ford, P. Outdoor Education: Definition and Philosophy［R］. Clearing House on Rural Education and Small Schools, 1986.
[6] Lappin, E. Outdoor Education for Behaviour Disordered Students. 1984,［EB/OL］files.eric.edu.gov/fulltext/ED261811.pdf.
[7] Neill, J. T. A Profile of Outdoor Education Programs and their Implementation in Australia［R］. Journal of Outdoor Recreation, Education and Leadership, 2016, 8(1): 26(15).

（续表）

学者与年代	定义、内涵	特　征
尼尔（2003）	户外教育具有多元性，在不同文化、组织中有不同的内涵。但这种多元中又透露出共同的目标，即强调个人对户外的直接体验，以达到教育、治疗、环保的目的[1]	直接体验的学习
尼尔（2004）	户外教育是一种后现代社会的产物，起源于当代人对自然与文明关系的觉醒和反思，以及意识到课内外教育与自然环境梳理的状况[2]	发生于后现代西方社会；存在回归自然的现象
严奕峰（2008）	户外教育是一种在户外情境中，利用户外资源，借由户外活动的形式来达成教育目的的教育形式。对学习者而言，需要通过感官参与，经由直接、具体的体验来促进"做中学"，协助了解学科、人及环境的关系，在认知发展的同时，更使得情感、态度、信念和价值观得到发展[3]	以亲历体验的方式进行；以促进潜能释放与个人成长为目标

总的来看，户外教育是没有明确界限的广泛概念，它与冒险教育、环境教育等有着相似之处，它的学习主题多种多样，且能满足不同年龄段和不同群体的需求。在一些发达国家，人们对儿童在户外中度过的时间以及户外对于儿童发展的必要性给予了极大的关注[4]。在英国，2004年发布《卓越课程》（A Curriculum for Excellence）

---

[1] Neill, J. T. Theoretical Aspects of Outdoor Education Programs. 2003, [EB/OL]. http://www.wilderdom.com/phd/Ch2TheoryIntroduction.html.
[2] Neill, J. T. Outdoor Education: Definition (definitions). 2004, [EB/OL]. http://www.wilderdom.com/definitions/definitions.html.
[3] 严奕峰.国外户外教育的发展及启示［J］.外国中小学教育，2008（01）：43.
[4] Louv, R. Last child in the Woods: Saving our Children from Nature-deficit Disorder (2nd ed)［M］. London: Atlantic Books, 2010.

报告[1]，使得短途旅行在学校教育中获得了政府的认可，户外教育于2004年被纳入了学校教育，2010年苏格兰学习与教学机构（Learning and Teaching Scotland），发布了《通过户外学习实现卓越课程》（Curriculum for Excellence through Outdoor Learning）报告[2]，将户外教育视为一种学习方法纳入所有课程，学校要为儿童和青少年提供户外学习的机会，所有儿童都可以通过在户外的学习，参与到一系列具有创造性以及体验意义的活动中，无论是在校园内、城市绿地还是在乡村或者荒凉的环境中，学生们都可以拥有在户外获得第一手体验的机会，这些经历有利于学生激发学习兴趣、获得心灵的平静，在户外汲取自然的治愈力。尤尔德（A. N. Jordet）、本特森（P. Bentsen）等学者[3][4]对北欧户外教育进行了研究，发现北欧学校善于利用优质的户外场所进行教育活动，组织学生进行旅行、远足以及营地活动，"利用本地优质户外条件进行户外教育"也因此成为芬兰、挪威、丹麦教育的一个基本特质。例如，芬兰于1999年出台国家环境教育政策，提出不论在公立学校还是私立学校中，都必须在正式和非正式学习中融入户外教育[5]。户外教育作为直接体验的途径，有助于培养学生亲近自然的意识，提高自然敏感度和环境保护意识。培养环境概念和增强环境意识，同时也有助于学生知识体系的构建，促进其个人成长，锻炼孩子的动手能力，通过一手的最直接的体验，培养态度和价值观。

---

[1] Scottish Executive. A Curriculum for Excellence [M]. Edinburgh: Scottish Executive, 2004.
[2] Learning and Teaching Scotland. Curriculum for Excellence through Outdoor Learning [M]. Glasgow: Learning and Teaching Scotland, 2010.
[3] Jordet, A.N. Nærmiljøet som klasserom: Uteskole i teori og praksis [The local environment as classroom: Uteskole in theory and practice][M]. Oslo: Cappelen Akademisk Forlag, 1998.
[4] Bentsen, P., Mygind, E., and Randrup, T. Towards an Understanding of Udeskole: Education outside the classroom in a Danish Context [J]. Education, 2009, 3(13): 32.
[5] A National Strategy for Environmental Education [R]. Helsinki, 1991.

在探讨户外教育内涵的多样性时，学界多采用乔纳森对户外教育的定义——户外教育是发生在户外的教学、关于户外的教学以及为户外而教学的教育过程所提出的三个重要的思考面向，即怎么学/哪里学（in）、学什么（about）、为什么学（for）。

一、怎么学/哪里学——户外教育的学习方式和学习场所

户外教育最大的特征是在教室以外的环境中进行学习，即从教学活动场所和形式上来看，当课程含有某些在户外环境进行学习的部分时，就可以成为户外教育。但在这个过程中，户外教育需要让学生与活动场所产生有意义的联结，这是户外教育学习的必要因素，因此户外教育的场所可以全部在户外，也可以部分在户外。乔纳森提出的户外是相对于室内学习的，户外可以提供更加多元、变化更丰富的学习题材，尤其是在自然环境中[1]。普瑞斯特提出户外教育主要发生在户外，即一个完整的户外教育课程，不全是在户外实施，为提升学习效果也可以搭配室内的课程[2]。尼尔提出户外教育是利用自然环境或新奇环境营造学习成长的氛围，如在大船上的生活[3]。

中国台湾教育事务主管部门于2014年公布户外教育宣言，对户外教育的发生场所也做出了阐释，指出户外教育就是泛指"走出课堂"的学习，是一种可以发生在校园角落、社区部落、教育机构、特色场馆、休闲场所、山间溪流、海洋水域、自然探索、社会探索、文化交流等地方的体验学习。正如该教育宣言所言，户外教育可以发生

---

[1] Sharp, L. B. Outside the classroom [J]. The Educational Forum, 1943, 7(4): 361-368.
[2] Priest, S. Redefining Outdoor Education: A Matter of Many Relationship [J]. Journal of Environmental Education, 1986, 17(3): 13-15.
[3] Neill, J. T. A Profile of Outdoor Education Programs and their Implementation in Australia [R]. Journal of Outdoor Recreation, Education and Leadership, 2016, 8(1): 26(15).

在各种场所,从荒野探索到攀岩课程,户外教育可以通过各种方式进行[1]。组织户外教育的机构可以是私人开办或公共组织,可以是非营利组织或商业企业,也可以是教堂、学校、学院或社交俱乐部。组织旅行和荒野探险具有代表性的组织包括国家户外领航学校(National Outdoor Leadership School,简称NOLS)、拓展训练营(outward bound)、荒野教育协会(Wilderness Education Association,简称WEA)和大学。

二、学什么——户外教育的主题内容

1. 自然法则:通过观察自然,学习自然界的变化、规律。

2. 生态环境议题:学习者直观地感受环境现状,掌握关于生态系统以及生态系统中生物体的相互依赖以及人类与自然环境的相互作用[2],从而改变人们对资源与对环境的态度、价值观。自然史学、资源保护、生态学成为户外教育的主题。

3. 生活技能主题:在户外环境中,学习者走出舒适圈,需要他们充分调动自身能动性,考虑如何在野外生存,并学习一些基本的生活技能,比如生火、创建避难所、寻找食物。

4. 个人与环境、人与人关系为主题:普瑞斯特提出户外教育应该涉及四个方面的学习主题——个人与环境的关系、环境中各种生物的关系、个人与他人的关系、个人自我内在[3]。

---

[1] Goldenberg, M. Outdoor and Risk Educational Practices.2001,[EB/OL]. http://www.rbff.org/educational/BPE9.pdf.
[2] Priest, S. & Gass, M. Effective leadership in adventure programming [J]. Champaign: Human Kinetics, 1997.
[3] Priest, S. Redefining Outdoor Education: A Matter of Many Relationships [J]. Journal of Environmental Education, 1986, 17(3): 13–15.

三、为什么学——户外教育的目的

1. 回归自然：户外教育作为后现代社会的产物，起源于当代人对自然文明的觉知，对课堂学习梳理自然化及其反思[1]。户外教育的内涵正是当代人们和环境互动的哲学观。科技的发展以及城市化的迅猛之势让人们越来越重视自然对人身心发展的必要性。

2. 补充课堂学习：户外教育是跨学科的学习方法，能够提高学生的整合性思维。与课堂抽象符号的学习方法不同的是，户外教育具有实践性、直观性，可以活化课堂学习。

3. 了解人与环境的互动关系：在进行户外教育的过程中，学习者"打开"五感（嗅觉、听觉、视觉、触觉、味觉）感受自然，了解自然，提高对自然环境的理解和欣赏，同时在户外的画面中，学习者能够意识到自己的角色以及与自然的关系，从而认清自身的优势和局限性，户外为个人提供了自我发现的环境。

4. 提升生活技能以及社群互动能力：学习者通过各种探索活动，如划船、攀岩、远足、露营等提升个人生活技能，培养坚韧的品质，提高心理素养，在活动过程中，通过团队协作、互帮互助培养社群互动能力。

---

[1] Neill, J. T. Outdoor Education: Definition (definitions). 2004, [EB/OL]. http://www.wilderdom.com/definitions/definitions.html.

第四章

自然体验学习的评价

第一节

自然体验与身心健康

人类自诞生起,便与自然环境密不可分。根据亲生命情结,人类天生对自然或荒野具有一种与生俱来的情感。也是因为这个原因,在城市化进程加快的同时,人类逐渐认识到自然体验的缺失所带来的破坏。自工业革命以来,生态心理学家认为,这种我们与"生态"的分离导致了一个社会的病态。慢慢地,流行病学、教育学等各界研究者开始关注自然以及自然体验对人类产生的积极(或消极)影响。目前,对自然和人类之间互动机制的解释主要有三种类型:观察自然(viewing nature)、身处自然(being in the presence of nearby nature)、积极参与和融入自然(active participation and involvement with nature)。

以压力减轻理论的相关研究为例,相对于城市景观,通过观察带有自然景观的图片或视频,能够有效降低血压和心率,并带来压力的减轻和情绪的愉悦。而借助于观察自然元素达到放松个体目的的行为,如观察公园、绿化带或家里的盆栽,在日常生活中比比皆是。另外,个体仅仅暴露在自然环境下也可能通过多种途径获益。例如,具有吸引力[1]的自然环境可以增加社区成员的见面机会和社区

---

[1] Flap, H., & Volker, B. Gemeenschap, informele controle en collectieve kwaden [M]. Amsterdam: Amsterdam University Press, 2005: 41-70.

意识，从而降低孤独感、增加社会支持[1]，减少心理疾病的发生。相关研究也表明了绿色公共空间的存在和人类社会关系之间具有积极的关系[2][3][4]，植被水平既能预测公共空间的使用程度，也能预测邻里社会关系的强弱[5]；而金（J. Kim）和R.卡普兰（2004）的研究也表明，丰富多样的自然景观和开放空间能够增加社会互动，加强居民的社区意识，表现出对社区更强烈的依恋和认同感[6]。此外，自然环境不仅具有支持良好的社会关系的效果，还能够通过休闲性体育活动（physical activity，简称PA）对个体产生积极影响。例如，一项在澳大利亚阿德莱德开展的研究发现，在绿色环境中增加（为休闲而进行的）步行时间对身体和心理健康有好处[7]；相比之下，（出于通勤目的）骑自行车并没有体现出改善自我评价健康状况的能力[8]。

鉴于自然环境与个体之间的不同机制和由此产生的不同影响，催生出了生态心理学、环境心理学、医学地理学等多种学科，流行

---

[1] Prezza, M., Amici, M., Roberti, T., et al. Sense of Community Referred to the Whole Town: Its Relations with Neighboring, Loneliness, Life satisfaction, and Area of Residence [J]. Journal of Community Psychology, 2001, 29(1): 29-52.
[2] Coley, R.L., Kuo, F.E., & Sullivan, W. C. Where does Community Grow? The Social Context Created by Nature in Urban Public Housing [J]. Environment and Behaviour, 1997, 29(4): 468-494.
[3] Hartig, T., Evans, G. W., Jamner, L. D., et al. Tracking Restoration in Natural and Urban Field Settings [J]. Journal of Environmental Psychology, 2003, 23: 109-123.
[4] Kaplan, R., & Kaplan, S. The Experience of Nature. A Psychological Perspective [M]. Cambridge, UK: Cambridge University Press, 1989.
[5] Kuo, F. E., Sullivan, W. C., Coley, R. L., et al. Fertile Ground for Community: Inner-city Neighbourhood Common Spaces [J]. American Journal of Community Psychology, 1998, 26: 823-851.
[6] Kim, J., & Kaplan, R. Physical and Psychological Factors in Sense of Community: New Urbanist Kentlands and Nearby Orchard Village [J]. Environment and Behavior, 2004, 36(3): 313-340.
[7] Sugiyama, T., Leslie, E., Giles-Corti, B.et al. Associations of Neighbourhood Greenness with Physical and Mental Health: Do Walking, Social Coherence and Local Social Interaction Explain the Relationships? [J]. Journal of Epidemiology & Community Health, 2008, 62(5): e9.
[8] Maas, J., Verheij, R. A., Spreeuwenberg, P., et al. Physical Activity as a Possible Mechanism behind the Relationship between Green Space and Health: A Multilevel Analysis [J]. BMC Public Health, 2008, 8(1): 206.

病学、心理学以及教育工作者纷纷开始关注自然环境或自然要素在本领域的作用，并催生出了治愈花园（healing garden）、森林学校（forest school）、森林浴（forest bathing）等多领域、多类型的实践活动。

自然体验促进生理健康的效用最早为人所知。在不同文化中，将自然视为"疗愈者"的传统由来已久。中世纪时，欧洲首次出现了"病人花园"，修道院医院为了改善病人精神状况而设计了封闭式的植物花园[1]。1859年，南丁格尔（Florence Nightingale）在《护理笔记》（Notes on Nursing）一书中首次精确地阐述了自然对促进患者康复的治疗作用。她认为，与自然的视觉联系，如通过窗户或床边的鲜花所展现的自然景色，有助于病人的康复[2]。

根据世界卫生组织（World Health Organization，简称WHO）对健康的定义——"健康不仅为疾病或羸弱之消除，而系体格、精神与社会之完全健康状态。"健康具有多面性、主观性等特点，多面性是指健康不仅包括生理状态的健康，还包括心理、精神状态的健全；主观性则是强调健康并不仅仅表示没有疾病的状态，还包括个体认知上的幸福感。

基于健康的特点，当前对自然体验的研究主要集中在自然体验的主观方面，通过个体对环境的感知和评价建立起自然和健康之间的关系是主要的研究手段。但是研究并不满足于探究事物之间的简单关系，而是试图建立起理论，从而为事实或现象提供合理的解释，并衍生出了多种不同的视角，如医学地理学、环境心理学、生态心理学

---

[1] Gerlach-Spriggs, N., Kaufman, R. E., & Warner, S. B. Restorative Gardens: The Healing Landscape [M]. New Haven: Yale University Press, 1998.
[2] Nightingale, F. Notes on Nursing [M]. New York: Dover Publications, New York, 1859.

等。自然影响健康的机制的解释包括：和环境的直接互动（如身体活动）使人产生满足感和放松感；通过观察自然特征而产生的视觉满足和心理修复；促进个体加强社会交往。依据世界卫生组织对健康的定义以及现有研究，本节将主要讨论自然与生理健康、心理健康的关系。

一、自然和生理健康的关系

在自然和健康关系的研究中，大量文献和研究着重于心理影响的研究。关于生理健康的研究，主要集中在对特定身心问题的研究，包括促进幸福感[1]、改善心血管疾病、增加预期寿命、控制肥胖、改善生育状况，以及改善总体健康状况等。例如，一项在立陶宛持续了三年的研究发现，被试者与绿地的距离和其他影响健康的变量之间无显著关系，但是绿地公园的使用者心血管疾病和糖尿病的患病率明显低于非使用者[2]。通过追踪3 144名不同出生日期的被试者居住环境的特征，该项研究发现，在控制年龄、性别、婚姻状况、社会经济状况等无关因素后，居住在可步行绿地区域对城市老年人的寿命有正向影响[3]；在另一项研究中，研究者利用欧洲住房和健康状况的大型分析和回顾（Large Analysis and Review of European Housing and Health Status）的研究数据，控制了年龄、性别、社会经济地位和居住城市等因素，得出结论：居住在环境绿化程度较高地区的居民通过提高

---

[1] White, M. P., Alcock, I., Wheeler, B. W., et al. Would you be Happier Living in a Greener Urban Area? A Fixed-effects Analysis of Panel Data [J]. Psychological Science, 2013, 24(6): 920–928.

[2] Tamosiunas, A., Grazuleviciene, R., Luksiene, D. et al. Accessibility and Use of Urban Green Spaces, and Cardiovascular Health: Findings from a Kaunas Cohort Study [J]. Environmental Health, 2014, 13(1): 1–11.

[3] Takano, T., Nakamura, K., & Watanabe, M. Urban Residential Environments and Senior Citizens' Longevity in Megacity Areas. The Importance of Walkable Green Spaces [J]. Journal of Epidemiol Community Health, 2002, 56(12): 913–918.

运动的频率降低了肥胖等现象的发生[1]。在有关生育状况的研究中发现，居住环境的绿地与胎儿的生长发育之间存在相关关系，但是关联性在不同社会经济群体之间存在差异，如居住在丰富绿地社区的居民总体健康状况往往更好，而且这种积极的联系在老年人、家庭主妇和社会经济地位较低的人群中最为明显[2][3]。

在相关研究的推动下，利用自然或自然体验进行疾病治疗和预防的实践逐渐增加，例如自然疗法以及自然疗法学校。自然疗法学校将自己定义为一种初级卫生保健系统，通过使用天然物质和自然疗法来促进和支持身体固有的自愈过程，其起源最早可以追溯到19世纪的德国。自然疗法假设人天生是健康的，治愈疾病可以通过消除病源或促进人的自愈能力来实现。自然医学健康（naturopathy）的基础包括饮食营养、顺势疗法、身体控制、压力管理和锻炼等多方面内容。自然疗法是治疗多种疾病的"全科医生"，该方法强调对"完整人"——精神和身体——的治疗，并强调预防的重要性。自然疗法所遵循的六项原则分别是：善用自然的治愈力量、查明和治疗疾病的根本、无伤害、医者为师、整体治疗、预防为本。

与传统医学不同，自然疗法认为健康不仅仅是没有疾病，更强调预防和治愈，重视"整体人"的治疗。自然疗法对治疗一些慢性和急性疾病非常有用，其治疗方法多种多样，如注意饮食和临床营养，进

---

[1] Takano, T., Nakamura, K., & Watanabe, M. Urban Residential Environments and Senior Citizens' Longevity in Megacity Areas: The Importance of Walkable Green Spaces [J]. Journal of Epidemiology and Community Health, 2002, 56(12): 913-918.

[2] Vries, S. D., Verheij, R. A., Groenewegen P. P., et al. Natural Environments — Healthy Environments? An Exploratory Analysis of the Relationship between Green Space and Health [J]. Environment and Planning A, 2003, 35(10): 1717-1731.

[3] Health Council of the Netherlands, Dutch Advisory Council for Research on Spatial Planning, Nature and the Environment. Nature and Health. The Influence of Nature on Social, Psychological and Physical Well-being [M]. The Hague: Health Council of the Netherlands and RMNO, 2004.

行顺势疗法，应用草药医学，进行软组织和脊柱手术，利用超声波治疗等。目前已有的自然疗法研究主要集中于单一疾病的治疗，根据一份1988年的研究综述发现，目前已有的研究涉及骨关节炎、哮喘和中耳感染等问题[1]。

二、自然和心理健康的关系

除了促进生理健康之外，自然体验还具有心理效用。与我们的祖先相比，当代人与自然的日常接触日益减少，人们正在遭受现代化发展和环境退化的冲击，人类日益增加的孤独感和堕落感与这些变化存在明显联系。随着城市化的进程进一步推进，人类逐渐和自然世界脱节，并产生了一系列和心理健康有关的问题。因此，关于自然体验在心理健康方面影响的讨论一直在公民生活中占据着重要地位。例如，在美国，作家缪尔（J. Muir）、《荒野法案》(*Wilderness Act*)等曾专门定性地讨论过自然体验对心理健康的影响。最早，坦纳尔（T. Tanner）将自然体验的概念引入心理学领域，通过调查45位环保人士的生活形成因素，发现"有家长或教师有意识地引导"或"有较多户外活动的经历"这两种因素对个体的影响最大；之后，威尔斯（N. M. Wells）的研究方向转向自然的关注度对儿童认知功能的影响[2]……目前，关于自然体验对人类心理影响的研究主要集中在对认知功能和心理健康的影响上。目前有三种理论，分别是注意力恢复理论（attention restoration theory，简称ART）、压力减轻理论（stress reduction theory，简称SRT）和环境偏好理论（environmental

---

[1] Pelletier, Dr. Kenneth R. The Best Alternative Medicine [M]. New York: Simon and Schuster, 2000.
[2] Wells, N. M. At Home with Nature: Effects of "Greenness" on Children's Cognitive Functioning [J]. Environment and Behavior, 2000, 32(6): 775-795.

preference theory)。

1. 注意力恢复理论

该理论由卡普兰夫妇,即S.卡普兰(S. Kaplan)和R.卡普兰提出,以詹姆斯(W. James)的注意力分类为基础,认为注意力可分为有意识(voluntary)注意力和无意识(involuntary)注意力。其中,有意识注意力是指由个人故意施加和控制的注意力,而不是由环境刺激而自然引起的注意力,也称"定向注意力"。他们认为,人类为了能专注于一些并不有趣的东西,需要运用定向注意力(directed attention)控制认知,抑制竞争性刺激,保证其注意力集中在某一个刺激上。为了维持对某一刺激的关注,个体必须抑制注意力分散的冲动,而长时间的抑制或者对官能的消耗会加剧个体的疲惫感,从而带来注意力难以集中、个体易怒等表象。相比之下,面对"天生有趣"的刺激时,个体的无意识注意力会被激发。注意力恢复理论认为,与自然环境的互动就使用了无意识注意力,从而使运行定向注意力的神经机制得到休息和补充。因此,置身于自然环境中能够有效恢复定向注意力。同时,S.卡普兰提出了具有恢复定向注意力效果的景观所具有的四个基本要素,分别是广度(extent)、远离(being away)、吸引力(fascination)和兼容性(compatibility)[1]。广度是指体验视野的大小以及沉浸其中的可能性;远离则是指"逃离"日常活动,包括短暂的微体验(如凝视窗外)或一日背包游等;吸引力表示环境具有的能够有效吸引无意识注意力的能力;兼容性是个体目标、倾向性与环境之间的匹配。显

---

[1] Kaplan, S. The Restorative Benefits of Nature: Toward an Integrative Framework [J]. J. Environ. Psychol., 1995, 15(3): 169–182.

然，其他环境可能满足所有或部分条件，但自然环境最为一致地同时包含了所有条件，所以，自然环境是人类至关重要的一种休息方式。

根据注意力恢复理论，注意力的恢复可分为四个阶段，第一阶段为"清理大脑"，它允许随机的想法在头脑中游荡，并逐渐消失；第二阶段是定向注意力的恢复；第三阶段，在减少了外界的噪声之后，人们在头脑中获得了一种认知的宁静；最后一个阶段则是"反思个体的生活、行动目标等"。

为了验证这一理论的可靠性，研究人员设计了各种试验。例如，波尔曼（M. G. Berman）选择工作记忆作为环境心理学中定向注意力的代理指标，使用倒背数字作业测试（backward digit span task，简称BDST）工具对被试者的工作记忆进行了测试，之后进行了35分钟的心理疲劳测试，然后将全部被试者随机分为两组，分别在城市环境和植物园环境中行走约4 500米，时长均为50—55分钟，最后再进行一次BDST测试。结果显示，植物园组在记忆任务的表现中优于城市组。研究人员还发现，植物园组的积极反应有明显增加。在第二个实验中，观察自然景观图片的被试者工作记忆显著优于观察城市景观的被试者。[1]

在另一个实验中，研究者使用了内克尔立方体双向稳态图形测试（necker cube pattern control test，简称NCPCT）来测试学生注意力的提高水平。在该实验中，学生必须使用其注意力观察并点击鼠标使屏幕上的一个立方体翻转方向，这些学生住在大小相似的房间中，区别

---

[1] Berman, M. G., Jonides, J. & Kaplan, S. The Cognitive Benefits of Interacting with Nature [J]. Psychol. Sci., 2009, 19(12): 1207-1212.

在于从窗户往外看到的风景有所不同,包括全自然到全城市。实验结果表明,"全自然"环境下学生表现出的定向注意力最强[1]。

此外,在一项自然实验中,泰勒(A. F. Taylor)比较了芝加哥某小区儿童的周围环境与注意力、冲动抑制、满足感延迟等因素之间的关系,这些儿童的生活环境和人口特征相似,唯一不同的是,由于房屋方位不同,所看到的景观也不同:城市公园的一角或贫瘠的混凝土区域。结果表明,平均来说,周围环境越自然,BDST和字母表测试表现越好,与家人的关系越融洽[2]。

在研究自然图像的潜在用处时,研究者在持续注意力反应测试(sustained attention to response test,简称SART)中引入了心理疲劳测试,试验首先要求被试面对一台电脑,在屏幕上无任何东西时持续按下一个按钮,在屏幕上出现数字时停止,持续5分钟后,将被试随机分为两组,分别观察自然景观和城市景观的图片。结果表明,接触自然景观图片的被试在第二次进行SART时的表现明显优于对照组。[3]

2. 压力减轻理论

乌尔里希认为,人类情感的产生是与生俱来的,具有跨文化性,不需要意识过程。他所提出的压力减轻理论认为,人类在对自然环境无意识的、自主的反应中存在一种自然的治愈力量。该理论认为当一个场景引起平和、愉悦的感觉时,就会产生治愈效应。对于承受压力

---

[1] Tennessen, C. M. & Cimprich, B. Views to Nature: Effects on Attention [J]. J. Environ. Psychol., 1995, 15: 77-85.
[2] Taylor, A. F., Kuo, F. E. & Sullivan, W. C. Views of Nature and Self-discipline: Evidence from Inner City Children [J]. J. Environ. Psychol., 2002, 22: 49-63.
[3] Berto, R. Exposure to Restorative Environments Helps Restore Attentional Capacity [J]. J. Environ. Psychol., 2005, 25, 249-259.

的人来说，这样的场景能够迅速唤醒主体的情感反应，从而取代或抵消消极的情绪和想法，这些更积极的情感反应同时还伴随着血压、心律、肌肉紧张等生理状况的改善。

在该理论的指导下，乌尔里希进行了一系列探索性研究。例如，在一个实验中，实验要求伴随轻度压力的实验组参与者观看了一组由植被和树木主导的自然景观幻灯片，而对照组则观看了几乎没有植被的城市景观，结果表明，实验组参与者的自我评价中具有更高的正面情绪（如愉悦）和较低的负面情绪（如恐惧）[1]。其他类似的实验也表明，暴露在自然环境下，或者观察含有植被的城市景观能够使个体减轻压力，提高感受情绪的能力[2]。进一步地，乌尔里希等人进行了另一项实验，120名被试者首先持续观看一部充满压力的电影10分钟左右，然后分为6组，再持续观看6种不同场景的电影10分钟，包括最自然的场景和最城市化的场景。期间，研究人员通过测量心率、皮肤导电率、肌肉张力和收缩压等来监测受试者的生理压力水平，此外，被试者被要求对自己的情感状态进行自评。结果表明，在受试者观看自然景观时，他们从压力中恢复的速度远远高于他们观看城市景观时的速度[3]。

除此之外，其他研究者进行的实验也进一步地为这一事实提供了证据。例如，研究者通过对在日本的森林和城市环境中的12名被试进行对比观察，并测量他们的唾液皮质醇浓度、舒张压和脉搏率等生理指标，研究了自然景观和城市景观对缓解压力的影响，并得到了相似

---

[1] Ulrich, R. S. Visual Landscapes and Psychological Well-being [J]. Landscape Research, 1979, 4(1): 17-23.
[2] Ulrich R. S. Natural Versus Urban Scenes: Some Psychophysiological Effects [J]. Environment and Behavior, 1981, 13(5): 523-556.
[3] Ulrich, R. S., Simons, R., Losito, B., et al. Stress Recovery during Exposure to Natural and Urban Environments [J]. Journal of Environmental Psychology, 1991, 11: 201-230.

的结果[1]。

卡普兰夫妇和乌尔里希的理论都强调自然环境的恢复能力，不同的是，乌尔里希倾向于强调个体与自然环境交互中与压力有关的影响，而卡普兰夫妇则更强调对认知的影响。除此之外，还有一些研究同时考察了自然景观对压力和注意力的影响。例如，哈廷（T. Harting）等人用动态血压测量来评估不同程度的注意力疲劳个体的心理和生理压力差异，处于自然景观中的实验组在NCPT或校对任务中均表现出了压力降低、情绪改善等积极变化。而且动态血压测试表明，个体压力和注意力在不同时间无显著差异，其变化主要由其他因素产生，这一论断为上述结论进一步奠定了因果解释路径[2]。

3. 环境偏好理论

这一理论主张对景观美学的自我偏好与自然的恢复价值具有密切联系，对这一联系的形成机制存在两种不同的解读：人类对自然环境的某些方面有一种与生俱来的、普遍的偏好，而人类所偏好的这些方面具有恢复能力，因此消除了偏好作为中介变量带来的影响；或者是对自然的态度直接影响了与自然环境的互动所带来的认知或情绪的积极效果。

为了支持第一种观点，根据一项实验证明，疲劳程度越高，个体越倾向于选择在自然环境而不是城市中散步[3]。此外，有研究者对S.卡普兰所提出的四种要素——广度、远离、吸引力和兼容性——进

---

[1] Ottosson, J. & P. Grahn.The Role of Natural Settings in Crisis Rehabilitation: How does the Level of Crisis Influence the Response to Experiences of Nature with regard to Measures of Rehabilitation?［J］. Landscape Res., 2008, 33(1): 51-70.

[2] Hartig, T., Evans, G., Jamner, L. et al.Tracking Restoration in Natural and Urban Field Settings［J］. J. Environ. Psychol., 2003, 23: 109-123.

[3] Hartig, T., & Staats, H. The Need for Psychological Restoration as a Determinant of Environmental Preferences［J］. J. Environ. Psychol., 2006, 26(3): 215-226.

行了研究，发现不同个体对这些要素的偏好不同，而具备个体所偏好的要素的地方会成为被试最喜欢的地方。这一理论与自我调节理论一致，即偏好支配下自主选择的环境能够成为个体自我调节的最佳场所。

第二个观点——个体对自然的态度会影响自然环境最终对其情绪和认知功能的影响方式。目前的研究为了探索这一观点，主要是测量个体"与自然的联系"，并从社会心理学理论中得出结论：归属感大于自我认知，并且能够减少消极的沉思，带来幸福感。在相关研究中发现，对景观的描述方式会影响对景观的评分。安德森（L. M. Anderson）的研究表明，个体对景观描述或名称先入为主的观念极大地影响了其对自然美的感知程度[1]。此外，斯蒂芬·梅耶尔（F. S. Mayer）和弗兰兹（C. M. Frantz）开发了一种由14个问题组成的调查量表——自然联结性量表（connectedness to nature scale，简称CNS），这一量表能够识别个体与自然相关的意识和情感水平。根据他们的假设，环境行为在很大程度上可以通过个体对其是否属于所处世界的判断进行预测，个体的归属感越强烈，其可持续的环境行为、生活方式出现的可能性更高。作者还表示，CNS评分与个体的生活满意度、幸福感等密切相关。个体的沉思次数越多，罹患抑郁症的风险也会越高，而个体对"世界"的归属感能够使个体摆脱消极的自我沉思。也正如社会心理学研究所言，对某一群体的归属感能够给个体带来使命感和积极影响。因此，二人认为，自然对情绪的积极影响实际上是通过个体感受与自然之间的

---

[1] Anderson, L. M. Land use Designations Affect Perception of Scenic Beauty in Forest Landscapes [J]. Forest Sci., 1981, 27: 392–400.

联系来调节的。在这一范式中,"与自然建立联系"与"产生心理价值"是一种因果关系,对更大事物或群体的归属感具有强大的力量。

第二节

自然体验学习与教育

在教育方面,自然体验学习具有可以与普通学校教育相互补充的多方面价值。已有的研究已经证明,在精神成长、社会交往、身心健康、认知发展等方面,自然体验学习对青少年都具有重要意义。国内研究者也对自然体验学习的优越性、环境建设、具体实施等方面做了先行研究和讨论。

进步主义和体验式学习的兴起推翻了以教师、教室、课本为中心的传统教学模式的垄断地位,研究者们开始认识到自然环境对于学生学习和个体发展的重要性。克诺夫(R. C. Knopf)列举了自然环境所具有的、区别于日常环境的、可能影响行为的五个方面,即:第一,自然环境,特别是荒野,能够挑战"惯常的行为模式和解决问题的方式";第二,自然环境是"公正"或"冷漠"的,不会对行为作出倾向性或评判性的反馈;第三,自然环境具有相对可操控性和可预测性,可以减少无谓的防御性、应对性行为带来的身心消耗;第四,自然环境允许更大程度的自我表达；第五，自然环境允许更大的个人控制感[1]。

自然环境对个体学习和发展的影响可概括为以下三个方面。

1. 新知识和能力的形成

学习成果是指个体在学习过程中或结束时获得的知识、能力、情感的提升或变化，会因学习方法及个体差异而有所差异，而自然环境可以为学习不同技能提供多种环境、材料和机会。格兰（P. Grahn）发现，在瑞典，有绿地的日托中心的儿童比没有绿地的日托中心的儿童有更好的专注力[2]。里金森（M. Rickinson）等人对1993—2003年间150篇关于户外学习（以英语发表）的论文进行了批判性的研究，这些论文涉及多种户外学习方式，包括实地考察和户外参观、户外探险活动以及学校/社区项目。通过研究大量的证据，他们发现，精心策划和教授的实地工作为发展知识和技能提供了重要的机会；他们还发现，基于户外环境的特质，田野调查活动可能对长期记忆有积极的影响[3]。奥布莱恩（E. O'Brien）和默里（R. Murray）在对森林学校儿童的研究中发现，森林学校中的儿童对林地产生了兴趣，并产生了对大自然的敬意以及学习的动力和兴趣[4]。在关于森林学校的研究中，家长和老师还发现孩子们能够将他们在自然环境中学到的技能快速转移到其他环境中，如通过学习植物的名字和发展描述周围环境的能力，促使他们的词汇量和描述语言发生了变化。

---

[1] Knopf, R. C. Human Behavior, Cognition, and Affect in the Natural Environment. In D. Stokols & I. Altman (Eds.), Handbook of Environmental Psychology [M]. New York: Wiley, 1987, 1: 783-825.
[2] Grahn P. Wild Nature Makes Children Healthy [J]. Swed Build Res, 1996, 4: 16-18.
[3] Rickinson, M., Dillon, J., Teamey, K., et al. A Review of Research on Outdoor Learning [R]. Shrewsbury: Fields Study Council, 2004.
[4] O'Brien, L., Murray, R. Forest School and Its Impacts on Young Children: Case Studies in Britain [J]. Urban Forest Urban Green, 2007, 6(4): 249-265.

自然环境不仅能够对学生产生积极影响，对教师也同样重要。希尔默（I. Hilmo）和霍尔特（K. Holter）的一项研究探索了教师如何在教学项目中回忆和应用户外教育元素。他们采访了幼儿园教师，这些教师强调了他们在教育过程中实际接触自然环境的重要性[1]。

无论是作为学生还是幼儿园老师，参与者都强调了接触大自然的重要性。在从事教学工作几年后，他们更加明确地强调，接触自然是促进儿童全面健康发展和发展具体能力的一种重要方法。

2. 自尊和社交技能

缺乏自尊可能是抑郁症和人格障碍的先兆[2]，而里金森等人的研究发现，有大量证据表明，冒险项目和学校/社区项目对年轻人的态度、信念和认知有积极影响，包括独立、自尊和自信、控制、自我效能感和应对策略[3]。博尔斯（A. Burls）在伦敦的一项治疗性学习项目中发现，在许多和绿色空间有关的活动项目中，参与者主要可以获得三方面的个人发展：（1）与个人问题解决、合作、沟通相关的技能；（2）承担个人责任；（3）更准确地评估自己，对外在环境具有更好的控制能力[4]。狄龙（J. Dillon）等人发现，参与户外学习体验的教师和学生都意识到这种参与带来的个人和社会发展，如自信心和自尊的增强。

此外，奥布莱恩和默里对森林学校的研究发现，社会技能的发

---

[1] Hilmo, I., & Holter, K.På jakt etter skogens kongle. (How to find the cones in the wood)［R］. Oslo University College, 2004: 31.

[2] Mruk, C. Self-esteem Research Theory and Practice: Towards a Positive Psychology of Self-esteem［J］. Springer, New York, 2006.

[3][4] Burls, A. People and Green spaces: Promoting Public Health and Mental Well-being through Ecotherapy［J］. Journal of Mental Health, 2007, 6(3): 24-39.

展意味着孩子对自己的行为以及行为对他人可能产生的影响有更清晰的理解和认识[1]。曼尼恩（G. Mannion）等人在一项关于年轻人通过户外学习与自然环境互动的研究中发现，年轻人重视有趣且不具抑制性的户外学习，尤其重视社交方面的相互关系（与他人相处和共事）[2]。尼科尔（R. Nicol）等人在苏格兰的研究发现，年轻人尤其重视经验和亲近大自然、进行"亲力亲为"的机会[3]。大量研究表明，自然体验学习能够在中小学和成人阶段对心理和社会能力产生积极影响。例如，20世纪90年代以来，阿莫斯（Ruth Amos）、雷斯（Michael Reiss）、罗（Jenny Roe）等人的研究指出，自然体验学习能够帮助中小学生心理发展，培养自我意识、自尊心、敏感度、好奇心、稳定的情绪、自信心等。英国的林业委员会和新经济基金会（New Economics Foundation）在2005年发表的调查报告也表明，参加有组织的户外自然体验，能够树立自信、促进社会交往以及培养其他个人能力。

3. 态度和行为

态度和行为的改变可以通过户外学习来实现。里金森等人在对户外学习的回顾中发现，有一些户外活动的例子，比如冒险/荒野活动，可以促进积极的行为，改善身体自我形象和锻炼身体。这可能给年轻人带来更健康的生活方式[4]。狄龙等人在关于农村环境下的户外教室的报告中发现，户外学习的结果包括情感、态度与价值观以及活动或行

---

[1] O'Brien, L., Murray, R. Forest School and Its Impacts on Young Children: Case Studies in Britain [J]. Urban Forestry & Urban Greening, 2007, 6(4): 249-265.
[2] Mannion, G., Sankey, K., Doyle, L., et al. Young People's Interaction with Natural Heritage through Outdoor Learning [J]. Scottish Natural Heritage, Report No. 255, Edinburgh, 2006.
[3] Nicol, R., Higgins, P., Ross, H., et al. Outdoor Education in Scotland: A Summary of Recent Research [J]. Scottish Natural Heritage and Learning and Teaching Scotland, Edinburgh, 2007.
[4] Rickinson, M., Dillon, J., Teamey, K., et al. A Review of Research on Outdoor Learning [R]. Shrewsbury: Field Study Council, 2004.

为的积极变化[1]。

孩子们可能对特定的空间产生依恋,并通过户外学习对环境产生特定的兴趣。在英国北部的儿童所参与的卓普威尔林地(Chopwell Wood)健康项目中,对老师和家长的采访显示,孩子们开始关心他们的午餐是否有足够的水果和蔬菜。孩子们对森林的热情通过这个项目被极大地激发出来。物理环境通常会影响人们对某个地方所赋予的意义,同时人们会把他们独特的社会和文化经历融入他们对新地方的价值观和意义中[2]。

尽管自然体验的效用已经得到广泛承认,但是,从接触自然的经历中,学习者是如何习得知识、培养能力、发展态度和价值观的呢?换言之,在自然体验中,有意义的学习是怎样发生的呢?实际上,这是自然体验学习乃至环境教育的核心问题之一。但是,这一问题也常常容易被忽略。有人认为,学习成果只不过是自然体验学习过程的必然产出,知识、能力、情感态度价值观的发展是自然体验学习的逻辑结果。不幸的是,实证研究已经证明,不是所有人都能自发地从自然中学习,特别是进行有意义、有深度的学习。因此,或许需要从教育心理学、社会学和其他社会科学中汲取营养,为自然体验学习中的"教"与"学"的理论和实践提供支撑。

在过去的100多年间,学习理论经历了深刻的发展历程。从19世纪晚期冯特(Wilhelm Wundt)建立第一个心理学实验室提出结构主义的心理学开始,机能主义、行为主义、认知主义、建构主义、人本

---

[1] Dillon, J., Morris, M., O'Donnell, L., et al.Engaging and Learning with the Outdoors-the Final Report of the Outdoor Classroom in a Rural Context Action Research Project [R]. Berkshire: National Foundation for Education Research, 2005.
[2] Kahn, P., Kellert, S. (Eds.). Children and Nature: Psychological, Socio-cultural and Evolutionary Investigations [M]. Cambridge, MA: The MIT Press, 2002: 29-64.

主义等学习理论先后兴起，提出了对人类学习行为的不同解释，加深了人们对教与学的理解。一些学者从众多的学习理论中选择对于自然体验学习有价值的部分，并与自然体验学习的实践相结合，构造了一些有意义的自然学习理论框架。

一般来说，自然体验学习过程常常具有丰富的直接经验、知识获取、社会交往、情感发展等要素，这些要素构成了自然体验学习的特征。因此，自然体验学习与学校中的正规教育在内容和形式上有着显著的不同，可以认为是一种在非正式情境中的学习。

布罗迪（M. Brody）[1]认为，在非正式情境的学习中，融合了各种各样的因素，包括活动的探究性、多样性等因素，个人的好奇心、兴趣、内驱力等因素，不同参与者多样化的世界观、学习状态、已有知识等因素。因此，非正式情境的学习甚至比正式情境的学习更为复杂和多样。不管什么样的非正式情境学习，有两项重要内容都需要重点考虑：其一是学习者已有的知识，其二是已有知识、新信息和日常生活的联系。一般来说，非正式情境的学习活动被认为在培养好奇心、提高动机和态度、促进社会参与和人际互动等方面有着天然的优势。此外，非正式情境的教育通常包含团体性的智力或体力活动，从而进一步扩展了学习的意义。

在自然体验学习的实践中，常常可以看到学习者的价值观得到了意想不到的发展的案例。有研究认为，自然体验学习中学习者的价值观发展跟其中的学习过程密切相关。在具体情境中，学习者的价值观发展与其在情境中的体验有关，是情境中的个人、社会和物质因素交织在一起，共同作用于学习者的知识体系所获得的结果。例如，在

---

[1] Brody, M. Learning in Nature [J]. Environmental Education Research, 2005, 11(5): 603-621.

美国黄石公园的一个自然体验学习案例中，学习者了解了一些关于极端环境下的生命体的零散概念（个人方面），他们共同详细地研究了这些概念并获得了更深入的理解（社会方面），他们也在自然环境中得到了思想的启发（物质方面）。个人、社会和物质要素的共同作用，把学习者先前的概念和环境体验紧密结合起来，形成了学习者的价值观念。显然，在自然体验学习理论框架中，感觉、态度、价值观发展在有意义的学习过程中扮演着重要的角色。

在自然体验学习的实践中，还可以看到有些学习过程和结果是即时性的、短时性的，有些则是长期性的。博格纳[1]曾经对中学生开展了一项关于自然体验学习的实验，目的是对比长期教育项目和短期教育项目的影响。在参与了为期五天的项目后，学生们（样本数=333）的环境行为量表得分普遍提高，而参加一天项目的学生（样本数=322）则提升不多。结合现代学习理论的观点来看，学习实际上是随着时间推移而变化的一个过程。例如，在自然体验学习中，个体对于自然的体验最初是感受性的、个别性的、身体感官方面的。随着时间的推移，最初的感官印象会让位于逐渐察觉到的规律和差异，从而将学习引向个体认知和更深刻的理解；并且根据经验和学习过程中的个人认知和更丰富的理解，产生渐进性的分化。通过社会互动，学习者可以在活动前、中、后的不同阶段调整学习过程，随着时间的变化对自身的学习进行反思、对比和比较。

概念在复杂的认知系统中处于核心地位，各种学习过程实际上基本可以认为是一个"概念变化"的过程。基于这种认识，自然体验

---

[1] Bogner, F. X. The Influence of Short-Term Outdoor Ecology Education on Long-term Variables of Environmental Perspectives [J]. Journal of Environmental Education, 1998, 29(4): 17–29.

学习必须以适当的方式，促使学习者在认知结构中将新的、较困难的概念与原有的相关知识建立非强制的（有意义的）联系，才能构成有意义的学习。学习者相关的已有观念可以帮助形成某种获取新信息的认知"锚点"，为进一步的理解形成认知的"桥梁"。因此，如何设计"锚点"，建造"桥梁"，是自然体验学习活动不可回避的问题。

目前的主流学习理论认为，若要学习者能够理解和接受新的概念，那么这一概念对学习者必须是可理解的、合理的、有意义的。在非正式的学习情境中，通常认为影响学习的最重要的因素有两个，一个是学习者的相关知识背景，另一个是其已有的概念框架。关于学习的许多研究已经指出，对于非正式情境中的学习来说，已有知识扮演着重要的角色。在自然环境的情境中，已有知识使得学习者能够发现新的信息，并促使其形成有意义的学习。有意义的学习过程可能包含多个认知过程，例如对新观念的同化、对已有观念的顺应、对知识的结构化等。因此，自然体验学习中首先需要考虑的，就是如何了解学习者的已有知识及其在学习过程中的变化。

法尔克（J. Falk）和迪尔金（L. Dierking）从情境学习模型的角度对自然体验学习进行了解释。情境学习模型包括个人的、社会—文化的和物质的三个相互重叠的方面，学习既是这三个方面交互作用的过程，也是这三个方面交互作用的结果。从个人方面来看，学习需要建立在个人的已有经验和其他信息及经验的基础之上，要求对已有知识进行重构，同时把新的看法、感觉和思考纳入原有的知识体系之中。从社会—文化方面来看，所有的知识都是个体通过他人先行建构的学习媒介而完成的一种社会性建构，个人认知是个体社会生活的互动结果和交流重心。在物质方面，学习与其发生的环境密不可分，旧情境中的要素在应用于新情境时将会被重新赋予意义，而这些与旧情境相关联的要素有助于形成认知的"桥梁",把新信息和已有的概念联系起来。

最近关于替代性概念和概念变化理论的研究揭示了概念和概念变化的不确定性。根据这一认识,"概念"的边界是模糊不清的,因为"理解"本身就是诸多因素交织的复杂系统,而学习则是由多样的知觉、看法、感受等因素和综合的现实交互而构成的复杂结构。如前所述,多个认知过程,包括读出策略、整体性、不变性和因果关系等,构成了复杂的概念体系,最终形成了学习者的知识体系。显然,观念和现实的交互作用在这里构成了学习者学习过程的重要基础,这对进一步认识自然体验学习的思维价值具有深远的影响。

综上所述,只有置身于真实世界和真实事件当中,自然体验学习中有意义的学习才会发生。经由社会性互动中的多个认知过程,个体对知识进行了建构。在学习过程中,个人的、社会—文化的、物质的三个方面因素构成了认知的"桥梁"。同时,学习在不同的阶段会表现出不同的过程和结果,其中有些是价值观方面的。而且,学习结果和时间的持续性也具有密切的关系。总体上看,这些基本认识为自然体验学习提供了学习论方面的理论框架。

基于以上讨论可以认为,学习其实是一个"新观念形成"的过程,学习行为是学习者对可理解的、认为合理的观念的领悟和接受,以及对已有经验意义的重新认识。其中,学习者的相关知识背景和已有的概念框架被视为最重要的因素。新概念的同化、已有概念的整合和原有认知结构的分化,组成了有意义学习的不同认知过程。

有意义的学习包括许多认知过程和结构,但可以归纳成三个维度:行动(acting)、思考(thinking)和感受(feeling)。从自然体验学习的角度来看,行动即指学习者与真实世界和自然直接互动而产生的经验,是有意义学习的直接经验来源;思维是对直接经验的认知,包括个体性和社会性的知识结构，通过同化、顺应和渐进分化等认知过程和直接经验产生联系；感受是对直接经验的感觉和情绪，与价值观及其结构的发展（道德发展）有关。

布罗迪（M. Brody）对此进行了分析，并提出自然体验学习的理论框架。在这个框架中，布罗迪认为，自然体验学习中，有意义学习是直接经验的结果。学习者随着时间的推移，通过复杂的认知和情感过程，生成个人性的和社会性的知识和价值体系。在此理论框架中，纵向是有意义学习的三个维度，横向是不同的认知过程（见表4-1，该表改编自布罗迪的理论框架）。

表4-1 自然体验学习的理论框架

	物质的（环境）	个人的（个体）	社会的（分享）	时间的（持续性）
A. 行动 体验 感觉 再现	周边（初始的）	个人体验	团队体验	即时的
B. 思考 整合 恒定性 因果关系 知识体系	经验（事件）	基于已有知识的同化和顺应	基于共享经验的渐进分化	持续一段时间的
C. 感受 态度 价值观点 信念 价值体系	经验（事件）	基于已有情感的同化和顺应	基于共享经验的渐进分化	持续一段时间的

这一理论框架解释了基于自然体验的有意义学习是如何发生的，概括了自然体验学习的基本原则。这些原则可以分为行动—经验、思维—知识体系、感受—价值体系三个方面。

在行动—经验方面，有意义学习意味着学习者要到自然环境中去获得第一手的体验（物质的），运用个人的不同感官了解自然环境的不同要素及其整体（个人的），与他人分享对自然环境的认识（社会的），还要随时反思和比较事前、事中和事后的体验（时间的）。

在思考—知识体系方面，有意义学习意味着学习者要从体验中感知自然的规律（物理的），将新观念同化和整合到个人的已有观念之中（个人的），与他人互动、共享、比较和建立新的观念（社会的），在经历过程中重新思考、评估和改造已有的经验和观念（思维/时间的）。

在感受—价值体系方面，有意义学习意味着学习者需要将感受、态度、价值观、信念和自然环境联系起来（物理的），形成、改变和发展个人对自然的态度和价值观（个人的），主动分享和接收他人的感受、态度、价值和信念（社会的），意识到随着时间的推移感受、态度、价值观和信念的变化过程（时间的）。

第三节

自然体验学习的评价标准

自然体验学习从自然学习、保全教育和户外教育的传统中汲取营养，其场所是一个允许儿童既可以学习又可以玩耍逗留的地方，而不是用来开展某种专项目的的训练。其环境设计一定要符合该年龄段儿童审美和身心发展需求，不能依据成人的审美来构造自然体验学习的环境。自然体验学习中的"自然"包含四种形式：原生自然、人化自然、人工自然和虚拟自然[1]。因此根据自然体验学习采用的媒介不同，本节将自然体验学习环境分为户外学习环境与室内学习环境，并提出不同环境的评价标准。

一、户外学习环境的评价标准

针对户外学习环境，可以根据以下标准开展评价。

（1）自然体验学习场所应该有只对探险者开放的"探索"区域，例如树上的某个角落。

（2）自然体验学习场所应将"最近发展区"理念深入环境创设，给不同身心发展阶段的儿童提供自我掌控的可能性，同时这种学习机会是明显的、可控的，例如让儿童可根据自身能力攀爬不同的高度。

（3）自然体验学习场所应该提供丰富的材料，拥有丰富的呈现方式，允许儿童及团体根据自身需求、兴趣、心情选择理想的地方进行体验式学习。可以利用攀爬及身体平衡区域，如吊桥、绳索等来帮助儿童设定计划、解决问题、锻炼反应及身体协调能力、发现自身的能力和缺点等；利用高塔等高地游戏来帮助儿童从不同角度体验自然世界，并在一定程度上训练儿童体能；等等。美国俄亥俄州肯特州立大学儿童发展中心（Kent State University Child Development Center）的户外体验活动区，拥有本地植物、树木、圆形剧场、花园、堆肥区、泥厨房、骑行道、轮式玩具、艺术露台等，人造体验区旁是草地和湿地，用来供儿童进行探索。

---

[1] 黄宇，陈泽.自然体验学习的源流、内涵和特征[J].环境教育，2018（09）：72-75.

（4）自然体验学习场所要为教师、家长等他人提供挡风、隔音和观察的场所，以了解儿童体验式学习现状，更好改良自然体验场所。同样的，精心设计的户外学习实验室要有一个指定的户外教室领导和重组的工作人员。

（5）为有特殊需求的儿童提供特殊的自然体验学习区域与教具。为有听力障碍的儿童提供多样多色彩、高分辨性的移动教具；为有视力障碍的儿童提供必要的、安全的隔断和分界明显的安全区域；为有运动障碍的儿童提供辅助性器具，并注重轮椅的放置。

（6）自然体验学习场所虽应有其规则，但避免过多和多余的禁令，要使儿童在放松的状态下进行自然体验学习。

（7）自然体验场所中大型山地户外场所的植被，包括乔木和灌木丛等，分布应该更接近游戏结构，如此便于纳入更多游戏性元素。

（8）在设置自然体验环境时，也要考虑个人和社会文化因素，如儿童对环境的熟悉程度、在户外的时间、独立活动、在自然中进行的义务活动，允许儿童在自然中通过自由实践，参与到更多的合作和创造性游戏中去。例如设置共享交流与游戏空间，如树洞、灌木丛中的洞穴、自然环境中低矮的小屋等，在培养儿童身体素养的同时，让他们体验放松和朋友陪伴，感受社会性乐趣。同时由于不同的社区在经济、人口、地形、城市化程度、历史文化等方面的差异，也在一定程度上影响了自然体验学习场所的设计。

总的来说，户外自然体验环境应当符合以下五个基本原则。

（1）景观设计要符合当地自然条件，充分合理利用当地自然资源。

例如美国俄亥俄州肯特州立大学儿童发展中心的户外学习实验室，该实验室根据当地的环境和气候，设计了一个可以人为开关的人造小溪流水，在较为炎热干旱的季节里可以关闭流水，在气候较为湿润时开启水流；若学校靠近水边、沙滩边，可以利用海滩沙坑与水中游戏相结合的方式，为儿童提供游戏和学习的场所；若学校靠近森林或山体，则可开发攀爬、探险与果实采摘区域等。通过强化儿童在自然中直接亲自动手参与来建立人与自然的关系，避免了非直接地从照片和叙事文本中获得替代性体验，从而减少"自然缺失症"或注意力缺陷多动障碍（attention-deficit hyperactivity disorder，简称ADHD）等带来的不良影响，了解环境可持续性发展的重要性，从小建立关心环境、保护环境的可持续发展价值观。

（2）平衡好户外环境中的益处与潜在的风险，即价值取向的风险评估理念。

在户外活动的过程中，我们要注意到自然体验过程中对儿童生理健康、自我效能感、可持续价值观等的有益之处，也要帮助儿童梳理并培养其对于环境中潜在风险的识别与判断能力，以及传授他们如何解决问题、规避风险的方法。但应注意的是，不能因为对儿童健康和安全风险的过度担忧限制他们的户外活动，教师、家长等应克服传统的"恐惧文化"，让儿童得到充分与自然接触的机会。例如，美国俄亥俄州肯特州立大学儿童发展中心发现户外实验室的廊桥下有一条无毒的束带蛇（garter snake）时，学校与教师立即对该状况进行了评估，在发现其益处比风险性更大时，当地教师便开展了观察、了解、抚摸、关照束带蛇的自然体验活动，后来儿童与教师一起将它迁移到了另一个适宜其生存的自然环境中。又如澳大利亚南部阿德莱德伊尔尼多儿童中心与费利克斯托（Felixstow）公立学校，儿童可以与教师一起参与风险评估过程，批判性地思考可能的风险性，并判断该问题可能构成低、中、高风险中哪种风险，最后讨论出策略来更好地降低风险并予以改进；伊尔尼多儿童中心的教师会将风险评估记录在活页夹中,并欢迎来自儿童、家庭和检查人员的建议。

（3）认真考虑自然体验活动开展的时间、空间及材料运用,根据儿童需求、家长与教师建议对自然体验场所进行调整。

为了减少对儿童的过分保护与监管,尽可能规避风险,保证儿童无拘无束地在自然环境中玩耍,学校可以通过室内外一体化课程,将室内外环境联系起来,提供长时间不间断的户外活动,打造一个室内外无缝衔接的学习体验。许多德国、澳大利亚南部的学前教育机构,室内外之间的大门通常一天之内都是开着的,孩子们可以自由地继续他们的游戏,而不是让他们的一天被严格的日程安排约束;同时教育工作者们轮流进行几周的户外计划来满足孩子们的需求,增添了环境设计的有趣性,并给学习环境带来新的挑战,如秘密花园等既保护了儿童隐私,又给予其自由空间。美国儿童发展中心既设置了户外自然场所,如轻微的斜坡、花园、圆形剧场等,保证了儿童自由活动的机会,又设有家长与教师观察区域,符合美国关于儿童必须时刻在教师的视线内的规定。

（4）自然体验场所环境设计要倾听儿童的声音。

自然体验是属于儿童自己的学习和玩耍活动,要让儿童参与到户外学习空间塑造的过程中来,让他们感受到一种归属感和力量,潜移默化地培养其主人翁意识与创造力。例如澳大利亚南部阿德莱德费利克斯托公立学校（招收从幼儿园到七年级的孩子）的"村庄区域"(village),在这里儿童在教师的支持下拥有塑造自然体验环境的自主权,有时他们将操场变成一个迷你的中心街道,用天然材料建造商店,用口香糖作为货币出售泥饼;其他时候,儿童把这里变成一个剧院,有舞台、观众席和日常制作。

（5）维持自然体验学习环境。

在塑造与维持自然学习环境过程中,教师、家庭与社区发挥着至关重要的作用。"教育工作者确保实现发展目标，家庭为实践提供支持。"[1]例如，美国儿童发展中心成立了一个家长自然小组，在假期举办园艺活动，并确保新教职人员了解自然学习环境对社区的重要性；澳大利亚南部阿德莱德费利克斯托公立学校教师对于附近小溪濒临灭绝的青蛙开展了家校合作活动，儿童与家长在户外创造了"青蛙沼泽"。

二、室内学习环境的评价标准

自然体验学习不仅可以发生在教室外，还可以发生在教室内，通过环境和自然教育课程培养儿童的自然体验感。针对室内学习环境，可依据以下原则开展评价。

在教室内部环境创设方面，能做的有用植物设计环境，例如摆放绿植，安装绿色墙壁；创设以自然为灵感的艺术作品；运用植物或木材、羊毛等材料进行模仿自然形式的设计；让孩子们欣赏窗外的自然景色，塑造一个融合生活与自然世界的间接体验环境。

三、学习的目标设定和教学设计

在自然体验学习的目标设定和教学设计方面，可以依据如下原则开展评价。

自然体验学习培养目标应包含享受自然、对生物有同理心、建立与自然的联系并对自然负责等内容，从而扩展关爱自然的概念，进一步引导自然体验学习参与者描述他们如何理解"爱"的问题，提供对生活体验和感知复杂性的更多理解。

---

[1] White, R. & Stoecklin, V. Children's Outdoor Play & Learning Environments: Returning to Nature [J]. White Hutchinson Leisure & Learning Group, 1998.

第四章
自然体验学习的评价

自然体验学习培养目标设定应有以下几点：促进儿童与各种生命形式的尊重与和谐发展，建立对自然世界爱护、包容的同理心以及伦理观，建立可持续发展理念。

早期课堂活动应该按照环境教育的原则来组织，培养与儿童可持续发展相关的知识、态度和行为，通过将经验与对经验的反思、批判性参与和权力赋予（empowerment）数者结合，优化教育有效性。

可以通过讨论这一学习方式让学生建立自然体验学习目标与行动之间的联系。中国的传统思想中，有"天人合一"的思想、顺应自然的道家思想，古希腊传统思想中也有类似的思想。另外，探索"优秀的环保主义者"在环境管理、环境保护目标与行动之间的作用，以及我们在此过程中的性格和道德规范与行动所产生的关联等，都是可以讨论的内容。

教育活动还可以包括反思活动，激发学生个人探索自身的自然观以及对自然的热情，如通过头脑风暴、冥想、解释、辩论、思维导图等方式，反思"我对我周边的居住环境、学校环境了解多少？""环境中有哪些要素？他们从何而来？""我应该如何与地球建立联系？""人与自然的关系到底应该是什么样的？我作为一个人的目的应该是什么？"等问题。

可以通过各种环境友好培训，例如回收资源、关灯、列出能源使用清单和运输方法等进行实践，教育活动结束后讨论和反思"这些行动重要吗？""为什么重要？"等问题，将思考、反思和批判性思维结合起来。

学习活动的形式可以是多样的，除正式学习以外，我们还可以通过非正式学习，如媒体、电影，或户外学校活动，如户外教育、童子军教育、营地教育等开展自然体验学习。可以是基于地方区域的学习，如研究和保护当地溪流和栖息地，或者深入研究水等自然资源的存在价值和重要性；可以是基于解决方案的活动，如解决水污染、白色污染等的探究性活动；也可以是基于小组的活动，如理事会和个人反思讨论等。通过多样的学习活动，促进儿童进行"主动的认知学习"，从而促进概念理解，培养人与自然平等和谐的自然观。

教师在自然体验学习中具有特殊的地位。受人本主义与建构主义理念的影响，教师在教学活动中的地位从原先的"主导者"，转变为"引导者""支持者""观察者"等，将学习主动权交还儿童，教师在自然体验学习整个过程中应该为学生提供更多的可持续性教育，在自然体验过程中发挥支持性和引导性作用，帮助学生建立环境知识、有意识理解目标和行动之间的联系、关注自己所做的决定如何影响环境，例如应该在哪里购买食物，应该购买怎样的食物，如何消费才能正确地对待和使用地球资源等。同时也要给儿童提供足够的自由活动空间，在合适的区域观察儿童的自然体验活动，及时发现活动与自然材料中潜在的风险，有利于保障儿童安全以及对教具材料的创新性设置。

第四节

自然体验学习的评价方法

自然体验学习强调人与自然建立联系、建立生物同理心、享受自然与关爱自然的可持续发展观，因此诸多学者从人与自然的联结性角度出发，对个体在接触自然的频率及其带来的益处等方面开展研究，并发展出诸多测量自然联结性强度的量表，用以辅助研究者开展对于自然接触活动的评估研究。

长期以来，人类一直生活在自然环境中，即便近代以来人类逐渐迁移到城市中，但仍然与自然环境具有交互作用，且人与生俱来便拥有与自然融为一体的内在倾向[1]。但自工业文明发展以来，人与自然接触的机会越来越少，很多人的身心不同程度地出现了亚健康状态，同时自然遭到破坏，生态危机与生态灾难相继成为现实并危害到了人类的生命安全与健康。因此许多学者，包括人类学家、神经心理学家、生物学家等都提倡重构人与自然的联结关系。"人与自然的联结可分为两种：人与自然环境的物理互动；人与自然的心理联结。两种联结相辅相成。"此处沿用杨盈、耿柳娜等对"nature connectedness"的翻译"自然联结性"，来概述人与自然联结的概念。

自然联结性的测量方法主要有两种：显性测量方法（explicit measures）和隐性测量方法（implicit measures）[2]。显性测量方法包括自我报告量表和调查（self-report scales and surveys）[3]。其中，舒尔茨（P.

---

[1] Wilson, E. O. Biophilia: the Human Bond with other Species [M]. Cambridge, MA: Harvard University Press, 1984.
[2] Bruni, C. M., Winter, P. L., Schultz, P. W., et al. Getting to know nature: evaluating the effects of the Get to Know Program on children's connectedness with nature [J]. Environmental Education Research, 2017, 23(1): 43–62.
[3] Brügger, A., Kaiser, F. G., & Roczen, N.One for all? Connectedness to Nature, Inclusion of Nature, Environmental Identity, and Implicit Association with Nature. European Psychologist, 2011, 16(4): 324–333.
Cervinka, R., Roderer, K., & Hefler, E. Are Nature Lovers Happy? On Various Indicators of Well-being and Connectedness with Nature [J]. Journal of Health Psychology, 2012, 17(3): 379–388.
Mayer, F. S., & Frantz, C. M. The Connectedness to Nature Scale: A Measure of Individuals' Feeling in Community with Nature [J]. Journal of Environmental Psychology, 2004, 24: 503–515.
Nisbet, E. K., & Zelenski, J. M. The NR-6: A New Brief Measure of Nature Relatedness [J]. Frontiers in Psychology, 2013, 4: 813.
Schultz, P. W. Assessing the Structure of Environmental Concern: Concern for Self, other People, and the Biosphere [J]. Journal of Environmental Psychology, 2001, 21: 327–339.
Schultz, P. W.Inclusion with Nature: The Psychology of Human-nature Relations. In P. Schmuck & W. P. Schultz , (Eds.), Psychology of Sustainable Development [M]. New York: Springer, 2002: 61–78.

W. Schultz）创造了一个单一项目来衡量自我对自然的包容程度，强调了个人对自身与自然环境之间重叠程度的信念，即包含自然的自我量表（inclusion of nature in the self scale，简称 INS）[1]。梅耶尔和弗兰兹创建了自然联结性量表，该量表主要测量个体与自然世界、情感联系的差异[2]。尼斯伯特（E. K. Nisbet）、泽伦斯基（J. M. Zelenski）与墨菲（S. A. Murphy）创造了一种利用个体与自然世界之间的情感、认知和身体的关系来衡量自然联结性的方法，即自然相关性量表（nature relatedness scale，简称 NR）[3]。隐性测量方式主要包括由舒尔茨等人创建的内隐自然联结测验（implicit connections with nature test，简称 ICN）[4]。

两种测量方式各有利弊，显性的测量方式可测得单维度或多维度的自然联结形态并进行评价，但可能受到主观认知的影响，造成一种"有利于环境的错觉"。隐性的测量方式可以避免这种主观认知，为人们提供意识控制之外的与自然联结的影响，但却容易忽视情景因素，同时也"并非解决外显自然关联性量表方法学问题的灵丹妙药"[5]。本节采用杨盈、耿柳娜等对自然关联性相关概念与测量工具的总结（见表4-2）[6]。

---

[1] Schultz, P. W. Assessing the Structure of Environmental Concern: Concern for Self, other People, and the Biosphere [J]. Journal of Environmental Psychology, 2001, 21: 327-339.
[2] Mayer, F. S., & Frantz, C. M. The Connectedness to Nature Scale: A Measure of Individuals' Feeling in Community with Nature [J]. Journal of Environmental Psychology, 2004, 24: 503-515.
[3] Nisbet, E. K., Zelenski, J. M., & Murphy, S. A. The Nature Relatedness Scale: Linking Individuals' Connection with Nature to Environmental Concern and Behavior [J]. Environment and Behavior, 2009, 41: 715-740.
[4] Schultz, P. W., Shriver, C., Tabanico, J. J., et al. Implicit connections with nature [J]. Journal of Environmental Psychology, 2004, 24: 31-42.
Schultz, P. W., & Tabanico, J. Self, Identity, and the Natural Environment: Exploring Implicit Connections with Nature [J]. Journal of Applied Social Psychology, 2010, 37(6): 1219-1247.
[5] Schultz, P. W., & Tabanico, J. Self, Identity, and the Natural Environment: Exploring Implicit Connections with Nature [J]. Journal of Applied Social Psychology, 2010, 37(6): 1219-1247.
[6] 杨盈，耿柳娜，相鹏，等.自然关联性：概念、测量、功能及干预 [J].心理科学进展，2017, 25（08）：1360-1374.

表4-2 自然关联性相关概念与测量工具的总结

量 表 名 称	测量维度	测量方法	作者与年份
包含自然的自我（Inclusion of Nature in the Self, INS）	单维	自我报告	Schultz, 2001
对自然的情感依附（Emotional Affinity toward Nature, EATN）	单维	自我报告	Kals et al., 1999
自然联结性（Connectedness to Nature, CTN）	单维	自我报告	Mayer & Frantz, 2004
对自然的热爱与关怀（Love and Care for Nature, LCN）	单维	自我报告	Perkins, 2010
环境身份（Environmental Identity, EID）	三维	自我报告	Clayton, 2003
自然连通性（Connectivity with Nature, CWN）	单维	自我报告	Dutcher et al., 2007
自然相关性（Nature Relatedness, NR）	三维	自我报告	Nisbet et al., 2009
自然承诺（Commitment to Nature, CN）	二维	自我报告	Davis et al., 2009
特质自然联结（Disposition to Connect with Nature, DCN）	单维	自我报告	Brügger, Kaiser, & Roczen, 2011
特质自然同情（Dispositional Empathy with Nature, DEN）	单维	自我报告	Tam, 2013b
内隐自然联结（Implicit Connections with Nature, ICN）		内隐联系测验	Schultz, Shriver, Tabanico, & Khazian, 2004

一、包含自然的自我量表

包含自然的自我量表是舒尔茨在前人基础上改编而成的，用于测量人与自然的融合程度。该量表由自我（self）与自然（nature）代表的七组圆圈组成，如图4-1。[1] 两个圆圈的重合程度代表了自我与自然的融合程度。该量表只有一道题目，施测简单易行，使用范围广泛，效度指标较好，但信度却无法计算，且运用该量表完成测试前必须能够很好地理解自我与自然关系的抽象表征。

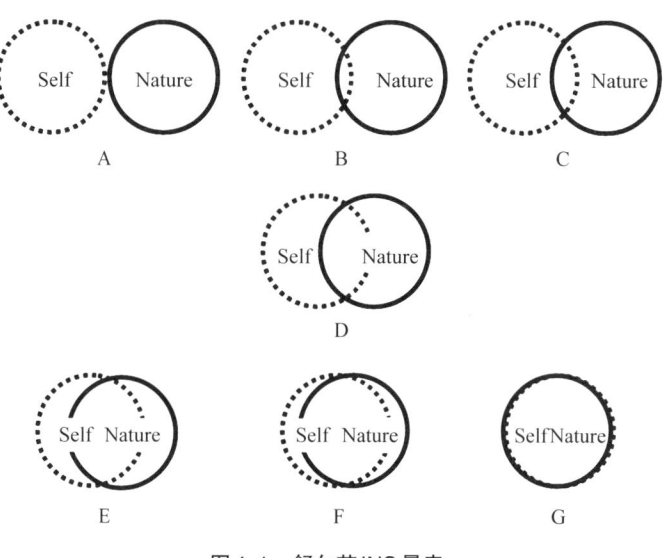

图4-1　舒尔茨INS量表

二、自然联结性量表

自然联结性量表是一种衡量个人与自然世界情感联系的新方法。长期以来生态学家与生态心理学家都致力于将人类与自然世界的情感关系理论化，主张通过扩展人类的自我意识，从而产生更多的移情和利他行为来培养保护生态行为。梅耶尔和弗兰兹开发的一套14道题目的五级评分量表，通过五项同时使用CNS量表的社区和大学样本研

---

[1] Schultz, P. W. Assessing the Structure of Environmental Concern: Concern for Self, other People, and the Biosphere [J]. Journal of Environmental Psychology, 2001, 21: 327-339.

究，表明量表测量有效，证明了量表的内部一致性（α=0.84）、单维性、重测信度和收敛效果，还展示了它预测生活方式、生态行为和学生课程决定的能力[1]。周文君于2003年首先在国内使用该量表的中文版对中国大学生进行了测试，验证其信效度的同时证明自然联结性与环保行为显著相关[2]。量表具体内容如图4-2所示。

```
        1 非常反对    2 反对    3 中立    4 同意    5 非常同意
____  1. 我经常感到与周围的自然世界是一体的。
____  2. 我认为自然世界与我所属同一个社区。
____  3. 我认识并欣赏其他生物的智慧。
____  4. 我经常感到与自然脱节。
____  5. 当我想到我的生活，我想象自己是一个更大的生活循环过程的一部分。
____  6. 我经常感到与动物和植物有一种亲缘关系。
____  7. 我觉得我属于地球，就像它属于我一样。
____  8. 我对自己的行为如何影响自然界有着深刻的理解。
____  9. 我常常觉得自己是生命之网的一部分。
____ 10. 我觉得地球上所有的居民，包括人类和非人类，都拥有共同的"生命力"。
____ 11. 就像一棵树可以成为森林的一部分一样，我觉得自己融入了更广阔的自然世界。
____ 12. 当我想到我在地球上的位置时，我认为自己是存在于大自然中的一个高等成员。
____ 13. 我经常觉得我只是我周围自然世界的一小部分，我并不比地上的草和树上的鸟重要太多。
____ 14. 我个人的幸福是独立于自然世界的幸福之外的。
```

图4-2 梅耶尔和弗兰兹自然联结性量表

自然联结性量表被用来从情感因素和个性特征角度测试人与自然的联结性。它也可以被用来评估促进人们增加自然接触的干预措施是

---

[1] Mayer, F. S., & Frantz, C. M. The connectedness to nature scale: A Measure of Individuals' Feeling in Community with Nature[J]. Journal of Environmental Psychology, 2004, 24, 503−515.
[2] 周文君.自然关联性与环境行为关系的研究[D].南京：南京大学，2013.

否确实增加了他们与自然的联系。此外，它还可以评估结构性因素的影响，如窗户朝向自然设置与自然联结的影响。自然联结性量表使得经验主义方法和生态心理学有效结合起来，增加了对自然联结性研究的实质性内容、说服力和清晰程度[1]，将归属需要[2]更广泛地理解为与他人和自然联系的需要，为社会心理学理论增加了另一个维度，突出了人与自然联结性在情感联结上的重要意义。

三、自然相关性量表

自然关联性量表（Nature Relatedness Scale，简称 NR）由尼斯伯特等人建立，用于测量自然关联性的情感、认知、物理接触与身体互动三个维度。这是 21 道题的五级评分制量表，包括自我（self）、观点（perspective）和体验（experience）三个分量表，内部一致性信度（$\alpha=0.87$）、隔 6—8 周重测信度、信度指标都为良好。相较于前两个量表的单维度分析而言，它从多维度分析自然关联性，并能够有效预测人类的环保（生态）行为和幸福感，一定程度上保证了良好的效度指标[3]。2013 年，尼斯伯特和泽伦斯基对 21 道题目的量表进行了简化，减少为 6 道题目，其中 4 道选自自我分量表，2 道选自体验分量表，简化后的量表（NR-6 简化量表）的信效度指标仍符合测量学要求，且在测量使用时更为快捷。[4]

---

[1] Roszak, T. E., Gomes, M. E., & Kanner, A. D. Ecopsychology: Restoring the Earth, Healing the Mind [M]. Sierra Club Books, 1995.
[2] Baumeister, R. F., & Leary, M. R. The Need to Belong: Desire for Interpersonal Attachments as a Fundamental Human Motivation [J]. Psychological bulletin, 1995, 117(3): 497.
[3] Nisbet, E. K., Zelenski, J. M., & Murphy, S. A. The Nature Relatedness Scale: Linking Individuals' Connection with Nature to Environmental Concern and Behavior [J]. Environment and Behavior, 2009, 41: 715-740.
[4] Nisbet, E. K., & Zelenski, J. M. The NR-6: A New Brief Measure of Nature Relatedness [J]. Frontiers in Psychology, 2013, 4: 813.

四、环境身份量表

克莱顿（Susan Clayton）提出了用来研究个体与自然联结性的量表，即环境身份量表（Environmental Identity Scale，简称EID）。受认同理论的启发，她认为环境认同是人们形成自我概念的一种方式：一种基于历史、情感依恋及相似性的、与非人类自然环境的某种联系感，这影响着我们对世界的认知和行为方式。她认为环境认同类似于集体认同，使我们通过建立一种联系感从而成为更大的整体，并承认自身与他人之间的相似性。[1]由于个体的环境认同程度各不相同，因此克莱顿提出了一个"评价环境特征的个体差异以及预测对环境问题的反应"的量表。量表包括五个基本概念：第一，身份的显著性，即个体与自然互动的程度和重要性，例如"我花很多时间在自然环境中度过"；第二，对群体或集体的认同性，尤指自然集体，例如"我是自然的一部分，与自然不可分离"；第三，认同与自然集体有关的意识形态，从而以环境教育和可持续生活方式为衡量标准，例如"对地球负责，过可持续的生活是我道德准则的一部分"；第四，与自然集体相关的积极情绪，可通过自然享受是否满足审美需求来衡量，例如"我宁愿住在可以看到好风景的小房间里，也不愿到只能看到其他建筑的大房子里住"；第五，和自身有关的、基于与自然互动的记忆，且是由与自然联结的经验塑造的环境认同感的记忆，例如"我认为我有一个对我个人发展有重大影响的特定地理位置"。[2]

---

[1] Clayton, S. Environmental identity: A conceptual and operational definition [M]. Cambridge, MA: MIT Press, 2003: 45-65.
[2] Clayton, S. The environmental identity scale. In S. Clayton, & Opotow, S. (Eds.), Identity and the natural environment: The psychological significance of nature [M]. Cambridge, MA: MIT Press, 2003: 45-66.

奥里沃斯（P. Olivos）和阿拉贡（J. I. Aragonés）对EID的信度与因果分析的内在一致性，以及与CNS、INS等相似测度的收敛效度进行比较，结果证明EID内在一致性是可靠的，可以应用于对环境认同的一般测度研究、亲环境行为研究、自然联结性研究中；通过对比，也证实其收敛效度尤其有效[1]。而其弱点在于：其一，量表的实施依赖于自省，但这是很困难的，特别是对于教育水平较低的人或儿童来说；其二，量表结构过于复杂，相对于ICN、INS或NR-6简化量表而言，不太方便使用。

五、特质自然联结量表

博格（A. Brügger）等人将自然关联性归结为个体对于自然的态度，可以通过测量个体与自然联结的具体行为活动和对相关自然评价性陈述句的反映来间接测量个体的自然联结性[2]。博格等人根据分部评分拉希模型（Partial-credit Rasch model）建立了一套40道题的特质自然联结量表（Disposition to Connect with Nature Scale，简称DCN），目的是测量个体与自然互动的行为活动。40道题目中（有3道反向计分），26道题目用来测量个体与自然互动的行为活动，14道运用"是否"二级计分法测量个体对于评价性陈述的反应，然后进行转换计分得到被试的特质自然联结性分数。其信度比INS、CNS、EID等量表都要高，相关系数为0.89，聚合效度较好，且在准确性和有效性上较为良好。除此之外，DCN对个体认知水平的要求不高，因此儿童也可

---

[1] Olivos, P. & Aragonés, J. I. Psychometric Properties of the Environmental Identity Scale (EID)[J]. Psyecology, 2011, 2(1): 65–74.
[2] Brügger, A., Kaiser, F. G., & Roczen, N.One for all? Connectedness to Nature, Inclusion of Nature, Environmental Identity, and Implicit Association with Nature[J]. European Psychologist, 2011, 16(4): 324–333.

适用。但由于量表主要是对有限的行为活动与评价性陈述语句进行分析，因此外部效度较低。

六、内隐自然联结测验

相较于之前的显性量表，舒尔茨等人则创建了内隐联系测验——内隐自然联结测验（implicit connections with nature test，简称 ICN）来测量自然关联性[1]。显性量表过于关注人与自然关系的外显观念，而内隐联系测验关注的则是人类无意识的、不常规的、可随时提取的与自然关系的观念。该测试根据内隐联想测验（implicit association test，简称IAT）程序，让被试者在最短的时间内完成分类任务和练习任务："自然（Nature）—我（Me）""人工（Built）—非我（Not me）"的相容性任务，以及"人工—我"与"自然—非我"的不相容性任务，从而强调自我概念（"我"与"他人"）与"自然"类别之间的联系强度。在游戏过程中，若被试者对于自我与自然关系有着一定程度上的认知，则会影响其分类的选择和速度。内隐自然联结测验结果表明，生物圈关注（biospheric concerns）与自然隐性联结之间存在一定的正相关关系；以及自然的隐性联系与利己主义关注之间的消极关系。测验示例见图4-3。

科尔（M. Coral）等人通过内隐自然联结测验，以加拿大"认识大自然"（Get to Know）计划的三个活动项目——创意艺术比赛、自然宝藏探险与虚拟远足为变量，以计算机游戏为基本工具，研究了该计划对儿童的自然联结性的影响[2]。"认识大自然"是一个多方面的计

---

[1] Schultz, P. W., Shriver, C., Tabanico, J. J., et al. Implicit Connections with Nature [J]. Journal of Environmental Psychology, 2004, 24: 31–42.
[2] Bruni, C. M., Winter, P. L., Schultz, P. W., et al. Getting to know nature: evaluating the effects of the Get to Know Program on children's connectedness with nature [J]. Environmental Education Research, 2017, 23(1): 43–62.

图4-3 舒尔茨内隐自然联结测验示例

划，旨在鼓励人们特别是青少年通过各种活动（观察野生动物、徒步旅行、创意艺术和特殊活动）与大自然直接接触。参与者是来自南加州学校或青年组织的青年。在游戏中，参与者对呈现在电脑屏幕上的单词，按照事先设定的七个水平的标准，分别归入"自然"（Nature）或"人工"（Built），"我"（Me）或"非我"（Not me）的类别中。例如，被试的名字归为"我"类，随机列出的其他名字则为"非我"类；船、汽车、椅子和卡车等为"建造"类，树、山、蝴蝶和花等则为"自然"类。研究表明，参加"认识大自然"计划的创意艺术比赛能够增加自然联结性；但是参与自然宝藏探险和虚拟远足并没有对参与者和自然的联系产生积极影响。科尔的实验正是对舒尔茨内隐自然联结测验关于"自我与自然联结性关系强度测量信效度"高的良好证明。

综上所述，不同的量表各有特点和优势，在对自然体验学习开展评估时，应选择适合的量表、深入钻研并结合实际情况合理应用。

第五章

自然体验学习的实施

第一节

自然体验学习的原则

自然体验学习鼓励学习者在自然环境中开展学习活动。虽然自然体验学习的形式多种多样,但在学习过程中必须要坚持遵从自然法则、加强自然联结以及避免破坏自然的原则,才符合自然体验学习的初衷。

一、遵从自然法则

我们所处的自然环境在其长期的发展过程中已达到了物质与能量相对平衡、稳定的状态。为了使自然体验学习顺利开展,活动的设计与实施都应符合自然的规律与自然运转的法则。以湿地观鸟活动为例,通常情况下,清晨与傍晚更利于观察。如果将学习活动设计为中午开展,可能会影响观鸟的效果。除了能够保证活动的顺利开展,了解自然法则还能够有效避免活动中发生危险。例如,在南方森林中组织穿行活动前,应密切关注天气状况,避免安排雨后活动,除了雨后道路泥泞湿滑以外,雨后蛇的活动频率增加,也会增加活动的风险。

遵从自然法则的原则要求自然体验学习活动设计者在活动设计之初,充分了解所开展活动的环境情况与体验内容,把握自然体验活动与自然环境之间的互动规律。

二、避免破坏自然

自然体验学习的目的是加强学习者与自然的联结,从而建立与自然和谐相处的关系。作为直接在自然中开展的学习活动,自然体验学习更应避免破坏自然的情况发生。但是,有些破坏行为,往往在不经意间发生。例如,为了使学习者更好地了解植物叶片的形状而摘取植物叶片的行为,就会对所学习的植物造成直接的伤害。又如,在自然体验学习中将珍稀植物挖出制成标本,不仅影响了该地区珍稀物种的繁育,甚至有触犯法律的可能性。因此,在活动的设计与实施中要充分考虑体验活动本身是否会对当地的自然与环境产生负面影响。

三、加强自然联结

学习者与自然的联系在自然体验学习中体现为学习者用多种形式表达其对于自然的感悟与思考。学习者从自然中获取直接经验的过程中,其个体本身对于自然的情感与态度会发生一定的变化。当他们用诗歌、绘画、音乐等形式将这些感悟表达出来时,学习者此次自然体验学习中与自然的联结就已经达成。以树木的观察为例,当学习者以绘画的形式呈现树木时,就需要学习者对该树木进行细致的观察,比如树干的粗细、枝干的多少、树木的形态、树叶的疏密等。因此,学习者自然体验学习中的感悟与表达是学习的重要环节,无论是设计者还是实施者都应注意该环节的落实。

第二节

自然体验学习的常用方法

相比于室内学习环境，自然体验学习环境中影响学习者注意力的干扰因素更多。如何在活动中更好地吸引学习者的注意力？如何更有效地开展自然体验学习活动？教学方法的选择与运用尤为重要。较为常用的方法有观察法、五感体验、自然笔记、调查法、讲授法、提问法、小组讨论等。恰当的教学方法有助于帮助学习者欣赏、感悟与理解自然，加强其与自然之间的联结。

一、观察法

观察是学习者自然经验积累中应具备的最基本、最重要的能力之一。观察是自然体验最为常用的方法，既可以由教师指导观察，也可个人独立观察。

指导观察是学习者在教师指导下进行自然现象学习的一种方法。自然现象的观察并不是一蹴而就的，它是一个有目的、有顺序、有方法的系统过程。

首先，要引导学习者有目的地观察。观察不仅仅停留在视觉影像呈现或者漫无目的地扫视，只有有意识地仔细观看，学习者才能在复杂的环境中关注到其特别之处。指导观察中，由于受到教学时间的限制，教师往往在观察活动开始前就会划定学习者的观察范围，明确观察目的。这样学习者才能在短时间内更加充分地观察与发现。当学习者带着目的在自然中认真地观察与思考时，有效的自然体验观察活动便开始了。以观鸟活动为例，教师首先需要明确此次鸟类观察的目的，比如是观察鸟的形态、习性，还是鸟的迁徙。如果是观察鸟的形态，教师就会指导学习者将注意力集中在鸟的体型、喙、爪、羽毛等特征上；如果是观察鸟的习性，则会将学习者的注意力引向它们行为的变化，如肢体与鸣叫的变化等。细致而深入的观察往往能使学习者对该自然现象留下较为深刻的印象，从而获得较好的观察效果。

其次，在观察中需要掌握一定的顺序。自然体验活动中要进行深入观察，就需要遵循自然的法则，有序开展观察活动。有序的观察步骤使观察活动按照一定规则进行，有效避免观察中重复与遗漏的发生，有助于学习者更为全面地了解所观察的事物。以鸟类形态的观察活动为例，一般先通过观察鸟的整体特征，来判断鸟的生态类型是涉禽、鸣禽、猛禽、陆禽、游禽、攀禽等中的哪一类，再通过羽毛的颜色、典型特征等更为细致的观察，判断其具体的种类。从整体到局部的观察步骤有助于学习者在观察中迅速获得重要的信息进行种类判别。无论是整体到局部，还是局部到整体；是中心到四周，还是四周到中心；是从前到后，还是从后到前等观察顺序，都能使学习者的观察更加有条理，有助于学习者对所观察内容的全面认知。有序的观察还有助于学习者养成良好的观察习惯。

第三，掌握常用观察工具的使用方法，有助于观察活动的深入开展。观察工具可以帮助我们突破身体的局限，更加精确与细致地观察事物原本的面貌。常用的观察工具和测量工具有放大镜、望远镜、尺子、量筒、显微镜、手电等。虚拟现实的现代化展示手段如AR、VR等技术，也为自然体验学习活动开启了一个突破时空的虚拟世界。然而，无论哪种观察工具，其使用方法的介绍都是必不可少的，尤其是较为精密的仪器，比如显微镜。

此外，观察的内容也不仅局限于所研究的对象，还包含与其相关的对象。例如，树木的观察过程中对于树下环境的观察，有助于学习者理解树木的生长现状。

观察是自然体验活动的起点。学习者在教师指导下观察，可以更有效地关注自然现象，感知自然事物之间的联系，初步了解自然系统的构成与运转。

当然，除了教师带领的指导观察，学习者也可以在掌握一定观察方法后进行独立观察。个人观察的目的和顺序往往带有随意性，观察工具也比较有限。但是，开展个人观察时，学习者会具有较为强烈的主观能动性，更有利于激发兴趣、调动情感和培养能力，因此也是自然体验学习所鼓励与倡导的。

二、五感体验

自然体验学习需要通过不同形式，包括身体与心灵的感悟，引导学习者感知自然、探索自然思考自然。

五感体验就是基于"五官"，即眼、耳、皮肤、鼻、舌，利用"五感"即视觉、听觉、触觉、嗅觉、味觉这五种基本感觉[1]开展体验。学习者在学习过程中必然会通过"五官"进行学习。在室内学习中，学习者通常会使用眼睛看与耳朵听。而在自然中学习，学习者可以综合运用五感来感受、感知和感悟。教师在活动中可以引导学习者综合运用自己的感官，感知自然中的事物。以"水的认识"这一内容

---

[1] 郭开鹤.创意图像设计［M］.北京：中国传媒大学出版社，2017：116.

为例，教师可以指导学习者用眼睛来观察，用耳朵来倾听，用手来触摸，用鼻子来闻，以及用舌头来品尝，最终形成对水的认知与感受。学习者通过调动不同感官，用不同的感觉来综合感受水，就会对水产生更为深刻的认识。

　　五感中视觉和听觉是学习者常用的学习感知方式。自然体验中，学习者可以更多地通过触觉感知自然事物的质地，感受柔软与坚硬、粗糙与光滑等。例如，在森林自然体验学习中"树的认识"活动中，学习者就可以通过抚触树干、树根与树叶，感受树木不同生长部位的质地。再如，在农耕自然体验学习的种植活动中，不同成分泥土的松软差别也会给学习者留下深刻的印象。嗅觉的感悟在自然学习中常常自然而然地发生。例如，在自然中，学习者可以闻到花的芳香、树的清香、泥土的芬芳，也可以感受植物腐烂与动物粪便的臭味。各种各样的气味为学习者展现了自然的多姿多彩。味觉感受既包含了各种味道，如酸、甜、苦、辣、咸等，又包括了材质的信息，如细腻、润滑、粗糙等。味觉感受往往会给学习者留下极其深刻的印象，但在实施中需要考虑学习者身体状况，避免发生过敏等意外情况。

　　五感体验是个体感受自然并获取直接自然经验的一种教学方法，尤其适合在自然体验学习中运用。它强调以学习者为中心，增强了个人与自然之间的情感联系。然而，这种情感如果仅仅存在于学习者的内心，则无法对其学习效果进行测量。因此，自然体验学习活动设计与实施过程中，需要特别关注学习者五感体验后的表达、交流与反馈。学习者的表达与分享，一方面有助于教师了解学习者的学习状况，另一方面有助于学习者通过对于体验情感的表达与明确，促进该情感由感性到理性的升华。

三、自然笔记

自然笔记通常采用绘画的形式，用画笔描绘观察者眼中的自然事物。自然笔记强调对自然事物的描述，有时也会辅以简单的文字，但不特别强调绘画技巧。自然笔记作为自然体验学习过程中体验感受的展示形式，有助于提高学习者对自然美的鉴赏力。自然笔记如同学习者的独家自然宝库，记录着其观察自然的点点滴滴。自然笔记的作品直观地表达了学习者在观察过程中的关注点，有助于教师下一步观察活动的开展。

四、调查法

当学习者希望对所观察的自然现象进行更深入的探究时，往往需要使用调查法。调查法通过对所研究的问题进行观察、测量，对数据与资料进行收集、整理与分析，寻求现象或问题的解释与解答。调查法的运用，有助于学习者从表面的现象中发现自然中的规律、人与自然的关系或自然要素之间的联系等。调查过程中，学习者可以获取具有针对性和时效性的第一手资料，但这往往需要占用较多的学习时间。调查法更偏重理性分析，可以使学习者朴素的自然体验情感得到进一步的提升。

五、讲授法

自然体验学习过程中，相关知识的学习不可避免。无论是自然体验活动前体验者应掌握的自然常识，还是自然体验中的规则或安全守则，都需要由教师通过讲授的方式传递。讲授的方法以知识的大量、快速传递为优势，虽然在传统课堂中因课时占用比例大而受到诟病，但该方法只要使用恰当，仍是自然体验学习中有效的教学方法之一。以观鸟活动为例，观鸟活动须知、观鸟器材使用、观鸟手册使用等环节,都需要教师通过讲授的方式使学习者在自然体验学习过程中快速有效地掌握,从而推动学习有序、有效开展。

六、提问法

提问也是教师有目的地进行自然体验学习指导的常见方式。在自然体验学习过程中,教师通过提问激发学习者的兴趣。提问可贯穿于学习活动的全过程,包括专题小结、承上启下、课程结束等环节。有经验的教师常使用该方法在学习环节的转换中或学习重点内容上,吸引学习者注意力、引发学习者思考或鼓励学习者参与。

提问的问题分为封闭式问题与开放式问题。封闭式问题通过固定的选项,使学习者给出明确的答案。开放式问题则通过不确定的答案,给予学习者更多思考的空间。

表5-1 自然体验学习中的提问示例

问题类型	问题示例	提问目的
封闭式问题	观鸟时是否可以穿着鲜艳的衣服?	教师通过学习者对于该问题的回答,有效检测他们对于相关知识的掌握情况。
	我们收集的水样中,是否含有余氯?	教师通过提问,引导学习者进入水样余氯的检测活动。
	你是否愿意绘制自己的自然笔记?	教师通过提问,引导学习者参与自然笔记的绘制,开展自然体现行动。
开放式问题	遗鸥的家园面临哪些威胁?	教师引发学习者对于环境问题的深入思考。
	请谈一谈该地区修建道路对于候鸟迁徙的影响。	教师引发学习者对于人与自然关系的深入思考。
	伴随着水质检测技术的提升,水污染问题为什么依然严峻?	教师引发学习者对可持续发展价值观念的思考。

七、小组讨论

小组讨论是自然体验学习中常见的互动式教学方法。小组讨论的方法鼓励学习者表达自己在自然体验中的感悟或对自然的理解。教师在此过程中，通过倾听与交流，引导学习者掌握自然体验相关知识，使用自然体验技能，强化人与自然和谐相处的理念。小组讨论在自然体验过程中，多被应用于活动中的讨论与活动后的总结部分。

根据自然体验学习目标与内容的不同，教师应选择不同的教学方法组合开展教学活动。虽然教学方法的种类有限，但是教学方法的组合效果却千差万别。如何寻找更为适合的教学方法组合，是自然教育体验学习实施者不断追求的目标。

第三节

自然体验学习的常见类型

根据自然体验学习目标与内容的不同，自然体验学习活动丰富多彩且千差万别。常见的自然体验学习活动有观察类、探究类、营地类、探险类、艺术类、运动类、文化类、游戏类等。

一、观察类

观察类的自然体验活动以观察为主线,如季节观察、夜晚观察、动物观察、植物观察、星空观察等。这类活动通过定点或定期的观察,鼓励学习者发现自然现象的变化与规律。

(一)季节观察

季节观察以季节为主线,学习者通过观察不同季节自然事物的变化,发现自然的现象与规律。在四季分明的地区,学习者可以通过不同季节的特色自然物或自然现象,发现季节的变化与四季的不同:春天万物生发,寻找生机勃勃的嫩芽;夏天繁花似锦,感受色彩斑斓的花海;秋天硕果累累,收获各式各样的果实;冬天白雪皑皑,触摸轻舞飞扬的雪花。而在四季不那么分明的地区,则需要通过更多的细节观察发现气候变化所带来的差异。

季节观察鼓励学习者探究自然现象产生的原因或规律。例如,为什么秋天有的叶子会变黄掉落,有的叶子不会?哪些树的叶子掉落了?

实施过程中,教师应引导学习者将观察成果充分表达出来,如观察后绘制自然笔记,小组讨论与交流等。

(二)夜晚观察

夜晚观察以夜晚特色的自然现象为主。夜晚观察需要配备手电、头灯等照明设备。由于光线条件不好,一般在实施者熟悉的固定区域开展。此外,夜间气温相对于白天会更冷,因此学习者需要具有一定的保暖措施。这类活动不鼓励个人体验,建议由有经验的自然体验教师带领活动。

夜晚观察可以发现很多有趣的现象，例如有些花朵夜晚通过气味吸引周围的蛾子为其传粉，动物夜间不同的休息方式等。

（三）动物观察

动物观察是较为常见的自然体验学习活动。动物各种各样的形态与行为观察活动深受学习者的喜爱。由于动物种类众多，可以开展的观察活动也非常丰富，如脊椎动物中鱼类、爬行类、两栖类、哺乳类的观察以及无脊椎动物中昆虫等的观察。但有些动物由于生存在特殊的环境中，并不适合开展学习者的观察活动，例如水滴鱼。其中，鸟类与昆虫的观察活动最为常见。由于动物身上往往带有各种细菌或病毒，动物观察过程中需要特别注意尽量避免动物与学习者的亲密接触。同时，应避免干扰动物的生活，尤其是在动物繁殖期。

1. 鸟类观察

鸟类作为较为常见的野生动物，种类繁多、形态丰富，受到学习者的喜爱。只要有鸟类生活的地方都可以开展鸟类的观察活动。鸟的观察通常包括鸟类千姿百态的外形、鸟类的数量、取食方式、食物构成、繁殖行为、迁徙特点和栖息环境等观察和识别辨识活动。[1]学习者通过观察鸟的行为与生存状况，了解其周围生态环境的变化，从而在活动中向自然学习，体会与自然相处之道，感受自然的魅力，并最终通过情感的共鸣，建立人与自然和谐相处的价值观念。

为了更好地观察鸟类，在观鸟的时候应该注意遵守自然的法则与观鸟的规则。例如，观鸟时的衣着不宜太鲜艳，尤其是红色、白色、黄色等可能会惊扰到鸟儿。观鸟时需要保持一定的安全距离，并注意

---

[1] 何鑫，程翊欣.观鸟 走进大自然的终生门票［J］.生命世界，2015（5）：4-13.

隐蔽，有条件时可以借助望远镜等观鸟设备进行观察。在鸟类繁殖的季节，应谨慎开展自然体验观察活动，避免打扰鸟儿的繁育。

鸟类观察活动还要求参与者了解观察工具的使用方法，在观察过程中也要注意对自己的保护，例如冬季的保暖、水边观察的安全等。

2. 昆虫观察

昆虫种类繁多、体型较小，易于学习者随时随地观察。校园内、道路间、公园里等环境中都可以看到昆虫的身影。昆虫的形态各异，有着不同形态结构的器官，具有不同的行为方式，例如不同的口器决定了它们不同的取食方式。昆虫的交流与社会行为也常常成为观察的重点。观察昆虫时尤其要注意昆虫叮咬与有毒昆虫逃逸问题等。

（四）植物观察

植物种类繁多，有我们熟知的蒲公英等种子植物，有家中常见的铁线蕨等蕨类植物，还有具有空气污染程度指示功能的葫芦藓等苔藓植物，以及具有较高经济价值的螺旋藻等藻类植物。植物分布广泛，随时随地都可开展自然体验活动。植物观察主要关注植物的形态与结构，例如种子植物常观察其根、茎、叶、花、果实与种子。自然笔记是学习者观察记录植物较常用的方法。但需要注意的是，植物散发的特殊气味与花粉是学习者过敏的常见诱因。

此外，常见的观察类自然体验活动还包括地貌观察、河流观察、星空观察等。观察类活动使学习者可以从自然中获取一手经验。但应注意的是，学习者在观察同样的景观时，关注点却各不相同，教师应给予适时恰当的帮助，引导学习者按照一定的规律与方法进行观察，养成良好的观察习惯。当学习者学会正确的观察方法后，就可以主动开展观察了。

二、探究类

探究类活动具有科学研究的特征，活动中蕴含着科学的思维、技能与精神。探究类活动通常针对自然问题展开，采用科学研究的方法对所探究的问题进行较为深入的分析，解决所提出的问题。常见的探究类活动有河流、植被、动物、生态系统、地貌等调查与研究活动。探究类活动适合小学高年级及以上的学习者开展，活动实施时间相对较长。

由于探究类活动对参与者有一定的要求，因此在开展此类活动前，需要充分了解学习者的知识背景。例如，在湿地修复的探究活动中，学习者需要对湿地生态系统有基本的认知。探究过程中，学习者通过对观察、采集、调研、访谈等方式获得的一手资料进行分析与推理，发现问题产生的原因并积极寻找解决问题的途径。在此过程中，学习者体验并实践了科学探究的方法，也更为深入地思考了自然中的问题。

探究类活动需要特别注意探究问题的选择以及探究过程中学习者的安全问题。此外，探究成果的分析与呈现也尤为重要。

三、营地类

营地类活动以学习者团体生活的方式在自然中开展，关注学习者的劳动技能、习惯养成、创新能力等方面。营地类活动一般会在特定的环境中持续开展一段时间，常为夏令营或冬令营的形式。活动涉及生命教育、安全教育、军事训练、情商励志等多个主题。学习者在野外用火、辨识方向、搭建宿营地等户外活动中，了解和学会遵循大自然的规律与法则。

营地类活动深受学习者喜爱，往往会给学习者留下深刻的印象并产生较为深远的影响。

四、探险类

探险类活动是深度户外体验类活动，其刺激性与不确定性能激发学生参与的热情，但是这类活动要求参与的学习者具有一定的户外常识与技能。例如，野外徒步中，学习者需要背上背包前行，背包内物品的放置与背包徒步技巧看似简单，却大有学问。未能掌握技巧的学习者往往会出现平地摔跤的情况。因此，在此类活动开展前，学习者野外基本常识与技能的测评是必不可少的。

该类活动需要组织者进行细致、周全的准备。和营地活动类似，探险类活动风险隐患较多，不仅需要提前排查活动中的安全隐患，一般还需要具有较为丰富的探险类活动经验的教师带领。经验丰富的领队在此类活动中具有重要作用。领队可以协助团队选择正确的地点驻扎，及时处理团队中的突发状况，引导团队有序开展活动等。同时，为有效应对紧急状况的发生，在学习者出发前，学校需留存其个人信息与紧急联系人信息。探险类活动常以团体的形式开展，但为了达到较好的体验效果，团队内人数不宜过多。

五、艺术类

艺术类自然体验活动侧重于学习者对自然情感与态度的艺术展示，如通过冰雕、雪雕、绘画、诗歌、工艺品、舞台剧等展现对自然的认识。诗歌、音乐、绘画等艺术方式，由于创作时所需物品相对常见或简单，较容易开展；工艺品、舞台剧等艺术方式，由于需要较为复杂的前期准备，具有一定的难度；冰雕、雪雕等艺术方式，易受外界环境与条件影响，开展时需要一些必备的前提条件。艺术类活动适合用于整体活动的起始环节以引发学习者的兴趣，或活动结尾时让学习者表达情感。艺术类活动，一方面促进了学习者对自然的情感与态度的表达，另一方面鼓励了学习者们的艺术创新。活动中，艺术成果的展示、交流与分享是该活动实施中的重要环节。

此外，由于在艺术创作中往往需要借助一些辅助工具，活动中要特别注意工具安全隐患的排查。

六、运动类

运动类自然体验活动是学习者在自然中开展的有组织或无组织的运动活动，如定向越野、划龙舟、滑冰、滑雪、登山、远足、攀岩、漂流等。此类活动中，学习者一方面掌握了在自然中运动的技巧，另一方面强健了身体，增强了体质，降低了部分疾病的发生率。运动有助于学习者舒缓压力，集中注意力。但是，在开展过程中，要特别注意学习者自身的安全保护，避免过量运动对身体造成伤害。

此外，该类活动还面临较多来源于自然场地、运动器材等的安全风险因素。因此，运动类自然体验活动的安全隐患排查尤为重要。

七、文化类

文化类自然体验活动充分地展示了人与自然的紧密联系，如农耕文化、捕鱼文化、森工文化、饮食文化等。该类活动反映了人类在自然生存与发展中所流传下来的适应自然的生存智慧。该类活动具有较强的地域特色，即便是同一主题的活动在不同地区也会有一定的差异。因此只有深入了解当地的文化与历史，才能更好地展现当地人与自然相处中的独特智慧。

八、游戏类

游戏类自然体验活动，既可以有组织地进行，也可以由学习者自由发挥开展。其中，有组织的游戏活动，比如自然模仿、影子游戏，通过教师的组织能使学习者在游戏过程中了解有趣的自然现象或理解自然的规律等较为复杂的问题。以打水漂游戏为例，学习者在教师的指导下学习打水漂的技巧，同时理解其中的物理学原理。学习者在游戏活动中容易过度关心游戏的结果，因此教师需要注意引导学习者关注游戏本身的意义。无组织地玩耍有助于激发学习者在游戏中发挥创造力与想象力，自发确定游戏规则，例如打雪仗、建造树屋等。同时，无组织游戏还有助于增强学习者的体质。

游戏类的自然体验学习活动需要特别注意其中安全风险因素的评估。

第四节

自然体验学习的风险防范

开展自然体验学习的环境多为户外的自然环境，比传统的室内教育场所的安全风险要高一些。这也成为很多机构或教师开展自然体验学习的顾虑。因此，设计与实施自然体验学习时，要提前识别风险因素，进行风险防范，有效规避风险，从而提升风险控制能力。

恶劣天气成为自然体验学习最为常见的风险因素。大风、强降雨、降雪、高温等都会给自然体验学习的开展带来严重影响，甚至带来连带风险。自然体验学习活动的前提是在适宜的自然环境中学习，因此当恶劣天气发生时往往会中断学习。这就要求自然体验学习的设计者在学习活动设计方案中提前准备应急预案。例如，森林徒步活动就应避开多雨季节，同时应考虑遇到恶劣天气时的处理办法，如突遇强降雨就要迅速找到适宜躲雨的地方。这就要求方案的设计与实施者要熟知该地区的地质地貌状况，遇到突发状况时才能做出正确的决断。

自然中的动植物也给自然体验学习的顺利开展带来了一定的风险。户外体验中，蚊虫叮咬成为最为常见的风险问题，如蜱虫身上带有病原体，被其叮咬可能会导致组织或器官的水肿，危及多处脏器，甚至可能致命。一般的蚊虫叮咬虽然不会危及人身安全，但给学习者在与自然沟通的过程中带来了不良的情绪。例如，在森林体验学习中被马蜂叮咬，不仅会引发学习者的恐慌情绪，不当的处理方式还可能引发其疏离情绪。植物看似不如动物有攻击性，但误食、误碰有毒植物而造成参与者身体不适的情况也时有发生。因此，自然体验学习的实施者在实施前需要掌握一定的动植物风险伤害处理技能，才能在遇到风险时进行有效处理，及时制止对学习者身体与心理的进一步伤害。

此外，在风险较高的体验活动开展前也要对学习者的风险防控技能进行培训或评估。例如，野外生存体验活动就需要参与者具备一定的野外常识并掌握基本的医疗紧急救助知识。如果参与者不具备相关知识与技能而盲目参加此类高风险体验活动，往往会增加活动的风险。

除了以上提到的常见风险外，自然体验活动还可能遭遇鱼钩刺伤、三脚架砸伤等设备带来的风险，遭遇低血糖、中暑、打闹等人本身带来的风险以及遭遇冰雹、地震等一些不可抗的自然灾害带来的风险。

为了使自然体验活动顺利开展，建议在方案设计前进行风险评估并在方案实施中进行风险防范，如有必要还需要在活动开展前进行现场勘测或测试性活动以便于提前排除风险及解决问题。

自然体验活动风险防范可从活动、环境、设备、人身等多个维度进行考虑。在自然体验活动设计时，可建立风险评估自查表（见表5-2），有效进行风险控制。

表5-2 风险评估自查表

序号	风险来源	风险描述	风险评估					防控预案
			可能性	频繁性	损失影响	风险得分	风险等级	
1	活动							
2	环境							
3	设备							
4	人身							

备注：风险等级可分为A、B、C、D、E五个等级，其中A级为高风险因素，E级为低风险因素。可能性、频繁性与损失影响满分10分，综合得分在0—6分为E级风险性低，7—12分为D级，13—18分为C级，19—24分为B级，25—30分为A级。

例如，对于在某湿地公园中开展的观鸟活动，可以依据上表，建立如表5-3的风险评估自评表。

表5-3 湿地公园观鸟风险评估自查表

序号	风险来源	风险描述	风险评估 可能性	频繁性	损失影响	风险得分	风险等级	防控预案
1	活动	观察活动中走失	4	2	6	12	D级	场地更换中做好人员清点工作
2	环境	遭遇雷雨、大风、暴雪等恶劣天气	7	3	8	19	B级	采用恶劣天气备选活动方案
2	环境	蚊虫叮咬	8	8	2	18	C级	活动前喷驱蚊液
3	设备	望远镜使用不当损伤眼睛	6	2	9	17	C级	详细介绍望远镜的使用
4	人身	突发低血糖	6	5	5	16	C级	准备糖及常备药品
4	人身	产生磕碰伤	8	8	7	23	B级	准备急救包并安排具备急救知识与技能的人员随行
…	…	……	……	……	……	……	……	……

在户外活动中，常见的风险因素如表5-4所示。

表5-4 常见风险因素

因素	举例
活动	运动强度过大 人员拥挤 人员走失 缺乏应对突发状况的预案

(续表)

因　素	举　例
环境	地形地貌上的隐患 有毒有害生物 危险动植物 来源不明的水 无法辨识的野生植物 周围的野生动物
设备	所乘车辆：车辆性能、司机情况 住宿的床铺、电路 所用器材或设备风险
人身	行车途中的人身安全 活动中的疾病：如中暑、食物中毒、消化道传染病 参与者自身的疾病 身体的运动承受力 着装 行动听指挥 禁止单独行动 禁止打闹

第六章

自然体验学习机构的实践案例

第一节

瑞典的森林幼儿园

一、发展历程

森林幼儿园（或称自然幼儿园）被誉为"没有天花板或墙壁的幼儿园"，"森林"指代自然环境。森林幼儿园区别于传统的室内幼儿园，是针对3—6岁儿童、以户外活动为主、以"自然和森林"为主题的学前教育机构或场所。幼儿园主要倡导儿童无论天气好坏，都在森林环境中玩耍、探索和学习。儿童的玩具或教具几乎全都来自大自然中发现的物体，而非人为设计的商业玩具。主要活动包括：团队活动，如想象游戏、角色扮演、捉迷藏、建造树屋、森林探险、计算和算数、听讲故事、吟唱诗歌、绘制自然场景等；指导下的个体活动，如独自探索和沉思、爬树、探险、记忆力训练等。在这个过程中，成人（包括教师和家长）的作用主要是提供支持与必要的帮助，而非领导和掌控。森林幼儿园具有良好的户外学习环境，与传统幼儿园相比，森林幼儿园的模式比较适合幼儿的身心发展特征，有效促进了幼儿身体与心理的全面发展。[1]

北欧国家在学前教育阶段有着崇尚自然，重视户外活动的悠久传统。一般认为，森林幼儿园是丹麦学前教育家法拉陶（Ella Flatau）

---

[1] 王莉，陈知君.3～6岁幼儿亲自然情感的培养策略［J］.学前教育研究，2014（6）：61-63.

提出的学前教育方法[1]。1952年,法拉陶创办了第一所森林幼儿园——"漫步幼儿园"。随后,森林幼儿园在丹麦发展很快,形成了丹麦"幼儿教育是自然化、生活化的过程"的教育观念,影响广泛。

1957年,退役军人、瑞典户外协会(Swedish Outdoor Association)的发起人弗拉姆(Goesta Frohm)提出"Skogsmulle"(森林之子穆勒)的理念,主张为5—6岁的儿童建立亲近大自然的活动和学习场所。他认为,"让孩子们爱上自然,他们就会保护大自然,因为你会珍视你所热爱的东西。"[2] "Skog"在瑞典语中有"木头、森林"之意。"Mulle"是弗拉姆为了教孩子们认识自然而创作的四个虚构人物之一,其他三个分别是代表水的"Laxe"、代表山的"Fjällfina"和代表未受污染的自然的"Nova"。后来,这也促成他以此创作了四本以生态、地方为基础的儿童故事书Skogsmulle(森林之子穆勒)、Laxe(水的精灵拉克瑟)、Fjällfina(山的女儿菲娜)、Nova(来自外星的诺瓦)。采用独特的故事、角色扮演的理念和方法,帮助儿童了解当地的自然环境。同时,他领导的瑞典户外协会会为认同"森林之子穆勒"理念、想要学习和运用"穆勒式"教学法的人员提供至少四天的全面培训服务。

20世纪80年代,在全球环境问题进一步凸显的背景下,瑞典人愈加期望孩子们能够对自然产生积极的情感,把自然作为他们的文化遗产,环境工作和意识逐渐成为社会关注的焦点[3]。1985年,瑞典的第一个

---

[1] 孙璐,刘晓晔.丹麦森林幼儿园简介[J].幼儿教育,2014(09):46-49.
[2] Weemaes-Lidman, M. Educational Stakeholders' Perceptions of Holistic Education in Three Swedish Schools: Towards a Model of Holistic Education in Early Childhood [D]. Hong Kong: Hong Kong Institute of Education, 2014.
[3] Engdahl, I., & Ärlemalm-Hagsér, E. Swedish Preschool Children Show Interest and are Involved in the Future of the World: Children's Voices must Influence Education for Sustainable Development (ESD) [J]. Unesco Paris, 2008.

森林幼儿园创立。林德（Siw Linde）以弗拉姆的模式与理念为基础，将"穆勒式"的教学方式应用到正式的幼儿园，在瑞典正式建立第一所森林幼儿园"I Ur och Skur"，意为"晴雨无阻学校"（rain or shine schools）。

林德起初是一名药剂师，在生育孩子后于20世纪70年代加入了"森林之子"穆勒学堂（Skogsmulleskola），接受了"穆勒式"教学法的训练。后来她多次接受培训，并到一所正规托儿所工作，只是在周末继续担任"森林之子穆勒"的活动导引员。她注意到"穆勒式"教学法对儿童身心发展的有益作用，看到儿童在其中对角色扮演、故事、歌曲、游戏和户外活动的浓厚兴趣，从而激发了想要将这种模式纳入正规幼儿园课程的意愿。1985年，在丈夫的帮助下，林德与另外一名托儿所工作人员德罗奇（Susanne Drougge）开办了第一所森林幼儿园，最初招收了六个孩子，并确立了如下的办学原则：（1）"在自然中"的教学方法，通过亲近自然，满足儿童对知识、活动和归属感的需要；（2）"学会与自然相处和保护自然"的教学目的，不分季节和天气，孩子们均可在森林、田野、山间和湖泊里一起玩耍；（3）"家校协同"的教学理念，与家长合作，保证高质量的户外活动；（4）"自然需要精心呵护"的价值观，通过提高儿童对自然的认识，加强对自然要素相互关系的理解，改变态度，树立价值观。[1]

林德的幼儿园为幼儿提供了一个理想的游乐场：儿童在这里学习爬行、跳跃、维持平衡，攀爬倒下的树木和长满青苔的岩石；他们一边在树下听童话故事，一边野餐，产生一种归属感；他们品尝、闻、触摸、观察和倾听，比较任何在草地、林地或湖泊中可以找到的自然

---

[1] Juliet Robertson, I Ur Och Skur "Rain or Shine": Swedish Forest Schools [EB/OL]. (2008-12-1). [2020-7-22]. https://creativestarlearning.co.uk/wp-content/uploads/2013/06/Rain-or-shine-Swedish-Forest-Schools.pdf

物,感官得到了训练;他们的好奇心被激发,每一只毛毛虫、甲虫或花朵都可能引发一连串的问题和思考。所有这些帮助森林幼儿园的孩子们获得了对大自然的内在感受,这种感受将持续一生。[1]

随着林德的森林幼儿园影响逐渐扩大并掀起了一场运动,瑞典建立了基于"穆勒式"教学法的190个托儿所和20所小学。据称,瑞典超过四分之一的人口在童年时期就学习了"森林之子穆勒"的课程。[2]

随着全球环境和可持续发展教育的发展,瑞典森林幼儿园也有了更大的发展优势,并且以自身户外教学法、环境建设等创新发挥了教育启发和领先的作用。1998年瑞典教育部回应20世纪90年代欧洲环境教育基金会(Foundation of European Environmental Education,简称FEEE)发出的《生态学校计划》(Eco-Schools Program),发布了《绿色学校奖条例》(Criteria for Green School Award)《绿色学校奖指导手册》(The Green School Award)等指导性文件,正式开启"绿色学校"建设之路。瑞典结合自身特点,将生态文明与可持续发展理念融入幼儿园课程及其环境建设中,通过增加户外课程来加深学生对知识和自然的理解,增强环保意识,开辟了森林、植物园、农场等户外活动场所,建立了植物大家园、兔子旅社等相关活动课程。

二、理念和做法

自然在斯堪的纳维亚半岛是一个重要的文化象征。在瑞典,有一种传统文化叫"Allemansratten",意为进入大自然、享受大自然的权

---

[1] Juliet Robertson, I Ur Och Skur "Rain or Shine": Swedish Forest Schools [EB/OL]. (2008-12-1). [2020-7-22]. https://creativestarlearning.co.uk/wp-content/uploads/2013/06/Rain-or-shine-Swedish-Forest-Schools.pdf

[2] A Swedish Skogsmulle Session.2012, [EB/OL]. https://creativestarlearning.co.uk/early-years-outdoors/a-swedish-skogsmulle-session/.

利。[1]同时，北欧国家有这样一种观念，即认为孩子和大自然是属于一体的[2]。因此，自然在这里是具有社会建构特征的概念，与人在精神和文化上紧密相连。一方面，大自然影响和塑造人们的社会经验，人们通过经验获得意义，从而形成人们看待、对待自然的不同看法；另一方面，人们看待、对待自然的不同看法构成社会经验的重要内容，影响着人和自然之间的联结，从而作用于大自然。

瑞典自然幼儿园正是基于这样一种理念，即儿童对知识、体育活动和社会关系的渴望在自然环境中比在室内环境中能得到更好的满足而发展起来的。瑞典非常重视儿童的发展，并认为在自然和户外环境中，更能促进儿童对自然的理解、对自然的认识和可持续发展[3]。

瑞典学前课程的目标理念体现出了自然价值。1998年颁布的瑞典《学前教育学校课程》中关于学前教育的基本价值理念和任务曾规定："学前教育应强调对环境和自然的保护，幼儿园日常活动中应渗透生态的方法和对未来的积极信仰的培养，致力于培养幼儿关爱自然和环境的态度和意识，使他们理解自己是自然界循环的一部分，并帮助他们懂得可以通过调整、组织自己的日常行为而改善现在和未来的环境。"[4]2004年和2007年瑞典对1998年实施的学前教育课程方案进行了评估，并在2010年加以修订，确定为国家学前教育课程指导新标准，于2011年开始实施[5]。其中，对环境、生态和大自然的关注，尽可能多地亲近自然，

---

[1] Asano, Y. The Comparative Study of Education for Sustainable Development in Early Childhood in Sweden and Japan: Through "the Environmental Epistemological Model of 5 Aspects" [J]. Problems of Education in the 21st Century, 2011, 32: 23.
[2] Gullestad, M. A Passion for Boundaries: Reflections on Connections between the Everyday Lives of Children and Discourses on the Nation in Contemporary Norway [J]. Childhood, 1997, 4(1): 19-42.
[3] Ringsmose, C., &, Kragh-Müller, G. Nordic Social Pedagogical Approach to Early Years [J]. International Perspectives on Early Childhood Education & Development, 2017, 15: 122-125.
[4] 付瑛，宋东清.瑞典幼儿园环境教育的思考及借鉴[J].滁州学院学报，2011，13（04）：92-94.
[5] 张永波 杨晓萍.瑞典学前教育课程修订案述评[J].幼儿教育：教育科学，2014，（12），46-48.

认识到自身福祉和自然的联系等一直是瑞典学前教育的重要方面[1]。

瑞典的幼儿园中便渗透着这样的自然价值观念。在幼儿园的环境设置上，瑞典发挥多山林绿地的地理优势，很多幼儿园都依山而建或坐落在山林边的空地上。户外活动设施几乎为自然原料制作，原木制作的小木屋、木马、跷跷板、"城堡"和天然的沙池、秋千、滑梯是多数幼儿园都有的娱乐设施，甚至很多幼儿园还有鸡舍、菜园等。[2]有条件的幼儿园大都有自己的"林中教室"。孩子们会在"林中教室"观察、认识各种动植物和学习滑雪。除此之外，他们还经常在"林中教室"里做实验、亲身体验、学习环保知识。人们对各个年龄层次的户外教育的兴趣都在增加。安格德（Eva Änggård）[3]对斯德哥尔摩100所幼儿园的调查中，统计了瑞典幼儿园户外活动的平均时间：若天气好时，夏天5.8小时，春秋3.6小时，冬天2.0小时；天气恶劣时，夏天2.6小时，春秋2小时，冬天1.5小时。在教师教育方案中，专门开设了户外教育课程。

自然幼儿园强调，自然是儿童身体和运动能力发展的舞台，也是教师开展教学实践和工作的空间。儿童在幼年时期与自然的接触对他们发展关于自然的知识和情感非常重要。因此，自然幼儿园关注不同季节和天气下大自然表现出来的多样性和丰富的变化特征，通过在不同情境下与大自然的密切接触帮助儿童来获得和理解知识，形成行动的动机和能力。同时，自然幼儿园强调，在开始观察和学习自然之前，先要形成对自然的亲近感、安全感、舒适感。这是儿童接触自然的第一步。

---

[1] 李继宏，刘俊华.瑞典学前教育的目标、内容及方式——从终身学习的视角分析[J].幼儿教育·教育科学，2007，(7)，75–89.
[2] 付瑛，宋东清.瑞典幼儿园环境教育的思考及借鉴[J].滁州学院学报，2011，13（04）：92–94.
[3] Änggård, E. Making Use of "Nature" in an Outdoor Preschool: Classroom, Home and Fairyland [J]. Children Youth and Environments, 2010, 20(1): 4–25.

（一）"森林之子"穆勒

弗罗姆塑造了一个可爱而平易近人的角色，即森林之子穆勒，其角色和故事灵感来源于斯堪的纳维亚民间故事和传说，但角色定义与原有的传说和故事并不相同。一方面，他是瑞典民间传说中的Skogsrå（森林守护者），本质上代表了森林精神；另一方面，他被看作是一个人格化的自然原型，被赋予了积极的、与儿童友好的特质。穆勒被定义为无性别的角色，因此教师无论男女都可非常贴切地扮演。在"穆勒式"的活动中，激励儿童进入游戏的并非奖励和劝导，而是孩子们的好奇心和想象力。例如，"穆勒"会开心地邀请孩子们去探索森林，当然他还要教孩子们如何防止在森林里迷路等实用的生存技巧。"穆勒"与其他三个同样具有神话特征的人物一起，共同为儿童传递保护森林、山岳、湖泊以及大自然等观念。

穆勒的角色设定处处表达着"与自然联结"的理念。在弗洛姆的书里，穆勒出生在一场猛烈的暴风雨中，伴随着巨大的雷声和噼啪作响的闪电落在弗洛姆家附近的一块巨石上，"整个自然界都在震动……当自然界处于最动荡的时候，森林之子穆勒诞生了"。他赤身裸体地躺在一块巨石上，周围是松树、桦树、云杉树、蓝莓灌木、蘑菇、苔藓覆盖的石头。当地的动物感觉到他的到来，聚集到他的身边。动物们送给他一顶桦树皮做成的帽子，一件苔藓做成的衣服，一条树根做成的带有流苏的长尾巴。穆勒的尾巴有着清洁污染物的神奇功能，可以帮助清扫自然。用弗洛姆的话说，穆勒一经诞生便为他的使命做好了准备，"向所有的孩子展示森林中存在的一切，告诉他们照顾大自然是多么重要。"[1]

---

[1] McDonnell, L. Playful by Nature: Transforming the Ecological Imagination through Play and Narrative Learning: the Case of the Swedish "Rain or Shine (I ur och skur)" Pedagogy [D]. Ås: Norwegian University of Life Sciences, 2013.

只有一个穆勒,他的家就是森林。穆勒可以用神秘的语言与动物和植物交流。他具有和自然联结的能力,可以和所有栖息于自然的事物进行对话。他在森林里唱歌、跳舞、玩耍,与来森林探索的孩子们分享他的智慧和对森林的爱。穆勒会经常拜访孩子们,与孩子们互动。他有时会在森林里的吊床上小憩;有时会给孩子们留下信息,要求孩子们开展"春季大扫除"。他会给孩子们讲述当地和世界的废弃物回收问题,讨论垃圾对环境的影响,从而鼓励孩子们在接下来的三天里努力收集和整理垃圾,并为自己的辛勤工作感到骄傲。[1] 通过这些行动,穆勒会告诫孩子们:不要污染我们的地球。

(二)晴雨无阻幼儿园

晴雨无阻幼儿园是将自然体验融合在普通教育中的范例。大多数晴雨无阻幼儿园和普通幼儿园一样,设置在通用建筑物里。幼儿园的户外区域会配备传统的游戏场地,但其中许多设施会包含自然元素。户外区域周围通常有栅栏与外界隔离。晴雨无阻幼儿园的建设者中有许多是瑞典户外协会的成员,许多工作人员也需要参加特定的课程,加入瑞典户外协会。这些幼儿园的教学主题会受到户外协会课程的强烈影响,许多主题与户外协会用来激发和鼓励孩子们发挥想象力的不同人物有关。其中最为关键的教学法就是上文所提及的"穆勒式"教学法。

晴雨无阻幼儿园是正规的幼儿园,但有着独特的教学方案。这类幼儿园会强调自然环境是他们的教学和工作空间,把积极利用不同季

---

[1] McAlees, M. Sweden's "Skogsmulle" teaches UK's forest school children resilience.UK, 2018, [EB/OL]. https://www.daynurseries.co.uk/news/article.cfm/id/1595071/Green-trolls-make-magical-appearance.

节和气候变化的自然特征视为教学重点,将教学实践建立在幼儿园的环境、季节、气候,以及儿童和教师的兴趣和主动性之上。他们的共同理念是,孩子们通过与自然的亲密接触和在不同自然环境中的活动获得相应的知识,从而理解当地的自然和文化环境是保护文化遗产的重要因素。同时,他们认为,儿童可以通过应对在自然环境中遇到的挑战来发展运动和身体技能。[1]

在实施"穆勒式"教学法的时候,晴雨无阻幼儿园会将幼儿分为三个不同的年龄组,采用不同的内容和方法。1—2岁的儿童为初级,他们较少关注穆勒的故事,教师更多通过让幼儿自由玩耍引发他们对自然的好奇心,并用感官去感知自然世界。3—4岁组为中级,这一阶段的孩子正处于幻想游戏的发展阶段,思维更为跳跃,想象力丰富,教师主要通过穆勒的故事开展教学。5—6岁的幼儿为高级,他们开始质疑穆勒是否真实存在,或觉得故事内容太幼稚了,教师不再强调穆勒的故事内容,而是更多地强调生态知识。[2]

瑞典的"晴雨无阻幼儿园"被认为完美地诠释了户外活动时间如何使儿童更好地了解自然,增进儿童的健康,以及如何将户外活动与学习联系起来促进儿童的发展。因其对户外学习教学法的贡献,曾获得2009年北欧理事会自然和环境奖(2009 Nordic Council Nature and Environmental Prize)。

"穆勒式"教学法已经影响到许多国家,在拉脱维亚、俄罗斯、黎巴嫩、德国、挪威、英国、加拿大和日本等国被广泛使用,甚至还

---

[1] Ringsmose, C., Kragh-Müller, G. Nordic Social Pedagogical Approach to Early Years [J]. International Perspectives on Early Childhood Education & Development, 2017, 15: 122–125.
[2] McDonnell, L. Playful by Nature: Transforming the Ecological Imagination through play and Narrative Learning: The Case of the Swedish "Rain or Shine (I ur och skur)" Pedagogy [D]. Ås: Norwegian University of Life Sciences, 2013.

每年举办一次"国际穆勒式教育研讨会"[1]。乔伊斯（R. Joyce）[2]表示，这种"户外学习方法"在欧洲越来越多的森林学校中得到应用。例如挪威中西海岸沃尔达（Volda）的一所幼儿园峡湾环绕、与世隔绝，被誉为"挪威最古老的露天幼儿园"。那里也采用瑞典的"穆勒式"教学法，运用户外元素和故事代入的学习方法，借助童话人物来教导孩子们热爱和尊重自然。

瑞典森林幼儿园使用的户外学习方式和"穆勒式"教学的理念符合可持续发展所倡导的全人教育思想，利用了诸多可持续发展教育中的"变革性"教学法，如儿童主导的发现式学习、基于系统的学习（system-based learning）、有创造力和想象力的学习、参与式和合作式学习，以及批判性思维的学习等。"穆勒式"教学把对神话的感知（mythic consciousness）与对现实结构的叙述（the narrative construction of reality）联系起来，把儿童游戏、感官体验等结合起来[3]，向处于早期发展阶段的儿童传递尊重、好奇、享受、尊重自然的观念，同时发展他们的记忆力、多样性意识、叙事能力、想象力、惊奇感（sense of wonder）等。除此之外，"穆勒式"教学法源于人类教育的本能，即让儿童和成人一起反思他们的经历，并从中学习。"穆勒式"的教学强调，教师应与孩子一起共同经历、体验、探索和学习。与维果茨基的"最近发展区"的理论相近，成年人在学习过程中用"脚手架"帮助孩子们反思他们的经历，帮助他们进入更高一级的

---

[1] McDonnell, L. Playful by Nature: Transforming the Ecological Imagination through Play and Narrative Learning: The Case of the Swedish "Rain or Shine (I ur och skur)" Pedagogy [D]. Ås: Norwegian University of Life Sciences, 2013.
[2] Joyce, R. Outdoor Learning: Past and Present [M]. Maidenhead: Open University Press, 2012.
[3] McDonnell, L. Playful by Nature: Transforming the Ecological Imagination through Play and Narrative Learning: The Case of the Swedish "Rain or Shine (I ur och skur)" Pedagogy [D]. Ås: Norwegian University of Life Sciences, 2013.

学习阶段。同时，类似于蒙特梭利（M. Montessori）的环境适应论观点，"穆勒式"教学法鼓励孩子们按照自己的节奏探索和选择学习材料。有研究认为，这样的户外学习方式将大自然视为一个无穷无尽的实验室，用于游戏、建造、学习、探索、静思，学习过程符合可持续发展教育的主张和儿童认知的发展。在大自然中，孩子们的自尊和自我认知能力随着他们逐渐学会照顾自己而增强；他们的思想立足点从个人开始，逐步走向群体协作，成为一个负责任的公民，最终能够"在考虑全球环境问题时发挥积极、知情的作用"[1]。

在个体发展方面，魏玛斯-利德曼（Weemaes-Lidman）的研究[2]表明，自然学校提供了最多的户外玩耍的机会，大量的体育活动可以促进儿童健康发展，提高整体幸福感，并改善儿童的健康状况。森林学校的孩子们的病假天数明显减少，运动技能也得到改善，而且他们比传统的学龄前儿童更健美、更专心。[3]但同时，森林幼儿园的户外教学方式也给教育工作者带来了很多障碍，其中最大障碍是现有的"限制性规定"和"消除或避免风险的文化"。加拿大学者哈珀（N. J. Harper）[4]讨论了西方社会中厌恶风险（risk-averse）的传统对儿童健康发展的影响，强调户外风险游戏的价值，为户外风险游戏的开展提供了支持性证据，认为风险社会中过度保护儿童的政策和做法构成了儿童发展的潜在障碍。

---

[1] Joyce, R. Outdoor learning: Past and present [M]. Maidenhead: Open University Press, 2012.
[2] Weemaes-Lidman. Educational Stakeholders' Perceptions of Holistic Education in three Swedish Schools: Towards a Model of Holistic Education in Early Childhood [D]. Hong Kong: Hong Kong Institute of Education, 2014.
[3] McGurk, L. A classroom with no walls: The power of outdoor learning. [EB/OL]. [2020-03-13] http://rainorshinemamma.com/a-classroom-with-no-walls-forest-schools-and-learning-outdoors/.
[4] Harper, J. N. Outdoor Risky Play and Healthy Child Development in the Shadow of the "Risk Society": A Forest and Nature School Perspective [J]. Child & Youth Services, 2017, 38(4): 318-334.

第二节

英国的森林学校

一、发展历程

在工业革命之前,英国户外环境与教育的联系并不密切,儿童大量的时间都在户外度过,以掌握劳作和生活技能。贵族以骑马、打猎为主的娱乐活动是在户外进行的。由于英国上层阶级的影响,户外活动在英国人的概念里意味着"铸造品格",即通过森林、湖泊、山脉、河流和海洋带来的挑战使身体和精神得到"教育",不过此时的教育也只是少数人的特权。

维多利亚时期正值工业革命的顶峰时期,工业革命带来的城市化使得大量劳动力涌入城市,中产阶级和贵族在城市度过的时间也越来越多,在空间上切断了儿童与自然的联系。而这一时期的英国教育处于一个深度变革的历史时期,普及义务教育是教育领域的一个中心议题,教育从精英化向大众化方向发展。大片的乡村地区曾经是贵族的私有财产,平民很少有机会进入这些代表"自然"的区域,20世纪20年代兴起的平民运动向这一制度发起了挑战,一些社会机构比如"号角自行车俱乐部""英国工人体育联合会"成立,为平民进入自然区域争取权益,越来越多的平民也希望自己的子女接受与贵族一样的自然的洗礼。[1]

自维多利亚晚期起,英国就有鼓励儿童和青少年在自然环境中

---

[1] Cree, J., McCree, M. A Brief History of the Roots of Forest School in the UK [J]. Horizons, 2012, 60: 33.

活动的传统。以华兹华斯（W. Wordsworth）和罗斯金（J. Ruskin）为代表的浪漫主义对随18世纪工业革命出现的启蒙理性主义提出了抗议，他们高度赞扬自然、创造力、自由、想象力、童真、普通人的尊严和个人经验。这一时期的浪漫主义扎根于德国18世纪60—80年代风靡的"狂飙突进"运动，也可翻译成"风暴与压力"，即德国文艺形式从古典主义向浪漫主义的过渡阶段，"风暴与压力"一名来源于冯·克林格（F. M. von Klinger）的戏剧作品《风暴与压力》，这个作品中对情感的处理是激烈的，鼓励个人宣泄。这一运动的中心人物是冯·歌德（J. W. von Goethe）和冯·席勒（F. von Schiller），歌德的《少年维特的烦恼》是典型代表作，表达人类内心感情的冲突和奋进精神[1]，卢梭的思想是该运动的主要推动力。这一时期的作家多数出身于市民家庭，是新兴的市民阶层的代表。他们用奔放的热情表达对社会等级的不满，反对封建社会"不自然"的生活方式，反抗社会、道德和美学的束缚。他们的言辞富有感染力且以感性体验为主，他们反抗贵族权力和神权的滥用，要求人权和社会自由平等。反对启蒙运动的作家把道德观念抽象化，认为这是一种无用的负担，这种抽象化的道德观念通过大众教育得以实现，而这种教育破坏了个体的独特性。除了反启蒙，这一运动也延续了18世纪早期理性主义的基本思想，即主张自然法、宪政和中产阶级特别是中产阶级妇女的权利。其主要特征是反对巴洛克早期法国新古典主义宣扬的理性统一和强调克制的传统审美，主张感性主义、个人主观主义、激烈情感的自由表达。[2]由于受到德国这一运动的影响，这个时期的儿童中心教育家大多会讲德

---

[1] 张毓春.狂飙突进运动［J］.同学少年，2013（09）：53.
[2] Sturm und Drang. The Columbia Encyclopedia, 6th ed. Adopted at December 18th .2017, ［EB/OL］. http://www.encyclopedia.com/literature-and-arts/literature-other-modern-languages/german-literature/sturm-und-drang.

语，比如福禄贝尔、裴斯泰洛齐，他们都是致力于将自然世界作为学习环境的儿童教育家，且极其重视游戏在儿童发展中的重要性。

20世纪初期，一些教育家、军事家对19世纪浪漫主义和超验主义思潮做出回应，并通过教育实践在儿童和自然之间建立了有力的联结，为20世纪晚期森林学校的正式诞生奠定了思想基础。其中最有代表性的尝试是贝登堡发起的童军运动，麦克米兰创立的露天学校，艾萨克观察儿童的教育实践，提供冒险教育的学校和基金等。

童军运动发源于20世纪初的英国，1903年，在经历30多年的军旅生涯后，已为陆军中将的贝登堡回到英国，发现长久的安定环境使得国内的少年精神萎靡不振，慵懒颓废，于是产生拯救他们思想的想法。1907年，他从不同阶层招募了20名青少年在英国的白浪岛举办了第一次童军露营。1908年，贝登堡以他早期的军事著作为基础出版了《童军警探》，成为训练少年生活能力教科书，该书内容系统，一出版就受到少年们的喜爱，童子军活动因此在全国各地蜂拥而起。1909年底，贝登堡举行童子军第一次行政会议，选举出全英童子军总团长，规定童子军以成为对社会有用的合格公民为目标，以锻炼体格、野外生存能力、大丈夫气概为内容，以户外游戏、野营训练为主要活动方式。贝登堡指出：造成国内青少年精神不振的原因在于培养教育环节上有"漏洞"，即孩子们缺了"生活的准备教育"，而这种教育是学校无法实现的，就是要补上青少年在学校之外时间和空间里的教育缺位，补上学校无法实现的对青少年品格、体格、技能、服务几个方面教育的缺位。1929年，童子军遍及世界五大洲42个国家。[1]

---

[1] 刘玉兰."生活的准备教育"——世界童军运动教育理念对当前青少年教育的启示[J].青少年研究（山东省团校学报），2013（02）：22-27.

第六章
自然体验学习机构的实践案例

1961年，世界童军运动组织成立，其对童军运动的描述是："这是一个开放给所有种族、宗教和出身青少年自发性的非政府运动，并遵循当初创始者贝登堡所构想、创建的目的、方法和原则……"[1]童军运动原则包含以下几个要素：童军纪律和童军诺言、从做中学、小队制度、吸引人的活动设计和自然环境的协助、社区服务、通过活动带给他人幸福。童军运动强调以实际的户外活动为非正式的教育训练方式，内容包括露营、森林知识、水上活动、徒步旅行、野外旅行和运动等。[2]童军运动为20世纪90年代英国森林学校的产生及广为接受奠定了思想基础，其帮助青少年掌握技能、提升自信、以学习者为中心的教学方法和户外教育的元素都与森林学校蕴含的基本理念一脉相承。

这一时期对森林学校产生贡献最大的教育家之一是麦克米兰（Margaret McMillan），她认识到了缺少新鲜空气、自由活动给儿童发展带来的弊端，她的"露天活动"作为一种富有想象力的游戏方式与将自然作为一个真实的生活环境的价值理念具有相似性。1908年，麦克米兰将福禄贝尔关于儿童发展、卫生和营养的理论运用到了伦敦的一所露天学校中，尽管面临着大众的质疑，这所学校却获得了好评，改善了儿童的健康状况，对20世纪20年代的托儿所运动有着较大影响。[3]

1924年，艾萨克斯（Susan Isaacs）开始在剑桥郡的麦芽庄学校（Malting House School）教书，受杜威和皮亚杰的影响，她将现实生活中的学习与户外游戏结合起来，让儿童创造自己的经验，艾萨克本

---

[1] World Organization of the Scout Movement. Constitution of the World Organization of the Scout Movement [EB/OL]. (2017-8-1). [2020-7-28]. https://www.scout.org/constitution
[2] 刘玉兰. "生活的准备教育"——世界童军运动教育理念对当前青少年教育的启示 [J]. 青少年研究（山东省团校学报），2013（02）：22-27.
[3] Cree, J., &, McCree, M. A Brief History of the Roots of Forest School in the UK [J]. Horizons, 2012, 60: 33.

人就是一位博学的心理分析学家,在观察儿童方面非常有经验,她开创了后期森林学校从业者重视近距离观察和记录的做法,主张教师应知道如何观察并提升他们对儿童反应的敏感性,在实践中识别出提升儿童能力及开展支架教学的时机。

20世纪中期,受"一战"和"二战"的影响,户外教育转向培养领导力和独立学习的能力。1924年森林知识团(Woodcraft Folk)成立,它是一个以英国为背景、以儿童与青少年为对象的教育运动,并于1965年成为慈善机构,它对森林知识的定义是"生活在露天自然环境中的技能",它的主要原则是:无论年龄或地位,所有成员都能平等地参与决策。[1]

1934年,哈恩(Kurt Hahn)创立了高登斯顿学校(Gordonstoun School),它是现存为数不多的为8—18岁学生提供教育的全寄宿学校,学校基于四个教育原则为学生量身定做学习计划,即挑战、服务、国际主义和责任,学生将面临学业、身体和情感的各方面考验,这是英国冒险教育的开端。受该学校启发,1941年,哈恩与霍特(Lawrence Holt)为商船海员创办了拓展训练信托基金(The Outward Bound Trust)。战后,该基金制定了通过户外学习经验促进独立和自我意识发展的教育计划,如今它已经发展成为英国提供户外学习的机构中的翘楚,2016年就有27783名年轻人参与了该组织的项目。[2] 它关于解决问题、体验式教育、一手经验、提升自尊的主张与森林学校有明显的联系,但是这一时期的户外学校往往是体验野外景观的营地远足旅行,而非基于本地自然环境的学习。

---

[1] Prynn, D. The Woodcraft Folk and the Labour Movement 1925-70 [J]. Journal of Contemporary History, 1983, 18(1), 79-95.
[2] Hahn, K. Origins of the Outward Bound Trust [J]. Outward Bound, 1957: 1-17.

此后，尽管英国的户外教育得到了长足发展，但森林学校的最初建立仍然要归功于20世纪50年代北欧地区的"森林幼儿园"的影响。1993年布里奇沃特学院（Bridgewater College）将丹麦的模式引入英国，很快在全英范围内发展起来。自1993年第一所森林学校创办开始，迄今全英范围内有经行业认证的森林学校48所，森林教育教员培训机构14所，遍布英格兰、苏格兰和威尔士地区[1]。

二、理念和做法

森林学校作为20世纪90年代兴起的教育形式，经过近30年的发展已经在英国扎根落地，相关研究既有政府支持的大规模调研，也有学者个人的研究，研究成果比较丰富。

在保障场地与时间方面，戴维斯（B. Davis）等研究者认为森林学校应建在与传统学习环境不同的场地，场地应在学校可到达的范围内，且场地必须有自然的元素和配套的管理规章，学校应由获得资质的从业者运营以保证儿童的安全。[2]学者普遍认为让儿童长时间地定期接受森林教育非常重要，奥布莱恩和默里等学者认为应保持每周或每两周，至少12个月一期课程[3]；奈特（Sarah Knight）认为应该让儿童每周至少半天在森林学校中，坚持至少10周[4]；格里芬（E. Griffith）等人认为至少需要一年的时间才能让儿童对林地产生归属感

---

[1] 数据出自英国森林学校协会官方网站。详见https://www.forestschoolassociation.org/find-a-forest-school-provider/.
[2] Davis, B., Rea, T., & Waite, S. The Special Nature of the Outdoors: Its Contribution to the Education of Children Aged 3–11[J]. Journal of Outdoor and Environmental Education, 2006, 10(2): 3.
[3] O'Brien, L., & Murray, R. Forest School and Its Impacts on Young Children: Case Studies in Britain[J]. Urban Forestry & Urban Greening, 2007, 6(4): 249–265.
[4] Knight, S. Forest School and Outdoor Learning in the Early Years[J]. Asia Pacific Journal of Social Work, 2009, 1(1): 26–47.

并观察到季节变化[1]。

在教学特点方面,研究者认为森林学校应始终坚持以儿童为中心,基于游戏教学,允许儿童自行掌握学习进度是其区别于正式教育的特点,韦特(S. Waite)认为应"给孩子选择的空间和主动学习的机会"[2];比尔顿(H. Bilton)认为游戏能开发儿童的感官[3];默里鼓励发展儿童内在的好奇心和学习动机[4];陈勇、万瑾认为,"森林教育把学习者的权利与发展置于课程的中心位置,关注他们鲜活的生活经验"[5]。学者们把"高师生比"看作保障儿童中心的必要条件,一些人提出每期招收不超过12名学生,也有人认为师生比应至少为1∶4,林业委员会2010年发布的报告显示,高师生比能帮助儿童完成更困难的任务,同时教师有时间观察每名学习者的特点。[6]

在森林学校的效用方面,研究者进行了大量研究(如表6-1所示)。

表6-1 关于森林学校效能的实证研究

结果(积极作用)		相关文献
能力培养	运动能力	Davis & Waite, 2005;
	专注力	Murray & O'Brien, 2005; Amos & Reiss, 2012; Barry, 2010

---

[1] Griffiths, E., Elniff-Larsen, A., & Jones, L. An evaluation of the Ysgol Llanfair Forest School. A report by Wavehill and Angles Consulting for Forestry Commission Wales. [R]. 2010// Close, M. The Forest School initiative and its perceived impact on children's learning and development: an investigation into the views of children and parents [D/OL]. Cardiff University. (2016-3-19). [2020-7-28]. http://orca.cf.ac.uk/41186/

[2] Waite, S., Davis, B., & Brown, K. Forest school principles: Why we do what we do [M]. Exmouth, UK: University of Plymouth, 2006: 18.

[3] Bilton, H. Outdoor Learning in the Early Years: Management and Innovation [M]. London: Routledge, 2010.

[4] Murray, R., &, O'Brien, L. Such Enthusiasm — A Joy to See: An Evaluation of Forest School in England [R]. Forest Research and the New Economics Foundation, 2005.

[5] 陈勇,万瑾.森林教育:构成,经验与启示[J].外国教育研究,2013,40(06):53-58.

[6] Forestry Commission Wales. A Guide to Forest School in Wales [R]. Ceredigion: Forest Research. 2010.

（续表）

结果（积极作用）		相 关 文 献
能力培养	语言表达	Davis & Waite, 2005; Maynard, 2003; Fox, 2003; Fabian, 2005; Newman, 2004
	团队合作	Murray & O'Brien, 2005; McManus, 2012; Loynes, 2010
	领导力	Milton, 1950
	适应性	Humberstone, 2009
	风险控制	Dourneen, 2010; Fabian, 2005
	创新能力	Davis, 2005; Crosbie, 2014
	问题解决能力	Beames, 2005
	沟通与理解能力	Gillis, 1994; Jeanne, 1968
	社会交往能力	Jenner & Hughes, 2006
环境素养	环境知识	Murray & O'Brien, 2005
	环境意识（态度价值观）	Tina & Paul, 2016; Schultz, 2002; Mayer & Frantz, 2004; Bogner, 1998; Joanne & Erminia, 2016; Klas & Johan, 2010; Stevenson et al., 2014; Jenny Roe, 2011
	环保行为	
学业进步	语言阅读课	Jeanne, 1968
	数学课	Hattie, 1997; Rickinson, 2004; Neill, 2008
	科学课	Rickinson, 2004; Gill, 2011
	社会研究课	Rickinson, 2004
	地理课	Davies, 2013
	体育课	Waite, 2011
心理发展	自我意识	Cason & Gillis, 1994; Coalter et.al, 2010
	自尊	Cason & Gillis, 1994
	感官开发	Kellert, 2002; Waite et al., 2006
	好奇心	Neill, 2008
	情绪稳定	Roe, 2008; Maynard, 2007

（续表）

结果（积极作用）		相 关 文 献
心理发展	自信	Murray & O'Brien, 2005; Knight, 2010; Maynard, 2007; Swarbrick, Eastwood and Tutton, 2004
身体发展	身体素质	Bowen, 2013
	生活方式	Hattie, 1997; Kendra, 2014
	运动习惯	Denver, 1950 ; Higgins, 2013

英国森林学校最初是由"森林学校计划"（forest education initiative，简称FEI）倡导并支持创建和运作的。[1]FEI把森林学校界定为"在某一地区的林地环境里，通过亲自动手做的学习体验，为儿童、青少年及成人提供定期的机会，以实现和发展其自信与自尊的激发性过程与实践"。[2]森林学校不同于其他形式的户外教育的特征主要有五点：（1）以林地为依托，为林地设立严格的安全条例和边界以允许学生自由灵活地学习;（2）高比例的师生比（每一期约12名学生），既能保证教师根据每个学生的学习方式和能力让他们完成任务开展活动，又能降低学生学习过程中的风险;（3）将国家课程内容和基础阶段教育目标融入学习中，为在教室环境内学习困难的学生提供机会;（4）通过创造性、多样性和想象性的游戏调动多种感官，关注学生的"整全性"而非仅仅看重成绩;（5）在较长的一段时间内（全年），定期为学生提供这种教育，每周或每两周的一个上午、下午或一天，这样的时间设置是为了让学生既能对学习环境产生依恋从而提升环境责任感，

---

[1] Forest Education Initiative. The History of FEI forest schools. Adopted at December 5th .2017, [EB/OL]. http://www.forestedueation.org/forest-schools.
[2] Forest Education Initiative. What is an FEI recognized Forest Schools. Adopted at December 5th.2017, [EB/OL]. http://www.foresteducation.org/forest_schools.php.

又能自信地应对不断变化的自然环境。[1]

第三节

日本的自然学校

一、发展历程

日本自然保护教育源于20世纪50年代致力于培养人们保护自然的意识的自然保护运动，最初主要关注自然物和自然景观的保全和爱护；20世纪60年代，重心逐渐转向生态系统保护。在这一阶段，受美国自然保护运动的影响，日本的自然保护教育者均坚持自然环境的公共属性，认为大众均有权享有自然环境带来的益处，从而推动大众广泛开展户外活动。此类"观察自然"的活动虽然有助于缩短自然与人之间的距离，但很难让人们发展关于自然史、自然物和自然规律的基础知识。1970年以来，自然保护运动的发展为自然保护教育目标增添了新的维度，即不仅要获得关于自然的知识，还要了解环境问题的社会和人际根源。这一观点后来被环境教育所接受和吸收。[2] 可以

---

[1] O'Brien, L. A Marvellous Opportunity for Children to Learn: A Participatory Evaluation of Forest School in England and Wales [J]. Forest Research, 2006.
[2] ［日］小川洁.从自然保护教育的开展派生出来的环境教育的视点［D］.东京：东京学艺大学教育学部，环境教育（日），2019.

说，自然保护教育以孩子们重新发现家乡或自然的行动为起点，与同时期以环境保护为主要目标的公害教育一起，构成了日本环境教育的起源，并逐渐成为后来日本环境教育的主流。1975年，在贝尔格莱德召开的环境教育国际工作会议之后，环境教育才真正渗透到日本的学校教育之中。20世纪80年代初，日本出现了最初的自然学校，当时最早成立的三所自然学校分别为完整地球（Whole Earth）自然学校、国际大自然学校，以及清里教育实践计划（Kiyosato Educational Experiment Project，简称KEEP）协会的环境教育事业部。1996年，日本环境教育论坛首次提出了《自然学校宣言》，"自然学校"一词由此产生。此后论坛的参与者逐步增加，除了原有的自然学校的运营者外，童子军、女童子军、基督教青年会（Young Men's Christian Association，简称YMCA）、基督教女青年会（Young Women's Christian Association，简称YWCA）、日本野营协会、日本休闲运动协会等社会团体也加入了进来。1997年的日本野外教育学会（Japan outdoor education society，简称JOES），2000年的自然体验活动推进协议会（Council for Outdoor & Nature Experience，简称CONE），2007年的日本生态游中心，2008年成立的森林幼儿园全国网络联盟等网络团体相继涌现，使得日本自然学校的群体不断扩大。[1]随着自然学校运动不断发展，越来越多的自然学校积极地参与解决当地的社会问题。自然学校与社区、企业之间建立了合作关系，通过开展不同形式的自然体验活动，如生态旅行、灾害救援和灾后重建、企业社会责任等，一方面为社区培养自然保护人才，另一方面也促进了社区的可持续发展。

---

[1] 封积文，等.自然教育行业调查报告［R］.全国自然教育网络，2019.

二、理念和做法

日本环境教育学会的《环境教育辞典》对自然学校的定义为：自然学校是指"开展自然观察、自然体验等以自然为舞台的环境教育、理科教育、户外活动的学校"。作为自然学校还需具备三个条件：场地、指导者以及活动课程。在2005年的调查报告中，自然学校的条件又增加到6条，具体为：

（1）场地，可以全年开展活动的设施和场地；

（2）人，具备能够策划、实施、运营活动课程，进行安全管理、人才培养、财务管理等能力的专业人才；

（3）活动课程，根据场地、对象设计的、以环境教育为目标的、全年开展的各种课程；

（4）策划，建立社会关系，拥有贡献于社会的使命以及将之具体化的愿景，建立组织运营的架构；

（5）安全性，除了活动实施中的安全管理，为了保证自然学校这个组织能够维持运营，建立对各种风险进行必要的安全管理和危机管理的制度；

（6）运营系统，拥有能够对以上5点进行综合管理，获得社会信用、开展健康运营的功能（组织）。[1]

日本自然学校的兴起有着深刻的历史文化和社会现实背景。李妍焱指出，近年来，随着日本城市化、少子化、社会中人际关系淡薄化的发展，儿童发展过程中与社会、自然等接触的各种机会不可避免地变得贫乏。因此，为了培养青少年的社会性和健全人格，有必要提

---

[1] 朱惠雯.日本自然教育行业发展现状及趋势报告[R].自然教育论坛，2019.

供与其身心发展阶段相应的各种志愿活动以及体验活动的机会。此外，由于常年受海啸、台风、地震和火山等自然灾害的干扰以及城市化、工业化的发展对环境的侵害，日本社会渴望找到一种可持续的生存方式。自然学校便是日本追求可持续发展社会的一种社会行动，以自然学校为支架，来推进另一种价值观，另一种生活方式以及另一种社会构筑方式。[1]降旗信一也认为，自然学校实际上是"应对20世纪80年代以来自然保护教育和野外教育实践中伴生的诸多课题而必然产生的新的实践"[2]，是日本环境教育和可持续发展教育领域的一条支流。

自20世纪80年代以来，日本自然学校的理念经历了转移和扩展，逐渐形成了以自然体验活动为核心，形式、内容和作用多样的样态。经过多年的发展，自然学校已经不仅是"自然体验活动的基地"，而且是"地域复兴的基地"。自然学校除了普及自然体验活动之外，还担负了解决地域社会问题的使命。从20世纪80—90年代至今，自然学校一直持续开展自然观察、生活体验、冒险教育、野外活动、生态旅游、环境保护和自然保护活动、自然恢复、从业者培训、社会培训等活动。2000年以来自然学校又逐渐扩展到可持续生活、食育、健康教育、问题青少年应对（辍学、社会性退缩、洁癖等）、地域振兴、幼儿教育（森林幼儿园）、对外援助、受灾地支援等新的领域，并且面向社会发展层出不穷的新需求不断展现出强韧的活力、拓展新的活动领域。

日本自然学校的核心是丰富的自然体验活动。日本自然学校的倡

---

[1] 李妍焱.拥有我们自己的自然学校[M].北京：中国环境出版社，2015.
[2] 降旗信一.将自然体验化作有责任感的行动——自然体验学习论[M]//朝冈幸彦，编著.新环境教育实践.东京：高文堂出版社.2005：73-105.

行者把自然体验作为个体成长的重要基础。他们认为，学生有机会亲近真实的自然、通过具体的事物获得直接体验，能够满足学生的好奇心进而引发兴趣，发现儿童的个性和特征，有利于儿童认识自我、增强成就感和自尊心、加强社会性并培养与自然以及他人共生的能力，提升对现实世界和生活的兴趣、关心和愿望。一方面，自然学校为学生提供了走出城市，与大自然产生联结并建立感情的机会。不同于正规的学校教育，在自然学校中，大自然是学生进行学习的环境，是真实世界中最美的教室。学生以大自然为师，大自然也为学生提供涉及多学科学习主题的丰富的学习素材。日本自然学校强调，学习者本身就是自然生命中的一员，就属于自然；通过接触事物、现象，自己去嗅闻、触摸、品尝，感受自然的美好和生命的不可思议，进而形成"自我感知"。这是其他教育形式不可替代的。同时，大自然环境的刺激促进学生五感的发展，进而提升人的直觉和综合判断能力。日本自然学校认为，五感的发展不可忽视，它正如人身上的"灵气"；当较好地拥有五感时，学习者在接受其他知识时也能更快地理解与吸收。另一方面，自然的多变性为培养学生自立、自强、自信、自理等综合素养，养成优质的生存能力，增强社会性提供了条件。生活在充满各种问题的社会中的孩子们需要坚强生存下去的力量。与人广泛交流，建立和体验各种人际关系，才能增强这种生存能力。自然学校正是提供了这样的机会。学习者通过在自然环境中长时间的生活和体验，能够获得内心的安全感，对集体的归属感和连带感加深，能够促成良好的人际关系。自然学校通过集体活动来形成社会性和规范意识，为那些不自信的、对朋友关系感到不安的孩子，培养在正规学校生活中难以形成的人际关系和社会性。

自然学校也被认为是追求可持续共生社会不可缺少的一种社会行

动。日本自然学校强调，"体验"非常重要，但更重要的是在自然体验中长期地进行学习和成长，如同在正规学校的日常学习生活获得成长一样。相对于正规学校，自然学校中的学习者在与大自然相处的过程中更贴近、更深入、更充分地理解自然，真实、近距离地解决环境生态和可持续发展的有关问题，更好地理解地域中自然和人的关系，从而改变对待自然的态度、价值观、行为方式乃至生存方式，并通过多方合作采取行动，推动地域的可持续发展。日本的自然学校大多面向大众，扎根本土，通过和社区的多方协作来解决当地的社会问题，促进当地的可持续发展。自然学校的课程理念讲究尊重和提倡"乡土意识"，需要综合考虑自然生态环境、社区改造、社会福利各方面问题。[1]同时，自然学校中的教育也强调多学科知识的结合，强调学习者将所学知识融会贯通，获得解决问题的能力。通过相应的课程和活动，自然学校试图引导学习者感受、思考并付诸行动，从而重新定义人与自然、人与环境的关系，重新建立人与自然、人与人、人与社区、人与世界的联结性。

日本自然学校通常被看作是"自然体验学习的专业组织"，强调针对"自然体验指导者"提供专门的培训来体现其专业性。一般而言，日本自然学校的指导者课程的主要内容包括野外活动和野外生活技巧、自然和环境解说技巧、针对不同年龄和对象的体验学习（工作坊、亲子活动、人际交往方法等）、安全管理实务、策划和品牌营销（项目设计、公共关系、人力资源等）、地域开发（生态旅游、绿色出行、城乡规划等）。自然学校通过这些能够帮助人们"更好地理解

---

[1] 李妍焱.在民间公益领域培养跨国思维——从日本国际协力机构自然学校技术援助项目论起[J].中国非营利评论，2018，22（2）：205-229.

自然"和"提升野外活动和生活能力"的内容,提升自然体验指导者的综合能力,为社会和地方各类问题提出具体解决方案提供技术和思路。为此,大多数自然学校都会开设指导者养成课程,通常有3～4日的集中培训和实习,还会常年提供短期合宿形式的讲座、体验活动、现场实习等活动。有些自然学校还有培养员工的实习生、研修生制度。20世纪90年代以来,日本的一些大学也会在本科和研究生层次提供相应的课程,培养自然学校的从业者。如筑波大学、信州大学、青森大学、北海道大学、成蹊运动大学、岐阜县立森林文化学院等均开设了此类专门课程。除此之外,在一些地方,自然学校也会为家庭主妇、老年人、农业从业人员等提供培训,帮助他们胜任生活体验和传统文化的指导工作,成为自然学校的支援人员。

日本自然学校规模各异,类型多样。设立和运营的主体既有政府部门和大型企业,也有大学、市民团体、个人等。近年来还出现了一些合作型和地域连锁式的自然学校。合作型自然学校由各方合作设立,共同运营。通常这类自然学校的土地和设施由国家、地方或企业所有,经营和管理则委托给其他社会组织。例如,日本环境省和公益社团日本环境教育论坛共同设立的"田贯湖自然学堂"、垂水市政府和鹿儿岛大学共同设立的"大野可持续发展教育自然学校"等。地域连锁式的自然学校通常在一定的地域范围内、由本地政府部门推行展开,在地域内形成各级各类主体参与、统一品牌的自然学校网络。例如,石川县的教育委员会、环境、农林、公园和河川管理部门等各部门联合组织,县以下的市、镇、村行政部门以及县域内的相关民间营利或非营利团体等共同参与,以"石川自然学校"为名称,在全县范围内全面推进统一化的自然体验学习活动。在千叶的房总地区,也以相同的方式建立了"千叶自然学校"。这些类型多样的自然学校不仅为日本社会提供了丰富的公共产品，也形成了新兴的产业部门。

自然学校作为应对社会问题的一项创新，得到了日本社会的普遍认可。在推进生态旅游、支持自然灾害救援、促进企业履行社会责任、探索新的工作和生活方式、落实可持续发展教育理念等方面，自然学校均展现了巨大的潜力。降旗信一指出，自然体验学习是人类的环境权利和学习权利在实践中的统一，而作为自然体验学习现实载体的自然学校为强化地域的"环境力"和"教育力"发挥着积极的作用[1]。因此，可以认为，自然学校很有可能担负起开展社会教育、促进终身学习的使命，开展扎根本土的可持续发展教育实践，综合有关的知识、技术和智慧，以学习推动地域社会的进步。自然学校发展需要与地方乡土研究、自然史研究、传统文化和地方产业、行政部门、地域组织、民间团体和企业等"利益相关者"加强互惠共生的合作，形成地域中的社会创新结点，创造性地解决当地社会问题，促进当地社会的可持续发展。同时自然学校也应谋求自身可持续发展的新办法，研究新的发展路径，使得自然学校的发展不仅集中在乡村，也要打破城乡之间的界限，加强城市中自然学校的建设。自然学校还要发挥自然学校善于与各领域机构合作的独特优势，加强国际合作和信息分享。同时，自然学校也要大力培养相关的自然学校管理人才，构建自然学校新生态，推动自然学校事业的持续进步。

日本自然学校的运营模式得到社会的认可，社区、企业与自然学校建立合作关系并委托相应的业务，给自然学校提供自然资源和资

---

[1] 降旗信一.有关自然体验学习实践的青少年教育现状与课题——关注自然学校的建设与发展 [J].东京农工大学农学院ESD环境史研究.2005，4：32-40.

金，与自然学校合作开展教育活动，并投资建立新的自然学校。日本自然学校不断发展的进程中，主要依靠的是民间力量，政府仅提供了有限的资金、政策、法律等层面的支持，其中自然学校自己举办的活动所收取的费用是运营的主要资金。自然学校的活动形式主要为营队活动、生态旅行、开放自然公园中的访客中心等环境教育设施、自给自足的生活体验、农场、牧场、森林幼儿园和城市公园等。多种活动形式可以在一个自然学校中同时出现，不断推动自然学校向更好的方向发展。特别是日本近几年大力提倡幼儿进行自然体验活动，森林幼儿园的数量增长很快。

2018年末，完整地球自然学校获得第24届日韩国际环境奖，日本自然学校领域的"清里会议"被政府授予"环境大臣奖"，奖励它们为环境保护以及可持续社会发展所做出的贡献。长期以来，自然学校一直围绕"青少年教育""环境教育""自然保护"等三个主题开展。但在2010年的调查中，"地方振兴（再生）"成为第一大主题。这是日本自然学校发展到现今阶段面对的重大课题，即让自然学校的发展真正与所在地区的社区、政府和相关企业不断加强合作，解决当地社会问题，促进当地社会的可持续发展。

同时，日本自然学校也应谋求自身可持续发展的新办法，研究新的发展路径，加强与社会各团体成员间的互惠共生的合作，使得自然学校的发展不仅仅主要集中在乡村，也试图打破城乡之间的界限，加强城市中有关自然学校的内容建设。发挥自然学校善于与各领域机构合作这一点独特的优势，加强国际合作和信息分享也是重要的举措。自然学校不断为日本社会培养环境保护方面的人才的同时，也应大力培养相关的自然学校管理人才，以有助于构建自然学校新生态。

第四节

中国台湾的环境学习中心

一、发展历程

在中国台湾,环境学习中心是开展环境教育实践的重要场所,其在学校环境教育与社会环境教育中发挥着重要作用。台湾地区的环境学习中心有很多不同的名称,如环境教育中心、自然中心、户外教育中心、户外教室、田野学习中心、生态中心、生态农场、保育学校、自然学校、少年自然之家、环境教育基地等。台湾师范大学环境教育研究所周儒教授是台湾较早开展环境学习中心研究的学者,他认为,环境学习中心应为"坐落在一片区域(不一定拥有土地所有权,但确实拥有经营管理权),具有专业的环境教育人员、优质的活动方案与设施去服务使用者,进行环境教育和与保护有关的学习与行动的组织机构"。[1]这个定义比较宽泛,涵盖了以上众多开展环境教育的场所,突出了环境学习中心的专业性,并与无土地经营管理权的"环境教育方案"区别开来。

台湾地区环境学习中心的发展历史大体可以分为两个阶段:一是20世纪80年代到90年代末的发展初期,由行政机构统领发展;二是21世纪初至今,行政机构与民间机构共同推动,呈现出多元化发展。

20世纪80年代以来,台湾地区因工业化发展导致大量环境污染

---

[1] 周儒.自然是最好的学校:台湾环境教育实践[M].上海:上海科学技术出版社,2013.

问题，在民众的一片抗议声中，1987年台湾地区成立了环境保护主管部门，其职责之一便是开展环境教育。自此，台湾地区环境学习中心步入发展初期，环境保护主管部门、教育事务主管部门以及农业事务主管部门在这个过程中进行了诸多探索，积累了许多有益的经验。

1988年，由台湾环境保护主管部门补助经费，在台湾师范大学成立了台湾地区第一个环境教育中心（1993年更名为环境教育研究所），此后台北市立师范学院、新竹师范学院、台中师范学院筹设环境教育中心也陆续受到补助。在这个阶段，环境教育中心的功能还停留在观念推广、教材研发、师资培训上，没有与学生及大众进行有效的沟通与互动。1990年，台湾地区成立教育事务主管部门环保小组，负责整合各级学校校园污染防治事务，并在学校层面推广环境教育。此后，台湾地区高校的环境教育中心经费补贴来源便以教育事务主管部门为主。1991年，教育事务主管部门发布了加强推行环境教育计划。该计划将环境教育分为学校环境教育与社会环境教育两项，明确表示发展户外教育要以"委托有关单位"的合作方式，分区设立自然生态环境教育中心。依据计划，教育事务主管部门环保小组最初选定阳明山森林公园、苗栗蚕蜂业改良场（今苗栗农改场）、溪头台大实验林以及东北角风景特区四处设立自然教育中心。1993年起，环境保护主管部门与教育事务主管部门委托各个机构，陆续在台湾地区设置了北区、中区、南区与东区四处环境保护教育展示中心。但此时的展示中心的活动也只是单方面传达环境教育信息，缺少与参观人员之间的互动；农业事务主管部门也在1989年于苗栗县大湖乡四份成立第一处水土保持户外教室，为学校提供户外教育场所，之后发展为20个教室。但是由于活动举办时间不确定，缺乏教学方案和专业的教育人员等因素，教育成效并不显著。[1]总而言之，这一时期的环境学习中心主要由行政机构负责。环境教育推广理念与现在颇有差异，仍以知识传递为主，忽视人与环境之间的互动，实践过程中也缺少规划和专业性。

进入21世纪以来，环境学习中心呈现出多元发展的局面。除上述行政机构的助力以外，台湾林业事务主管部门、民间团体与民营企业等纷纷加入推动环境学习中心发展的阵营。

2007年，台湾林业事务主管部门开始整合森林环境教育资源，将所辖八处森林游乐区发展为自然教育中心，供学生或群众参观互动。2008年，教育事务主管部门、林业事务主管部门等与民间团体形成伙伴关系，开展"环境学习中心校外推广计划"：结合环境教育课程内容，挑选优质的环境学习场所给予适当补助，并对学校进行车资补助，从而鼓励师生参加课外环境学习。根据台湾教育事务主管部门统计，2018年度共补贴了37个环境学习中心，提供350车次以开展中小学户外环境教育。2014年环境保护管理部门设立4处环境教育区域中心，2017年又增加至6处。其中北区、桃竹苗区、中区、云嘉南区、高屏区与东区的环境学习中心分别位于台湾师范大学、台湾中原大学、台中教育大学、台南大学、高雄科技大学、台湾东华大学，以地区高校为主体，整合各区产、官、学、民间和社区等环境教育资源，开展环境教育学术交流，推动环境教育发展；此外还有阿里磅生态农场、杉林溪森林生态度假园区、二格山自然中心、台东太平生态农场等民间社区、团体及机构开展的多种多样的环境学习中心相继涌现。至2020年底，据台湾环境保护主管部门统计，各类经认证的环境学习

---

[1] 周儒.自然是最好的学校：台湾环境教育实践［M］.上海：上海科学技术出版社，2013.

中心（环境教育设施场所）已达207处。

至此，台湾地区的环境学习中心经历了三十多年的发展，形成了以教育事务主管部门、环境保护主管部门、林业事务主管部门、农业事务主管部门水土保持机构等为主导，各大高校及社会机构为支撑，相关规定为依据的成熟环境教育实践网络。

二、理念和做法

台湾地区环境学习中心的设置基于体验式教学的理念，具有教育哲学、认知心理学、环境教育学等多种理论基础。杜威曾将个体的经验分为直接经验与间接经验，直接经验即学生在生活经历中直接感知到的印象，间接经验则是通过理性分析形成的抽象的概念与理论。直接经验是形成间接经验不可或缺的基础，他格外强调直接经验在教育活动中的作用，并提醒童年时期推崇间接经验可能导致学生面临人格丧失的危险[1]。建构主义也认为知识来源于与环境的交互作用，不能脱离情境抽象地存在，强调学习过程中的情境性，引导学生主动建构知识，培养探究能力。

此外，环境教育学家卢卡斯把环境教育的目标归纳为三个层次：一是"关于环境的教育"，即通过传授理论知识提高个体对环境与环境保护的认知；二是"为了环境的教育"，以改善环境为教育目标，掌握具体的技能、方法与策略；三是"在环境中的教育"，通过让个体在真实的环境条件中观察、体验和探索，获得一手资料，并培养环境意识、情感、习惯与能力[2]。台湾地区的学校环境教育一度受限于场

---

[1] 周儒.自然是最好的学校：台湾环境教育实践［M］.上海：上海科学技术出版社，2013.
[2] 宋超，张路珊.发达国家环境教育体验式教学特点及启示［J］.山东理工大学学报（社会科学版），2016，32（03）：85-89.

所、人力、物力、财力等，过于注重理论知识的传授，容易忽视学生对环境的体验过程。而环境学习中心则可以弥补学校教育这一方面的缺点，通过体验式、沉浸式的教学加深学生对环境的印象，加强学生对环境的情感，培养他们环境保护的责任感，并通过鼓励学生"做中学"，提升环境保护能力。

关于环境学习中心的目标，杨欣澳提出了五个方面的目标：唤醒生态良知，激发生态意识，培养生态人格，掌握生态技能以及践行生态实践[1]。这五个方面涵盖了教育的认知、情感、技能三大目标；周儒从个体与环境，个体与他人，个体自我实现三个层面提出了三个使命：（1）环境学习，通过学习者的亲身经历构建其对环境的整体认知，培养其对环境的情感以及保护环境的能力；（2）社会互动，通过户外活动这种集体行动，使得学习者学会与人相处、合作；（3）自我挑战与实现，通过环境学习满足个体的精神体验，培养个人积极进取的人生观[2]。马芮除了从学习者个体的角度阐述了环境学习中心的目标，还分析了其在整个环境教育系统中应实现的目标，分别是：普及环保知识，展示环保成果；提供环保体验，树立环保理念；打造环保样板，推进环保建设[3]。此外，周儒又在阿什博（B. L. Ashbaugh）的理论基础上提出环境学习中心的五项目标，即教育、研究、保护、文化以及游憩，从多种角度健全了环境学习中心的设立目标[4]。综合来看，环境学习中心对于个体学习而言，可以达成促进知、情、意、行发展的目标；对于自我发展而言，可以达成促进社会互动、自我实现

---

[1] 杨欣澳.北京市环境教育基地的建设研究［D］.北京：北京林业大学，2016.
[2] 周儒.台湾环境教育理想的实践基地——环境学习中心［J］.环境教育，2007（12）：65.
[3] 马芮.关于环境教育基地建设内涵及其功能探究［J］.环境保护与循环经济，2015，35（06）：65-67.
[4] 周儒.自然是最好的学校：台湾环境教育实践［M］.上海：上海科学技术出版社，2013.

等目标；对于所在地域而言，可以达成作为环境教育普及的重要枢纽和推动力的目标；对于整个社会系统而言，则可以达成教育、娱乐、文化等多方面目标。

周儒提出，环境学习中心应该具备四项基本要素：（1）设施，包括房舍、环境教育设施、环境解说设施、生活设施以及环境设施；（2）人，包括中心的环境教育专业人员，与中心共同合作的伙伴以及中心设施与服务的使用者；（3）活动方案，包括环境教育、环境解说与环境理念传播；（4）运营管理，例如经营管理、财务、维护土地与栖息地管理等。环境学习中心的做法大体也可以从这四个方面进行分析。

环境学习中心的主要使用者是学生，学生可以个人名义或者以学校团体形式进行报名。中心还向各个机关团体、亲子组合、社会大众开放，一些活动也向教师群体、退休人员、环境工作人员、社会福利机构等特殊群体开放，满足了不同人群的需求，有利于促进全民环境学习。有统计表明，环境学习中心的服务对象主要是学生，但是近年来成人与家庭使用者比例呈现逐年增长的趋势。这在一定程度上反映了环境学习中心越来越受到大众欢迎，并在推广社会环境教育过程中发挥着越来越重要的作用。

教学原则与方法方面，马芮认为环境学习中心应该以实践为核心，遵循源于实践、用于实践、高于实践的原则[1]。李佳颖则认为中心开展的活动应该坚持"尊重主体、积极活动、坚持探究，以及贴近生活"的原则[2]。包艳丽总结了环境学习中心在教学过程中会采用

---

[1] 马芮.关于环境教育基地建设内涵及其功能探究 [J].环境保护与循环经济，2015，35（06）：65-67.
[2] 李佳颖.环境教育基地建设应遵循的原则 [J].北方环境，2013，25（07）：166-167.

的方式，包括相关课程、网络学习、体验活动、实验实习、户外学习、影片欣赏等，这些方式体现了从做中学、从设计中学、从互动中学的理念[1]。总的来看，环境学习中心都具有生活化、导向实践、依托乡土资源开展活动的特点，以种类丰富的活动吸引不同群体前来参与。

活动安排方面，鉴于不同的来访者需求不同，周儒总结了环境学习中心活动方案的谱系图。从以休闲游憩导向到以教学课程导向，中心可以依次按照来访者的需求强度开展亲子休闲活动、行政人员自强活动、步道工作假期、青少年夏令营、"无痕山林"工作坊、教师培训以及校外教学的活动[2]。这为环境学习中心的活动开展提供了可参考的依据。

人员培训方面，有些环境学习中心会针对教师团体开展教师研习活动，以提高教师的环境教育教学能力。还有一些中心会承担起环境教育志愿者培训、社区赋能的责任，进一步传递环境教育的知识与技能。

对于环境学习中心的保障体系，杨欣澳提出了财政支持、法律法规、人员配备以及推广营销四个方面[3]。周儒则对于"老店新开"、整合既有资源的中心的发展提出六点建议：明确中心发展定位，建立基础理解；检视运营状况，发展整体关注；根据教学需要，优化课程方案；服务场所精神与教学，完善场所及设施；在内部沟通、社会互动、资金运作等方面完善经营管理；积极推动人员发展，完善活动

---

[1] 包艳丽，魏智勇.海峡两岸环境与可持续发展教育比较研究[J].环境与可持续发展，2015，40（06）：79-82.
[2] 周儒.自然是最好的学校：台湾环境教育实践[M].上海：上海科学技术出版社，2013.
[3] 杨欣澳.北京市环境教育基地的建设研究[D].北京：北京林业大学，2016.

分工[1]。参考二者观点，一个持续发展的环境学习中心应具备以下几个特点：注重教育人员的专业性；以地方资源为基础，发挥中心特色；与学校社区等机构建立紧密的联系，开展良性互动；评估与反思活动开展情况；在不违背环境教育公德前提下，多方面吸纳社会资金。

---

[1] 周儒.自然是最好的学校：台湾环境教育实践［M］.上海：上海科学技术出版社，2013.

第七章

我国中小学课程中的自然体验学习

第一节

普通学科课程相关的自然体验学习

自然体验学习具有多学科整合的元素，需要不同学科的支持。如果我们结合学科教育的目标与方向，把学科课程和自然体验学习进行有机结合，按照多学科整合发展的思路，就可以打造出拥有学校发展特色的自然体验学习范式。

在学校开展自然体验学习实践的根本出发点是，弥补学校课堂教学的不足，并协助达成各学科课程的学习。各科教师在设计和组织自然体验学习活动时，通常以自己的专业背景来思考所教学科和自然体验学习的关系及其结合途径。为此，寻找学科课程与自然体验学习之间的联系就是非常重要和基础的一步。

课程标准是国家对学科教育提出的纲领性文件，是教科书编写、课堂教学、教学评估和教师专业发展的依据。聚焦学科课程标准的具体要求，从课程目标、课程内容、课程实施等方面进行梳理，就能发现学科教学与自然教育的连接点，明确自然体验学习在学校学科教学中有效落地的方向以及与学科课程融合的路径。

以下是我国义务教育阶段和高中阶段，不同学科的课程标准与自然体验学习相关的内容列举。

一、义务教育阶段

(一) 语文[1]

1. 课程目标

(1) 尊重多样文化,吸收人类优秀文化的营养,提高文化品位。

(2) 发展思维能力,学习科学的思想方法,逐步形成实事求是、崇尚真知的科学态度。

(3) 能主动进行探究性学习,激发想象力和创造潜能。

2. 学段目标与内容(综合性学习)

(1) 结合语文学习,观察大自然,用口头或图文等方式表达自己的观察所得。(一至二年级)

(2) 结合语文学习,观察大自然,观察社会,用书面或口头方式表达自己的观察所得。(三至四年级)

(二) 数学[2]

1. 课程目标

(1) 获得分析问题和解决问题的一些基本方法,体验解决问题方法的多样性,发展创新意识。

(2) 学会与他人合作交流。

(3) 形成坚持真理、修正错误、严谨求实的科学态度。

2. 课程内容(附录2)

课程内容及实施建议中的实例——综合与实践。

---

[1] 中华人民共和国教育部.义务教育语文课程标准(2011年版)[M].北京:北京师范大学出版社,2012.
[2] 中华人民共和国教育部.义务教育数学课程标准(2011年版)[M].北京:北京师范大学出版社,2012.

例78　利用树叶的特征对树木分类。

（1）收集三种不同的树叶，每种树叶的数量相同，比如，每种树选10片树叶。

（2）分别测量每种树叶的长和宽，列表记录所得的数据。

（3）分别计算出树叶的长宽比，估计每种树树叶的长宽比。

（4）验证估计的结果。

（三）英语[1]

课程内容（附录5）

（1）天气（Weather）

　　• 天气情况（Weather conditions）

　　　　• 天气预报（Weather report）

　　　　• 衣着与天气（Appropriate dressing for the weather）

（2）自然（Nature）

　　• 动物和植物（Animals and plants）

　　• 山川与河流（Mountains and rivers）

　　• 季节（Seasons）

　　• 宇宙（Universe）

　　• 人与自然（Man and nature）

（3）世界与环境（The world and the environment）

　　• 环境保护（Environmental protection）

　　• 人口（Population）

---

[1] 中华人民共和国教育部.义务教育英语课程标准（2011年版）[M].北京：北京师范大学出版社，2012.

（四）道德与法治[1][2]

1. 课程目标

（1）体会生态环境与人类生存的关系，爱护环境，形成勤俭节约、珍惜资源的意识。

（2）掌握爱护环境的基本方法，形成爱护环境的能力。

（3）理解人类生存与生态环境的相互依存关系，认识当今人类所面临的生态环境问题及其根源，掌握环境保护的基础知识。

2. 课程内容

（1）认识生命形态的多样性，理解人类生命离不开大自然的哺育。

（2）知道我国的人口、资源、环境等状况，了解计划生育、保护环境、合理利用资源的政策，形成可持续发展意识。

（3）知道我国环境保护的基本法律，增强环境保护意识，自觉履行保护环境的义务。

3. 活动建议

以"我们身边的动植物伙伴"为主题，作一次本地区的植物、动物物种及其生存状况的调查，观察每个物种及每个生命个体的独特性，体会生命世界的神奇。

---

[1] 中华人民共和国教育部.义务教育思想品德课程标准（2011年版）[M].北京：北京师范大学出版社，2012.

[2] 中华人民共和国教育部.义务教育品德与生活课程标准（2011年版）[M].北京：北京师范大学出版社，2012.

（五）小学科学[1]

1. 课程目标

（1）通过科学课程的学习，保持和发展对自然的好奇心和探究热情。

（2）了解生物体与环境的相互作用。

（3）认识人类与环境的关系，知道地球是人类应当珍惜的家园。

（4）初步了解动物与植物之间的关系；了解生物的生存条件和生物的多样性。

（5）知道与太阳、月球相关的一些自然现象；知道天气、土壤等对植物和人类生活的影响。

（6）初步了解地球上大气、水、土壤、岩石的基本状况；初步认识大自然为人类生存提供了各种自然资源和能源，以及大自然中的一些自然灾害。

（7）能在好奇心的驱使下，对常见的动植物和物质的外在特征、自然现象表现出探究兴趣。

（8）珍爱生命，保护身边的动植物，意识到保护环境的重要性。

（9）认识到人类、动植物、环境的相互影响和相互依存关系，了解地球上的资源是有限的，人类活动会对环境产生正面和负面的影响，自觉采取行动，保护环境。

2. 课程内容

（1）描述生物的特征。

---

[1] 中华人民共和国教育部.义务教育小学科学课程标准（2017年版）[M].北京：北京师范大学出版社，2018.

（2）能根据某些特征对动物进行分类。识别常见的动物类别，描述某一类动物（如昆虫、鱼类、鸟类、哺乳类等）的共同特征。列举我国的几种珍稀动物。

（3）说出植物的某些共同特征。列举当地的植物资源，尤其是与人类生活密切相关的植物。

（4）举例说出生活在不同环境中的植物其外部形态具有不同的特点，以及这些特点对维持植物生存的作用。

（5）自然或人为干扰能引起生物栖息地的改变，这种改变对于生活在该地的植物和动物种类、数量可能产生影响。

（6）描述一年中季节变化的现象，举例说出季节变化对动植物和人类生活的影响。

（7）观察并描述周围的土壤上生长着的植物和生活着的动物。

（8）观察花岗岩、砂岩、大理岩的标本，认识常见岩石的表面特征。知道矿产是人类工农业生产的重要资源。

（9）说出人类生活离不开动植物的一些实例，初步树立珍惜动植物资源的意识。

3. 活动建议

（1）参观动物园或养殖场，观看各种媒体资料，利用动物图片进行分类。讨论动物与人类的关系，开展保护动物的宣传活动。

（2）在校园和社区中观察常见的树木，为校园或社区树木挂标牌；查阅本市的市花或市树的有关资料。

（3）调查当地主要的经济作物、观赏植物和珍稀植物；调查当地近年来新出现的食用植物品种。

（4）亲手种下盆栽植物的种子，观察和记录种子萌发成幼苗，再到开花结果的过程。

（5）通过视觉、听觉、嗅觉、味觉、触觉分别感受不同的食物或物体，了解不同感觉器官的功能。

（6）通过观看燕子冬季飞往南方，夏季又返回北方等图片或视频，初步了解动物适应季节变化的多种方式。

（7）种养一株植物或照顾一种小动物一段时间，观察并记录生物体的成长过程。交流栽培植物和饲养小动物的经验和体会，展示观察记录。

（8）用简单的实验或依据生活经验，探讨水、阳光、空气、温度、肥料等因素对植物生长的影响。例如，探究水对种子萌发的影响。

（9）讨论人类保护自然环境和维持生态平衡的重要性。讨论人如何与自然和谐相处，保持可持续发展。

（10）观察、记录、描述太阳每天东升西落的现象，认识太阳每天的位置变化规律，学习观察的方法。

（11）观测、记录一天中不同时段和一段时间内阳光下影子的方向和长短，描述影子变化的规律。

（12）使用气温计测量一天中不同时段或不同地点的气温，描述一天中气温变化的大致规律；观察、测量、记录一段时间的天气现象。

（13）观察土壤标本，知道土壤的基本成分，做对比实验，比较沙质土、黏质土和壤土的特征。

（14）调查、考察当地水体或空气污染情况，提出一些防治水体或空气污染的合理化建议。

（15）通过观察周围的环境，发现自然世界和人工世界的不同。

（16）观察一些生物运动系统的主要结构并了解它们和仿生机械

之间的关系。例如：通过模拟蝙蝠捕食的过程，分析蝙蝠捕食的各个要素，绘制蝙蝠捕食的流程图；将其与雷达捕捉飞机信息的过程进行对比，找到两者之间的共性。

（六）生物[1]

1. 课程目标

（1）热爱自然，珍爱生命，理解人与自然和谐发展的意义，提高环境保护意识。

（2）乐于探索生命的奥秘，具有实事求是的科学态度、探索精神和创新意识。

2. 课程内容

（1）举例说明生物与生物之间有密切的联系。

（2）体验一种常见植物的栽培过程。

（3）区别动物的先天性行为和学习行为。

（4）概述植物的主要特征以及它们与人类生活的关系。

3. 活动建议

（1）在学校生物园或附近的小池塘、农田等环境中调查生物之间的关系。

（2）栽培一种常见植物，观察从种子到成熟植株的生长发育以及开花结果的整个过程。

（3）观察动物的不同行为。

（4）认识校园内的植物并挂牌。

---

[1] 中华人民共和国教育部.义务教育生物学课程标准（2011年版）[M].北京：北京师范大学出版社，2012.

（七）地理[1]

1. 课程目标

（1）提高对地理环境的审美情趣。

（2）初步形成尊重自然、与自然和谐相处、因地制宜的意识及可持续发展的观念，增强防范自然灾害、保护环境与资源和遵守相关法律法规的意识，养成关心和爱护地理环境的行为习惯。

2. 课程内容

（1）用实例说明人类活动对空气质量的影响。

（2）举例说出聚落与自然环境的关系。

（3）运用地形图和地形剖面图，归纳某地区地势变化及地形分布特点，解释地形与当地人类活动的关系。

（4）运用地形图说明某地区河流对城市分布的影响。

（5）举例说明自然环境对我国具有地方特色的服饰、饮食、民居等的影响。

（6）用实例说明我国四大地理单元自然地理环境对生产、生活的影响。

（7）举例说出河流在区域发展中的作用。

（8）举例分析自然资源、自然灾害对家乡社会、经济等方面的影响。

3. 活动建议

（1）开展地理观测、动手制作等活动。例如，观察不同季节（或

---

[1] 中华人民共和国教育部.义务教育地理课程标准（2011年版）[M].北京：北京师范大学出版社，2012.

一天内）太阳光下物体影子方向和长度的变化。

（2）开展野外地理观察、讨论等活动。例如，实地观察家乡某条河流，描述该河流的特征。

（八）物理[1]

1. 课程目标

关注科学技术对社会发展、自然环境及人类生活的影响，有保护环境及可持续发展的意识，能在个人力所能及的范围内对社会的可持续发展做出贡献。

2. 课程内容

（1）用水的三态变化说明自然界中的一些水循环现象。了解我国和当地的水资源状况，有关心环境和节约用水的意识。

（2）有合理利用资源、保护环境的意识，能在个人力所能及的范围内对社会的可持续发展有所作为。

（3）举例说明自然界存在多种多样的运动形式。知道世界处于不停的运动中。

（4）知道噪声的危害和控制的方法。

（5）结合实例，说出能源与人类生存和社会发展的关系。

（6）列举常见的不可再生能源和可再生能源。

（7）知道核能等新能源的特点和可能带来的问题。

（8）了解我国和世界的能源状况。对于能源的开发利用有可持续发展的意识。

---

[1] 中华人民共和国教育部.义务教育物理课程标准（2011年版）[M].北京：北京师范大学出版社，2012.

（九）化学[1]

1. 课程目标

增强安全意识，逐步树立珍惜资源、爱护环境、合理使用化学物质的可持续发展观念。

2. 课程内容

（1）说出空气的主要成分，认识空气对人类生活的重要作用。

（2）了解自然界中的氧循环和碳循环。

（3）认识水的组成，知道硬水与软水的区别。

（4）认识废弃金属对环境的影响和回收金属的重要性。

（5）知道酸碱性对人体健康和农作物生长的影响。

（6）知道水对生命活动的重大意义，认识水是宝贵的自然资源，树立保护水资源和节约用水的意识。

（7）知道化石燃料（煤、石油、天然气）是人类社会重要的自然资源，了解海洋中蕴藏着丰富的资源。

（8）了解我国能源与资源短缺的国情，认识资源综合利用和新能源开发的重要意义。

（9）了解使用合成材料对人类和环境的影响。

（10）初步形成正确、合理使用化学品的意识，认识化学在环境监测与环境保护的重要作用。

---

[1] 中华人民共和国教育部.义务教育化学课程标准（2011年版）[M].北京：北京师范大学出版社，2012.

（十）美术[1]

1. 课程目标

（1）感受自然美，初步形成审美判断能力。

（2）提高对自然美的兴趣，形成健康的审美情趣。

（3）认识美术与自然之间的关系。

2. 课程内容

（1）观赏自然景物，用简短的话语大胆表达感受。

（2）通过实地观摩等，观赏自然景色和动植物的形态与色彩。

（3）用简短的话语表达对美术作品和自然景色的感受。

（十一）音乐[2]

1. 课程目标

（1）丰富情感体验，培养对生活的积极乐观态度。

（2）丰富和提高艺术想象力和创造力。

2. 课程内容

（1）感受自然界和生活中的各种声音。

（2）能够发现自然界和生活中的各种音响。

（3）探索自然界和生活中的各种音响，能够用不同方式模仿不同的声音。

（4）能够运用人声、乐器声模仿、表现自然界或生活中的声音。

（5）列举声音与日常生活现象及自然现象的联系。

---

[1] 中华人民共和国教育部.义务教育美术课程标准（2011年版）[M].北京：北京师范大学出版社，2012.
[2] 中华人民共和国教育部.义务教育音乐课程标准（2011年版）[M].北京：北京师范大学出版社，2012.

二、高中阶段

（一）语文[1]

课程目标

（1）美的表达与创造。能够运用祖国语言文字表达自己的审美体验，表达自己的情感、态度和观念，表现和创造自己心中的美好形象。

（2）理解多样文化。通过学习语言文字作品，懂得尊重和包容，初步理解和借鉴不同民族、不同区域、不同国家的优秀文化，吸收人类文化的精华。

（二）英语[2]

课程内容

主题语境

人与自然：

自然环境、自然遗产保护；

人与环境、人与动植物；

自然灾害与防范，安全常识与自我保护；

人类生存、社会发展与环境的关系；

自然科学研究成果；

地球与宇宙奥秘探索。

---

[1] 中华人民共和国教育部.普通高中语文课程标准（2017年版）[M].北京：人民教育出版社，2018.
[2] 中华人民共和国教育部.普通高中英语课程标准（2017年版）[M].北京：人民教育出版社，2018.

(三) 生物[1]

1. 课程目标

(1) 树立生命观念,能够运用这些观念认识生命现象,探索生命规律。

(2) 掌握科学探究的思路和方法,形成合作精神,善于从实践的层面探讨或尝试解决现实生活问题。

(3) 具有开展生物学实践活动的意愿和社会责任感。

2. 课程内容

(1) 通过了解当地野生动植物资源的现状,培养人与自然和谐相处的意识,充分认识环境保护与可持续发展的意义。("地方特色动植物研究"模块)

(2) 应用相关理论与技术,与学生一起设计具体的"园林景观",如校园景观。在实践活动中强化相关理论知识,激发学生的学习热情,开发学生的创造能力。("园艺与景观生态学"模块)

(3) 根据当地生物资源特点,结合地方社会经济发展需求,聚焦"地方特色生物资源"。("生物资源开发与利用"模块)

(4) 结合当地受胁生物资源的具体情况,分析这些物种对地方的环境、社会经济可持续发展的实际意义。("本地受胁物种保护"模块)

(5) 采取游戏、观察、操作、感受等形式,通过各种丰富多彩的生态活动,提升学生对生态文明的理解,积极营造激发学生学习的和谐氛围。("生态安全"模块)

(6) 充分利用校园动植物资源,拉近学生与真实自然环境之间的距离。例如,以小组为单位制订寻找、观察校园动植物的计划。("校

---

[1] 中华人民共和国教育部.普通高中生物课程标准(2017年版)[M].北京:人民教育出版社,2018.

园动植物分类"模块）

（四）地理[1]

1. 课程目标

（1）学生能够正确看待地理环境与人类活动的相互影响，深入认识两者相互影响的不同方式、强度和后果，理解人们对人地关系认识的阶段性表现及其原因，认同人地协调对可持续发展具有重要意义，形成尊重自然、和谐发展的态度。

（2）在室外、野外和社会的真实环境下，运用实验、考察、调查等方式获取地理信息，探索和尝试解决实际问题，具备活动策划、实施等行动能力。

2. 课程内容

（1）野外观察或运用视频、图像，识别主要植被，说明其与自然环境的关系。

（2）结合实例，解释内、外力因素对地表形态变化的影响，并说明人类活动与地表形态的关系。

（3）结合实例，从地理环境整体性和区域关联的角度，比较不同区域发展的异同，说明因地制宜对于区域发展的重要意义。

（4）以某资源枯竭型地区为例，分析该类地区发展的方向。

（5）以某生态脆弱区为例，说明该类地区存在的环境与发展问题，以及综合治理措施。

（6）以某些流域为例，说明该流域内部协作开发水资源、保护环境的意义。

---

[1] 中华人民共和国教育部.普通高中地理课程标准（2017年版）[M].北京：人民教育出版社，2018.

（7）结合实例，说明自然资源的数量、质量、空间分布与人类活动的关系。

（8）结合实例，说明设立自然保护区对生态安全的意义。

（9）举例说明人类活动对自然灾害的影响。

（10）学会水质采样方法及方案设计，学会用简易方法检测水质。

（11）针对某一具体区域，设计水资源保护方案。

（12）学会土壤采集方法和方案设计，了解土壤污染的检测方法，以及常见污染土壤的修复方法或技术。

（13）学会运用多种手段收集和提取地理信息，设计野外实习方案，了解野外生存常识。

（14）运用地理工具在野外进行定向、定位并获取野外地理信息。

（15）观察某地区地质、地貌、植被、土地利用方式等景观要素，绘制示意图及剖面图，分析影响景观形成的主要因素，以及景观要素间的相互关系。

（16）学会收集并理解天气谚语，在室外观云识天气。

（17）学会撰写野外考察报告并进行汇报交流。

（五）物理[1]

课程内容

必修3　能源与可持续发展

（1）了解可再生能源和不可再生能源的分类，认识能源的过度开发和利用对环境的影响。

（2）认识环境污染的危害，了解科学·技术·社会·环境协调发

---

[1] 中华人民共和国教育部.普通高中物理课程标准（2017年版）[M].北京：人民教育出版社，2018.

展的重要性，具有环境保护的意识和行为。

（六）化学[1]

课程内容

主题5：化学与社会发展

（1）化学促进可持续发展。

（2）化学科学在材料科学、人类健康等方面的重要作用。

（3）化学在自然资源和能源综合利用方面的重要价值。

（4）化学在环境保护中的作用。

（七）艺术[2]

1. 学科核心素养

（1）学生能够了解中国艺术尊重自然、顺应自然、保护自然，以及"天人合一""气韵生动"等意象特征。

（2）具有欣赏自然、生活和世界其他民族艺术美的情趣。

（3）促进跨文化交流，尊重世界文明多样性，分享世界各民族艺术，加深国际理解。

2. 课程内容

（1）发现、感受日月星辰、山川湖海、春夏秋冬等自然景观的美，探究人类在生活中如何运用艺术形式借景抒情。

（2）了解人类如何从自然、生活、科学实践中寻找并概括出和谐美的特征；在艺术与科学的关联中，认识变化与统一的秩序之美。

---

[1] 中华人民共和国教育部.普通高中化学课程标准（2017年版）[M].北京：人民教育出版社，2018.
[2] 中华人民共和国教育部.普通高中艺术课程标准（2017年版）[M].北京：人民教育出版社，2018.

第二节

综合实践活动课程相关的自然体验学习

一、课程目标

综合实践活动课程是近年来中小学在课程改革探索中生成的一门新兴的综合型课程，教育部于2017年9月25日发布了《中小学综合实践活动课程指导纲要》（教材〔2017〕4号），对综合实践活动课程的课程性质与基本理念、课程目标、课程的内容与活动方式，以及学校对综合实践活动课程的规划与实施等方面都做了明确的阐述和权威性的指导。

纲要指出，综合实践活动课程的总体目标为：学生能从个体生活、社会生活及与大自然的接触中获得丰富的实践经验，形成并逐步提升对自然、社会和自我内在之联系的整体认识，具有价值体认、责任担当、问题解决、创意物化等方面的意识和能力。其中从大自然的接触中获得实践经验，以及提升对自然、社会和自我内在之联系的整体认识，正是自然体验学习所倡导和践行的。

二、课程内容

纲要明确了综合实践活动课程的主要方式包括以下四类：考察探究、社会服务、设计制作、职业体验。

考察探究类是指学生基于自身兴趣，在教师的指导下，从自然、社会和学生自身生活中选择和确定研究主题，开展研究性学习，在观察、记录和思考中，主动获取知识，分析并解决问题的过程，如野外考察、社会调查、研学旅行等。它注重运用实地观察、访谈、实验等方法获取材料，帮助学生形成理性思维，培养批判质疑和勇于探究的精神。比如自然体验学习中经常会涉及的野外考察、研学旅行，就属于这一类综合实践活动。研学旅行是学生集体参加的有组织、有计划、有目的的校外参观体验实践活动。研学一般以年级或班级为单位开展集体活动。学生们在老师或者辅导员的带领下，确定主题，以课程为载体，以动手做、做中学的形式，共同体验，分组活动，相互研讨，科学地运用各种研究方法，获取资料，进行分析，得出结论，并书写研学日志，形成研学总结报告。通过研学旅行，让学生接触社会和自然，在体验中学习和锻炼，培养学生刻苦学习、自理自立、互勉互助、艰苦朴素、吃苦耐劳等优秀品质和精神，有利于推动全面实施素质教育，创新人才培养模式，引导学生主动适应社会，促进书本知识和生活经验的深度融合。

社会服务类是指学生在教师的指导下，走出教室，参与社会活动，以自己的劳动满足社会组织或他人的需要，如公益活动、志愿服务、勤工俭学等。这类活动强调学生在满足被服务者需要的过程中，获得自身发展，促进相关知识技能的学习，提升实践能力，成为履职尽责、敢于担当的人。

设计制作类是指学生运用各种工具、工艺（包括信息技术）进行设计，并动手操作，将自己的创意、方案付诸现实，转化为物品或作品的过程，如动漫制作、编程、陶艺创作等，它注重提高学生的技术意识、工程思维、动手操作能力等。在活动过程中，鼓励学生手脑并用，灵活掌握各类知识和技巧，提高学生的技术操作水平、知识迁移水平，体验工匠精神等。在自然体验学习中，我们经常用到的自然笔记就属于设计制作类的综合实践活动。自然笔记就是去观察和体悟自然，通过绘画、文字的形式将感知到的自然中的事物、自然场景进行记录，可以是你所看到的、听到的、闻到的、感觉到的一切。自然笔记的形式可以多种多样，包括观察日记、相似物种对比、局部特征观察、植物的生长周期、鸟儿的孵化过程、绿地图的绘制等。只要是对自然的记录，都可以算作自然笔记。通过画笔、语言将对自然的观察和感知物化成形，在创作中完成对知识的融会贯通。

职业体验类是指学生在实际工作岗位上或模拟情境中见习、实习，体认职业角色的过程，如军训、学工、学农等，它注重让学生获得对职业生活的真切理解，发现自己的专长，培养职业兴趣，形成正确的劳动观念和人生志向，提升生涯规划能力。学农是开展自然体验学习的有效契机。学农是由学校统一组织青少年学生集体下乡体验农耕、农种的农村社会实践活动，并在活动中体验农村生活的酸、甜、苦、辣。2018年北京市教育委员会为了全面提升学生综合素质，推行了为期一周的学农教育，在每年的春季到秋季之间，让全市的学生走出学校，放下课本，下地学农。在那里，学生们可以体验蔬菜种植与花池建造，体验收割、陶艺与烹饪，学习做豆腐、蒸馒头与棉花育种等技能……丰富多彩的学农课程中，同学们先学习理论知识，再去实践教室动手实践，理论实践相结合，每节课都是硕果累累，孩子们累并快乐着。通过对自然的体验，培养学生的劳动兴趣，磨炼学生的意志品质，激发学生的创造力，促进他们尽快养成良好的劳动习惯和积极的劳动态度，明白"生活靠劳动创造，人生也靠劳动创造"的道理，为他们的终身发展和人生幸福奠定基础。

三、活动建议

《中小学综合实践活动课程指导纲要》以附件形式给出了152项各个学段各类综合实践活动的推荐主题，以下为与自然体验学习相关的主题及内容，在开展活动时，可以从中选取。

（一）考察探究类

表7-1　考察探究活动推荐主题及其说明

学　段	活动主题	简　要　说　明
1—2年级	神奇的影子	体验踩影子游戏、手影游戏的乐趣，了解影子在生活中的应用；创作、交流简单的手影游戏、故事、舞蹈，初步体验科学探究的乐趣。
	我与蔬菜交朋友	通过访问、交流了解同学们对吃蔬菜的态度；到菜市场或菜田考察蔬菜的形状、种类，了解蔬菜的营养对学生成长的重要性；选择种植一种芽苗菜，体会种植的快乐与辛苦，增进对蔬菜的情感。
3—6年级	跟着节气去探究	结合二十四节气，观察身边的植物、动物、天气等物候变化；长期坚持，认真做好记录，并尝试编制当地的自然日历，理解农业生产与物候变化的关系。关注自然现象，探索自然变化，初步树立严谨求实、一丝不苟的科学态度。
	关爱身边的动植物	观察身边常见的动植物，如校园植物、家庭（社区）宠物、大自然中的各种昆虫、农田中的动植物等；选择其中一种或多种进行小实验、分析与研究，了解其自然特征（习性）并自觉加以保护，增强关注自然、热爱自然的情感，提高科学探索能力。
	我们的传统节日	结合时令，选择端午节、中秋节、重阳节、春节等一个或几个传统节日，利用收集资料、访问、实地考察等方法，了解节日的来历、习俗、故事等；参与体验该节日的1～2种习俗，并进行交流分享，增强对传统文化的探究意识和认同感。

(续表)

学　段	活动主题	简　要　说　明
3—6年级	我看家乡新变化	通过调查、访问、参观等多种方式，了解和感受家乡在经济、文化、建筑、交通、生活方式等方面的变化与发展，用摄影、绘画、手抄报、作文、故事等多种形式，展示家乡新变化。增进知家乡、爱家乡的情感，增进建设家乡和祖国的责任感、使命感。
	我是校园小主人	通过观察、访问、实地考察等方式，了解和分析校园的自然环境、规划布局、设施设备、文化景观、文化活动以及安全保障等方面的状况，提出校园建设和发展建议，增进知学校、爱学校的责任感。
	家乡特产的调查与推介	通过资料收集、访问、实地考察等多种方式，了解和调查家乡的特产；设计与策划推介方案，增进热爱家乡、关心家乡、建设家乡的感情。
	带着问题去春游（秋游）	在春游（秋游）外出考察前，利用网络、书籍等多种途径，了解所去场所的基本情况、资源内容与特点，能够提出研究问题，设计考察方案；通过任务驱动的方式，有效地开展实践活动，获得研究结论。培养项目设计的意识和能力，积极参与校园生活，增强团队合作意识。
7—9年级	身边环境污染问题研究	通过调查了解身边水污染、空气污染、噪声污染、土壤污染、固体废弃物污染等环境污染的来源、现状及对身体健康的影响，提出合理的防治污染措施，减少环境污染，培养环境保护的意识。
	秸秆和落叶的有效处理	调查当地秸秆和落叶处理过程中存在的问题，分析焚烧秸秆和落叶的危害；走访能够有效处理秸秆或落叶的机构，了解处理秸秆和落叶的常用方法；开展实验，探索更加有效地处理秸秆和落叶的方法或措施，提高科学探索能力和社会责任感。
	家乡生物资源调查及多样性保护	收集资料，了解家乡主要动植物资源，实地考察这些动植物资源的生长、开发与利用的情况；针对在考察中发现的问题，提出保护当地生物多样性、合理开发利用生物资源的建议，增强关注自然、保护自然的意识，增进知家乡、爱家乡的情感。

（续表）

学　段	活动主题	简　要　说　明
7—9年级	家乡的传统文化研究	收集家乡历史文化典故，考察著名历史建筑，制作传统美食；了解当地服装服饰文化和传统庆典节日文化等方面的传统文化。理解和尊重家乡的传统文化，积极参与探究学习，对传承传统文化具有历史责任感。
	种植、养殖什么收益高	对当地自然、地理条件进行分析，了解适合的种植和养殖项目；从市场、技术、经济、工程等角度，对项目进行调查研究和分析比较，并对项目可能取得的经济效益及社会环境影响进行预测，为家庭选择合适的种植养殖项目供以参考，增强社会参与和责任意识，提高运用知识解决实际问题的能力。
	带着课题去旅行	围绕寻访红色足迹、中华文化寻根、自然生态考察等主题，收集研学旅行目的地的资料，寻找自己感兴趣的问题作为研究课题；带着课题参加研学旅行，通过实地考察和调查，完成课题研究和旅行活动。在活动中激发爱国热情，培育民族精神，增强保护自然的意识。
10—12年级	清洁能源发展现状调查及推广	收集信息了解清洁能源的特点，考察当地风能、太阳能等清洁能源设施或生产企业；设计在学校或社区中使用清洁能源的方案；调查新能源汽车发展前景以及推广使用中存在的问题，在社区中宣传推广清洁能源。关注清洁能源的发展，主动选择清洁能源和相关产品，减少环境污染。
	家乡生态环境考察及生态旅游设计	设计方案实地考察家乡的湿地、森林、草原等自然生态环境；对当地生物多样性及保护情况进行研究，采访当地居民了解自然生态环境变化，提出保护建议；结合当地独特的自然生态条件，设计开展生态旅游的方案，在一些景点进行生态旅游的导览和讲解服务，增强热爱家乡、保护家乡自然生态环境的意识。
	农业机械的发展变化与改进	收集资料，实地考察，了解从传统农具到现代化农业机械设备的发展变化过程；分析比较各种农业机械的使用效果及成本，对农业机械的合理、充分使用提出改进建议。感受科学技术对农业发展的重大影响，激发创新意识。

（续表）

学　段	活动主题	简　要　说　明
10—12年级	家乡土地污染状况及防治	收集资料、调查、实地考察、实验、走访相关部门，了解家乡土地污染状况及主要危害；分析造成土地污染的主要原因；提出防治家乡土地污染的合理措施及建议，为家乡环境保护做出自己的贡献，增强环境保护意识及社会责任意识。
	研学旅行方案设计与实施	收集研学旅行目的地信息，设计研学旅行路线及行程，设计研学旅行参观考察内容，确定自己的研究课题；设计研学旅行成果的展现形式，在研学旅行活动后对设计方案进行反思和评估，提高规划、设计与实施的能力。

（二）社会服务类

表7-2　社会服务活动推荐主题及其说明

学　段	活动主题	简　要　说　明
1—2年级	争当集体劳动小能手	集体服务劳动包括班级劳动、校园劳动、家务劳动、公益活动、社区服务等。例如：搞好（班级）公共卫生，整理红领巾队务阵地，会扫地、拖地、擦黑板、摆放桌椅等；帮助老师、家长等做力所能及的事；给校园花草树木浇水等。养成自己的事自己做、他人的事帮着做、公益（集体）的事争着做的劳动习惯和优良品质。
3—6年级	社区公益服务我参与	在社区或村委会参与如卫生打扫、环境维护、小广告清理等各种力所能及的便民利民性质的社区公益劳动；在班级交流分享参与过程与感悟体验，增强服务他人、社会的意识。
	我做环保宣传员	调查和发现身边存在的环境问题，分析可以采取的措施和解决办法，开展环境保护宣传活动，体验绿色生活方式，树立保护环境、节约资源的观念和生态意识。
7—9年级	做个养绿护绿小能手	积极参与对社区、学校、村庄、街道等处的绿地的养护，如清除杂草、捡拾垃圾，劝阻他人破坏绿地的行为等，参与各种义务植树种草和认养绿地等活动，增强劳动意识和社会责任感。

（续表）

学 段	活动主题	简 要 说 明
7—9年级	农事季节我帮忙	在农村播种、收割等农忙季节主动参与各种农事活动；体验生产劳动的艰辛与快乐，掌握一定劳动技能。热爱劳动，勤于动手，积极主动参与劳动。
10—12年级	做个环保志愿者	作为志愿者，收集环境污染及监测的资料，学习环境污染检测的方法；实地考察了解当地环境特点，现场取样，进行实验检测，长期监测并为相应部门提供数据；开展保护环境、减少污染的宣传活动，发现破坏环境的行为及时劝阻，增强热爱和尊重自然、保护环境的意识和积极参与环境保护的社会责任感。
10—12年级	做农业科技宣传员	主动学习有关农业科技的知识；积极参加所在社区、乡镇开展的农业科技宣传活动；向周围的农民进行农作物施肥技术要点、合理使用农药的技术、现代农业种植养殖技术、合理购买农用物资的方法等农业科技知识的宣传和推广，用自身掌握的科学知识为家乡的农业科技普及做出贡献，增强社会责任感和热爱家乡的情感。

（三）设计制作类

表7-3 设计制作活动（劳动技术）推荐主题及其说明

学段	活动主题	简 要 说 明
1—2年级	我有一双小巧手——手工纸艺、陶艺	学习简单的手工制作，通过动手制作折纸、纸贴画、纸编，玩泥巴（手捏陶泥、轻黏土、软陶）等，掌握纸工、陶泥制作的简单技法，初步体验动手操作的乐趣。
1—2年级	我有一双小巧手——制作不倒翁、降落伞、陀螺等	选择日常生活中的多种材料，制作不倒翁、降落伞、陀螺等玩具；探究、交流制作方法，提高动手操作能力及探究兴趣。
3—6年级	学做简单的家常餐	掌握几种简单的烹饪技能，学会洗菜、切菜、拌凉菜、炒家常菜和炖菜等；学会煮面条、包馄饨和包水饺等。了解健康饮食的重要性，感受劳动和生活的乐趣，形成积极的劳动态度。

（续表）

学段	活动主题	简 要 说 明
3—6年级	巧手工艺坊	利用纸质、布质等多种材料学习传统手工艺，包括：纸艺、布艺、编织、刺绣、珠艺、插花艺术等。初步树立技术意识，培养实践创新精神、动手能力和审美情趣。
	魅力陶艺世界	学习陶土材料（软陶、轻黏土等）的捏塑、盘筑、镶接等基本技能；有条件的可尝试自制个性化的陶艺手工作品。学习陶艺基本技艺，自主探究创作，激发好奇心和想象力。
	创意木艺坊	使用手工锯、曲线锯、木板、KT板、乳胶、砂纸等工具和材料，初步掌握木工直线锯割和曲线锯割技术，运用插接、钉接、粘接等连接方法制作小木工创意作品。在学习木工基本技艺过程中，学习创意表达，提高动手实践能力，体验工匠精神。
	奇妙的绳结	了解绳结种类、符号，学习绳的编织技法，初步掌握编织工具的使用方法，学会中国结、救生结等装饰结和实用结的设计与制作。感受中国民间艺术的魅力，理解生命意义和人生价值，提高安全意识和自我保护能力。
	生活中的工具	观察五金店或调查家庭中的常用工具和简单机械；设计《生活中工具和简单机械的调查表》，将身边的常用工具（筷子、开瓶器、起子、扳手等）以及课堂教学活动中使用的工具和简单机械（剪刀、美工刀、尖嘴钳、木工小机床等）的名称、作用、用途等列出来；认识其作用、原理、用途，并学会使用常用工具和简单机械。学会根据需要来选择合适工具和机械，培养科学探究精神和技术意识及能力。
	设计制作建筑模型	了解房屋的一般结构；知道本地民居、校园的基本建筑式样与材料、基本特征与功能。用木板、纸板、KT板、陶泥等多种材料制作民居、校园等建筑模型。初步学习识读图纸，会表达设计思想，初步形成技术设计能力，增强环保意识、人文情怀和审美情趣。

（续表）

学段	活动主题	简 要 说 明
7—9年级	多彩布艺世界	学习手工缝纫基本针法，掌握简单机缝技术，完成有实用价值的布艺创意作品的设计与制作，用缝制抱枕、印制创意T恤、改造衣服等方式，美化生活。充分发挥想象力和创造力，增强环保意识，养成节约资源的习惯，提高实践创新能力。
	现代简单金木电工具和设备的认识与使用	学习几种现代简单的金、木、电加工工具和设备的使用方法，并能安全、规范地使用工具和设备，运用不同材质来设计制作创意作品和建筑、桥梁等模型。学习掌握应用技术，培养精益求精的技术意识以及安全使用工具、设备的意识，弘扬做事情认真、敬业、执着的态度以及勇于创新的精神。
	立体纸艺的设计与制作	知道利用纸质材料进行立体构成的技术原理，学习几种简单的操作方法，设计并制作简单的纸立体构成作品。亲历纸立体构成的设计与制作过程，感悟纸工艺的应用。
	生活中的仿生设计	通过调查了解生物仿生的常识，如参观博物馆仿生展览、实地考察仿生建筑，调查仿生学在生活中的应用；根据仿生原理进行仿生设计，关注生物多样性，利用各种生物的特性进行仿生设计，提高创新精神和解决问题的能力。
	生活中工具的变化与创新	观察生活中灯具、清洁工具、学具、教具、灶具等各种工具存在的问题，通过参观博物馆、访谈等方式收集各种生活工具发展与变化的资料，进行创新设计或改进，制作出一个新型工具。关注生活中工具的发展带来的生活变化，体验科技的进步，激发创新精神，提高动手实践能力。

（四）职业体验类

表7-4　职业体验及其他活动推荐主题及其说明

学　段	活动主题	简　要　说　明
3—6年级	今天我当家	通过记录家庭一日支出、制订购物计划、合理支配个人零花钱、了解购物小常识、自购学习用品、尝试当家一天、学习正确选购简单安全的食材等活动，初步树立理财意识，养成勤俭节约的生活习惯，培养对父母的感恩之心。
	校园文化活动我参与	通过访问、考察等方式调查与了解本校各种校园文化活动（如值周活动，各种社团活动，各种重要节日活动，校园体育、阅读、艺术、科技节等）的实施要求，选择自己感兴趣的活动参与其中，从中发现问题，提出改进措施，增强参与服务意识，提高发现问题的能力。
	走进博物馆、纪念馆、名人故居、农业基地	在外出考察前，利用网络、书籍等多种途径，了解社会资源单位的基本情况、资源内容与特点；提出研究问题，设计考察方案；通过任务驱动的方式，有效地开展实践活动，获得研究结论。增加对本地自然和社会生活的了解，增长生活经验，增强社会适应能力。
	我是小小养殖员	在教师的指导和组织下，亲手饲养1～2种常见小动物（如小金鱼、小乌龟、小白兔等），农村地区的学生可以帮助家人饲养家禽等，记录饲养过程，完成它们成长过程的观察记录，懂得饲养的正确方法；学会用数据、照片、视频、语言描述等方法交流自己的观察结果和饲养体验。初步了解并掌握若干种小动物饲养的简单方法，增强关爱小动物以及人与动物和谐相处的生态意识。
	来之不易的粮食	调查和实地考察农民，了解当地主要粮食作物的种类，认识各种粮食作物，观察农作物生长，体验作物栽培管理（如除草、间苗、浇水、施肥等），感受粮食的来之不易，初步树立爱惜粮食、尊重他人劳动成果的意识和行为习惯。

(续表)

学　段	活动主题	简　要　说　明
3—6年级	我喜爱的植物栽培技术	在教师的指导和组织下，亲手种植1～2种常见农作物或花卉，观察记录它们的生长过程，掌握栽培的基本方法；学会用数据、图画、语言描述等方法交流自己的观察结果和种植体验。学会使用简单的种植小工具，初步掌握种植的一般方法，增强与自然和谐相处的生态意识。
7—9年级	策划校园文化活动	调查同学们对校园文化活动的想法，结合需求策划一次校园文化活动，如科技节、艺术节、读书节、体育节等；在学校或班级中实际开展校园文化活动；在校园文化活动中承担各种志愿服务工作，树立主动参与学校管理、积极为同学服务的意识。
	民族节日联欢会	通过文献检索和对身边不同民族的人进行访谈，获得相关民族节日的资料；调查同学们对不同民族节日的了解程度；举办联欢会，进行民族服装展示、美食制作，或各种民族节日庆典、习俗表演，展示不同民族的习俗与风情。加深对各民族文化的理解和尊重，促进民族和谐。
	军事技能演练	通过投掷、攀登、越野、远足、制作航（船）模、识图用图、无线电测向等军事活动的技能训练以及听革命传统故事，培养机智勇敢、坚忍不拔的精神，提升综合国防素质。
	走近现代农业技术	在教师的指导下，参观动物饲养场，学习一种常用饲料的配制方法；采集农作物病害标本，捕捉当地常见农业害虫，向农民和农业技术人员请教病虫害的特征和防治方法，小组合作进行简单生物治虫试验；学习无土栽培技术，学会人工配制一种培养液，尝试用水培、基质栽培等方法种植植物；合作制作简易的节水灌溉装置或人工温室装备，尝试进行日光温室种植蔬菜、花卉试验；了解当前几种先进的农业技术及其发展趋势，体会现代农业技术高效、节能、环保的优点，培养与技术相联系的经济意识、质量意识、环保意识等。

（续表）

学 段	活动主题	简 要 说 明
10—12年级	制定自然灾害应急预案及演练	收集信息，了解当地可能发生的自然灾害；走访当地防灾减灾部门，了解防灾减灾措施；制定家庭及学校自然灾害发生时的应急预案并进行演练，提高防灾减灾的意识和能力。
	走进社会实践基地	走进博物馆、纪念馆、名人故居、农业基地、科技馆等教育基地，实地考察和收集文献了解教育基地的详细信息，认识和感受古今中外人文科技领域文明和成果。开阔视野，提高人文素养、科学素养和艺术素养。

表中所推荐主题并不是孤立的，一个主题活动往往包含多种方式，在实施过程中需要学生的不同经历才能更加深入和完善。表中列出的主题均有一定弹性，难度可深可浅，时间可长可短。有些主题在其他学段也可以实施，读者可根据实际情况灵活选择和安排，也可结合实际开发更贴近当地学生生活的、更富有特色的活动。

第三节

校本课程相关的自然体验学习

2001年以来，我国基础教育课程改革推进了课程层次的多样化，为环境教育提供了时间与空间。以往学校教育中单一的学科课程为主的课程结构，使传统环境教育局限于分科渗透的层面。由于学科内容繁重，高度结构化的课堂中几乎没有环境教育的容身之地，即使涉及也往往是一带而过，不做展开。同时，一些跨学科、综合性内容更得不到体现的空间与时间；环境教育提倡在"环境中的学习"，提倡学生的亲身体验与感受，而环环相扣、严格的教学计划也不能提供相应的时间。2001年以来的课程改革对课程管理结构做了很大的调整，提出了国家课程、地方课程和校本课程的三级体系，为环境教育的实施提供了有力的支撑平台。从当前我国的实践案例中可以看到，"因地制宜"已经成为课程改革的一个重要特征。特别是校本课程的提出，为中小学利用本校、本地和周边的环境要素，整合和开发课程资源，开展创新的环境教育开辟了广阔的天地。

基础教育课程改革为环境教育从边缘走向中心提供了绝好的机会，将城市及其周边的自然环境作为课程资源开发校本课程，则是学校推进自然体验学习的有效途径。各地的许多学校在这方面进行了有益的探索，例如，北京市东直门中学对护城河历史和文化的研究[1]、北京市第十五中学分校对陶然亭水域藻类和鸟类的研究[2]、山东省青岛市书院路小学对胶州湾湿地的研究等。下面，试选取北京市的一所城市中学和一所农村中学作为案例，展现它们开发学校周边课程资源，结合校本课程，开展自然体验学习的做法。

---

[1] 朱培红.善用环境项目 开发校本课程——北京市东直门中学校本课程开发体会谈［J］.基础教育课程，2007，（06）：58-59.
[2] 卢宇，王桂明.可爱的绿头鸭 这个深冬你还走吗——《关于陶然亭公园野鸭冬季不迁徙原因的调查》［J］.北京教育（普教版），2004，（05）：24-26.

一、北京理工大学附属中学的案例

北京理工大学附属中学地处美丽的长河岸边，出校门左转，不消几分钟，便可以看见历史上曾经辉煌一时的古代皇家水上"御河"。它是古代皇帝从皇宫到颐和园的唯一一条水上御道。长河两岸不仅有美丽旖人的自然风光，而且分布有丰富而珍贵的历史遗迹。学校周边的长河，南起万寿寺，北至麦钟桥，长约2 000米，是南长河公园的主体部分。两岸绿地内分设了"柳岸春荫""曲苑听香""故道花语""春堤信步""水音深处""别院笙歌""春堤信步"等十一处景点，形成了南岸一条"人文走廊"。

从2001年起，学校就参加了由世界自然基金会、北京师范大学和人民教育出版社共同发起的"青少年爱水行动"项目。十余年来，学校围绕着"长河"开展了语文、历史、地理、生物、信息技术、美术跨学科的环境教育；拍摄了《长河的故事》短片；在项目专家的指导下，编写完成了《走近长河》校本课程；学校还曾经组织过系列的水文化教育活动，如院士进校园，专家和学生面对面的讲座交流，参观水博物馆，到北京的水厂参观等。

基于学校地理位置和多年课程开发的积累，学校认为：立足长河资源的课程建设有利于学生发展，需要传承和发展。当前正值北京理工大学附属中学教育集团全面推进"发现教育"的历史时期，学校秉承"立德树人，奠基未来"的教育理念，将全方位打造课程体系，让学生有更多认识和发现自己的契机。因此，以长河作为研究对象，将"以绿为本，以史为脉，以水为先"作为教育目标的发现课程在教师引领同学观察、思考、实践的过程中悄然而生。

（一）课程目标

长河发现课程体系坚持"厚基础、重实践、求创新"的理念，强调知识探究、能力构建与人格养成的统一，旨在促进学生全面而有个性地发展。让学生发现自己的兴趣、爱好、潜能，使每个学生都能主动地、最大限度地发展天赋，使其内部的需求与可能性得到充分地发展。

（二）课程内容

1. 发现的眼睛——研究方法学习篇

法国雕塑家罗丹有句经典名言：生活中不是缺少美，而是缺少发现美的眼睛。在长河发现课程中，教师先要教会学生学会发现，而这发现的眼睛正是根据研究性学习中的研究方法培养的。科学研究的方法类似一种工具，掌握科学研究的工具，就如同找到了开门的钥匙。因此课程首先安排了研究方法学习篇。

教师一一介绍了科学研究的方法，如文献法、观察法、问卷调查法、访谈法、实验法等。让学生了解每种方法的适用范围、使用方法、主要技术要点等。例如适用范围最广的文献法，教师引导学生用网络和书籍查阅文献的方法，学生学习文献检索记录表的制作，这些都为资料信息的获取、分类、统计提供了便利。再如常用的观察法包括次序法、综合法、重点法、比较法、衬托法、时序法、点移法、情序法等，学生会系统学习观察的方式、观察的方法以及观察的记录方法等。

2. 发现的故事——探寻古迹篇

长河是从颐和园向南至紫竹院，再至动物园的一条人工水道，在清乾隆至溥仪时期,是皇家水上御道,供皇帝及贵族从紫禁城出发去颐和园游玩。这条长河蕴含着皇家文化、士大夫文化及平民文化。长河两岸风光秀丽,古迹众多,颐和园、西顶庙、长春桥、麦钟桥、万寿寺、五塔寺、动物园、高梁桥等,都是学校开展环境教育和北京水文化教育得天独厚的资源。

教师带领学生沿着长河实地考察历史遗迹,帮助学生了解长河历史遗迹的沿革,理解长河厚重的历史文化,滋养学生的人文内涵。学生们用学到的研究方法,查阅文献,了解古迹的历史;通过观察法,了解古迹现在的状况;通过访谈法,了解古迹保护的情况以及许多鲜为人知的故事。

在一次次古迹探寻中,学生真实感受到文化遗产是不可再生的资源,一座古迹就是一部历史。历史文化遗产的保护是社会进步、文化发达的表现。一个国家,社会越是进步,历史遗产的保护越受到重视。在学生小组交流分享中,学生强烈感受到古迹一旦失去就意味着永远的失去,应该有更多的人加入保护文物的行列当中来。因此学生设计了宣传单在古迹中宣传,罗列了很多问题在学校学生中进行知识抢答,让更多的人关注身边的古迹,重视遗产保护。

3. 发现的植物——植物铭牌篇

著名科学家法拉第曾说过:"没有观察就没有科学,科学发现诞生于仔细的观察之中。"学校周边的长河已被改建成为南长河公园,公园中种植了大量植物,春暖花开之时,姹紫嫣红,格外漂亮。可是这些植物的学名是什么?属于哪个门哪个科?在我国的分布情况如何?栽种特点是什么?为了弄清这些问题,教师教会学生查阅植物分类手册,学生们通过观察、拍摄、查词典,为每种植物设计铭牌。"植物铭牌"上，明确标着植物的名称、科属等，如西府海棠，它属于蔷薇科、苹果属，它的别名是小果海棠，它的产地在我国北部，各地有栽培，属于小乔木，花为淡红色、粉红色……

给公园内的植物挂上铭牌，一方面让学生学到了植物分类的具体方法，认识了许多具体植物；另一方面也增强了市民对植物的认识和了解，有助于提高市民爱绿护绿的意识。学生在汇报展示中，还将学校周边长河植物的分布制作成海报，并将植物的落叶制作成画，美其名曰："一枝一叶一世界"。

4. 发现身边的水——水质调研篇

长河是一条人工水道，多年前曾因治理不力而淤泥沉积、水体发臭。改建成南长河公园后，政府对河道进行了全面清淤，并有工作人员定期维护。在长河课程中，学校利用这一宝贵资源开展环境水体监测。教师教授水质分析测定的方法，向学生们详细介绍水质分析的几大关键指标：水温、溶解氧、浊度、酸碱度、电导率等。学校还为学生准备了钙硬度快速检测试剂盒、溶解氧快速检测试剂盒、磷酸盐快速检测试剂盒等帮助学生进行实验检测。

学生分成不同的小组，在长河沿线确定观测点，取水样、测水质，详细记录实验的结果，从原来对野外实验一无所知，到对实验各环节都能如数家珍，从实验菜鸟到检测小专家，不但水质方面的知识大量提升，对水体保护也有了更深的理解。

5. 发现身边的美好——长河写生篇

学校周边的这条长河，留给老师和学生们太多美好的回忆。这里风景优美，形成了四季美景："杨柳夹岸、杏桃争艳"的春之胜景，"荷风习习、浓荫匝道"的夏之婉约，"霜叶飘落、芦花曼舞"的秋之风韵，"雪润冰清、苍翠掩映"的冬之清凉。很多毕业校友还制作了长河的视频回顾当年的青葱岁月。

　　长河发现课程中，学校让学生在长河畔写生，用画笔抒写心中的美景。教师教授学生风景写生的方法与步骤：从观察—起稿—着色—深入刻画—调整，完成一个循序渐进的过程。教师深入讲解构图位置以及景物的比例关系、色彩关系、明度关系、虚实关系等。学生们将作品做成藏书票、教师节贺卡、班级墙画等，既提高了学生绘画技艺，又丰富了校园文化，还极好地引导了学生去发现身边的美景。

（三）课程特色

　　儿童是天生的探究者，他们对未知世界总是充满好奇心，喜欢动手操作，到真实世界中去感知体验。同时，儿童认知世界的方式不是孤立的，而是整体的、生活的、经验的，儿童的学习必须建立在生活的基础上。

1. 跨学科学习的平台，引发学生多层次的思考

　　本课程通过引领学生观察、思考、实践，展开对长河的研究，为学生搭建了跨学科学习的平台，引发学生多层次的思考。课程中涉及语文、历史、地理、生物、美术、信息、化学等多门学科的课程内容、知识技能的综合运用，体现了经验和生活对学生发展的价值。

2. 基于学生的直接经验，密切联系学生社会生活

　　课程中的讲授、实地考察、讨论交流、合作学习、成果展示等环节，均基于学生的直接经验，密切联系学生自身生活和社会生活。课程的学习让学生形成对自然、社会和自我的整体认识；让学生具有问题意识，体验并初步学会分析解决问题的科学方法，发展综合能力和

良好的思维品质，形成科学态度，培养创新精神、实践能力和强烈的社会责任感。

3. 以培养"全面发展的人"为核心

中国学生发展核心素养以培养"全面发展的人"为核心，分为文化基础、自主发展、社会参与三个方面，综合表现为人文底蕴、科学精神、学会学习、健康生活、责任担当、实践创新等六大素养。然而这些核心素养的养成单靠学科学习难以全面实现。长河发现课程教会学生学习方法，让学生在实践中主动获取知识，在知识运用后感受责任，并自然而然地参与到社会生活中来，为学生全面发展奠定坚实的基础。

二、北京市顺义区第十三中学的案例

北京市顺义区第十三中学（简称"顺义十三中"）坐落于燕山脚下、潮白河畔的北小营镇，在顺义东北部，距城区12千米，毗邻顺密路、昌金路、顺平路，交通便利，资源丰富。在办学过程中，学校充分利用各类资源，丰富学习方式，拓宽学生主动学习的空间环境，为学生创造更多的亲身体验的经历，致力于提高学生解决实际问题的能力，让学生感受到"做中学"的价值和意义。学校与北小营镇汉风耕读苑、张堪农耕博物馆、汉石桥湿地公园、北京国际鲜花港等机构合作，利用校外资源为学生深度开发课程。

（一）课程设计理念

课程建设的过程就是学校发展、师生成长的过程。开发什么样的课程，构建怎样的课程体系，体现着学校的智慧和实力。课程标准强调，动手实践、自主创新与合作交流是学生有效学习的重要方式，学生的学习活动应当是一个生动活泼的、主动的和富有个性的过程。而学校认为，孩子们在自然中学习、体验、探索的经历，会使他们的感知能力有很大的提升。大自然不仅能引起孩子们的好奇心，还可以增强想象力，激发创造力。为此，学校提出"自然体验学习"的课程理念，在生态自然体系下，通过系列的活动，让学生体验对自然信息的采集、整理、编织的全过程，形成有效的逻辑思维运用于社会生活中。

（二）课程总体框架

学校地处北京郊区，与平谷、密云、怀柔相邻，具有丰富的自然资源。课程建设核心组领导和教师提前走进每一个活动基地，挖掘资源、因地制宜、因材施教、精编学案、精选路线，搭建了实践平台，丰富了教育手段，提高了学生获得感，提升了活动意义。

表7-5 顺义十三中自然体验学习课程规划的框架结构

实施年级	渗透文化	体现课程目标	研究主题	研究主题开发范例
七	亲近自然感受和谐	通过对自然的研究，引导学生走进自然、了解自然，形成与自然和谐相处的意识和能力	奇妙的植物诗词中的姹紫嫣红野外定向校园绿世界	顺义十三中走进昌平农业嘉年华
八	走进自然传承文明	通过学科渗透引导，使学生在了解自然的过程中拓宽视野、了解文化，能够从自然中汲取智慧和力量，激发创造力		顺义十三中走进密云蔡家洼玫瑰情园

（三）走进密云蔡家洼玫瑰情园综合实践活动

1. 资源单位介绍

玫瑰情园位于密云区巨各庄镇蔡家洼村，属于蔡家洼村的集体产业。玫瑰情园成立于2013年，是北京市首个人工种植打造的玫瑰花园，荣获了"北京市中小学生社会大课堂资源单位""北京市科普教育基地""中国美丽田园花海景观""全国休闲农业与乡村旅游五星级园区"等一系列荣誉。

玫瑰园种植面积约2 500亩，其中玫瑰750亩、月季750亩、柳叶马鞭草800亩、其他花草200亩。玫瑰分三个品种，有大马士革、丰花一号、四季玫瑰；还种植了近百个月季品种和八宝景天、萱草、荆芥等10余种花草。园内现在种植的玫瑰以及各种花草大多以食药两用为主。景区结合自然地形依山就势而种植，呈台阶式形成一片花海。

农业园区占地面积5 000亩，种植有十几种有机大樱桃，在每年的5月中下旬即可采摘。还建有19栋温室大棚，里面种植有十几种热带水果以及各种北方的果蔬，可用于观光，也可采摘。

玫瑰情园的资源结构多样，针对我们想实现的教学目标，能够制定出完整的实施步骤与方法，在有限时间内产生实际的学习结果。它位于北京市东北边，自然环境优越，也有适合学校集体组织的体验活动的空间。

2. 课程设计思路

亲近自然是为了在自然中培养学生的核心素养，拓宽学生的学科知识并加强其与生活实际的有机结合，使学生更好地理解知识，掌握知识，运用知识，促进学生探究能力的提升。

学校带领备课组长提前进入玫瑰情园，了解资源，采集素材，设计活动，制作引导学习手册，将知识问题化，将问题情景化，让学生到现实生活的情境中，通过观察、思考、探究，用所学的知识解决问题，从而将所学知识转化为自身的素养，体验运用知识解决实际问题后的幸福感，体验知识所蕴含的自然文化精神。

3. 活动过程

第一个活动内容是全体同学在玫瑰情园老师的带领下进行游戏拓展活动。活动包括"不倒森林""呼吸的力量""板鞋""击鼓传花""传递的力量"等十项内容，每班选四项参加。青山绿水，漫山遍野的玫瑰林、花果树，孩子们沉浸在山林间，呼吸着新鲜空气，感受着大自然带给我们的喜悦。游戏时，学生体会到个人在自然中的渺小，进而体验到团队力量的重要性，那一刻，人景合一，大家感受到同伴间合作的默契度和协作能力，体会到融入团队合作成功的兴奋和成就感，增强了"我就是团队，团队就是我"的价值观。

第二个活动内容是同学们参加画纸伞和农事体验活动。走进活动室，同学们在现场老师的指导下，纷纷拿出自己的绘画本领，用笔在伞上进行合理布局，大胆泼墨。不一会儿，空白的纸伞就被颜色和图案填满，同学们用自己灵巧的双手画出了心中的美丽世界。在农事体验活动中，同学们体验推小车、扁担挑水、推石磨等农事活动带来的乐趣。

在参与各种体验活动之余，同学们根据老师发给自己的任务单，有意识地围绕着一个物体、一个现象去问自己：这是什么，为什么是这样，如何理解它。在实物面前，不知不觉地生发出问题，并产生想要去一探究竟的兴趣和行动，这些正是我们希望学生在自然学习中自然产生的行为。其实每个孩子都有自己内在的意愿和需求，这种由内而生而不是由外而加的学习动力才是永不枯竭的。通过对玫瑰情园的参观，学生们更加真切、近距离地观察了自然，并且感受到自然的魅力和力量，让知识融于实践、融于观察体验思考中，真正实现在愉快中获取知识的愿望。

4. 活动评价

爱默生说:"培养好人的秘诀就是让他在大自然中生活。"我们让孩子们在自然体验中学习就是增加他们的自然知识与经验,让孩子们去感受大自然的奥妙与完美,从而学会欣赏自然、尊重生命以及开发想象力。所以,体验学习的目标是用来明确我要带学生到哪里;体验学习的活动内容是用来明确我如何带他们到那里;体验学习的评价是用来明确我如何知道已把他们带到了那里。所以,用既有效又可信的工具评估学习者的学习结果、学习过程和学习能力是我们必须要考虑的。

表7-6 "玫瑰情园,快乐课堂"综合实践活动学生评价表

评价项目	评价要点	自评	组评	评价项目	评价要点	自评	组评
在活动中参与的态度	1. 活动中遵守纪律			在活动中获得的体验	1. 善于提问,乐于研究,勤于动手		
	2. 认真参加每一项活动				2. 有一定的责任心		
	3. 努力完成自己承担的任务				3. 能对自己进行反思		
	4. 做好资料积累和收集的工作				4. 实事求是,尊重他人想法与成果		
	5. 乐于合作,能和同学交流,尊重他人				5. 不怕吃苦,勇于克服困难		

(续表)

评价项目	评价要点	自评	组评	评价项目	评价要点	自评	组评
在活动中学习方法的掌握	1. 能用多种途径获取信息			我想说的话			
	2. 能运用已有的知识解决问题						
在活动中的实践能力的发展	1. 有求知的好奇心、探索的欲望						
	2. 独立思考、自主学习，主动发现问题，提出问题，寻求解决问题的方法						
	3. 积极实践，发挥个性特长，施展才华			教师评价			

在这张评价表中，我们首先重视学生对"自然体验"过程的监控与管理。单纯的观察结果，无法了解每个成员是否都积极参与，以及在活动过程中分工与进度的安排是否合理。

其次，要重视学习过程中的多种体验与收获，让学生关注自己的活动成果，关注拓展思维，关注学习过程中的多种体验与收获。

第三，重视学习过程的多元化。学生有着不同的文化背景、不同的认知方式、不同的兴趣爱好和个性心理特征。因此在学习过程中，应承认这种差异的存在，并创造条件让学生的个性得到发展。例如，提供多种学习方法：参观豆腐制作基地，语文组通过观察概括豆腐制作过程的办法，让学生有收获；历史组则通过检索资料，将豆腐的发展历史及传承记录下来,既有理性探求,又有感性体验,使学习更立体。

在多次实践后,学校又增加了多种形式的成果展示环节。学习回来后,通过一个星期的消化、理解、准备,年级师生集合起来,通过作文、图表、模型、诗歌、表演、绘画、歌唱、演讲等方式来汇报学习成果。

总之,在设计评价系统时,侧重于考虑学校力求达到何种教育目标、要为学生提供怎样的教育经验、如何有效地组织好这些教育经验、如何确定这些教育目标得以实现。通过核心目标的确定和评价,使得师生在共同学习的时候指向清晰,目标明确,效率更高。

结　语
面向可持续发展的自然体验学习

可持续发展教育是建设生态文明的重要途径。一般认为，环境教育和可持续发展教育是现代生态文明教育的主要形式。在全球人类发展的需求和地球生态系统的供给能力之间的关系日趋紧张的今天，可持续发展教育在全世界范围内得到了愈来愈多的关注和重视。2014年11月，世界可持续发展教育大会在日本举行，会议发布《塑造我们希望的未来——可持续发展教育十年（2005—2014）监测与评估终期报告》，对十年来国际社会和世界各国推进可持续发展教育的经验和教训进行了总结，并展望了可持续发展教育的未来，在全世界教育领域引起巨大反响，成为各国制定教育政策、推进教育改革的重要参考。2015年5月19日至5月21日，世界教育论坛在韩国仁川松岛国际会展中心举办。论坛以"通过教育改变人生"为主题，通过了为今后十五年的全球教育确立新目标的《仁川宣言》，宣言坚决支持可持续发展教育全球大会上发起的"可持续发展教育全球行动计划"，强调人权教育与培训的重要性，以达成2015年后的可持续发展议程。2015年11月4日，第38届联合国教科文组织全体大会通过了《教育2030行动框架》，针对《仁川宣言》提出的"确保全纳平等优质的教育，促进全民终身学习"设定了清晰的目标和指标，同时联合国教科文组织还发布了成立70周年以来第三份重要的教育报告《反思教育：

向"全球共同核心利益"的理念转变?》,对可持续发展教育的理念进行了详细梳理,向未来提出了几个发人深省的问题:"教育如何回应经济、社会和环境可持续发展的挑战?如何在教育中体现个人利益、公众利益和共同利益的区别?全球化为国家教育政策的制定和执行带来了怎样的机遇和挑战?如何通过人性化教育整合多元化的世界观?"联合国教科文组织连续发布的报告前后呼应,确立了全球可持续发展教育的基本框架。

在2015年联合国第六十九届大会中通过的《关于2015年后发展议程的联合国首脑会议成果文件》提出的可持续发展目标中,"目标四"为提供包容和公平的优质教育,让全民终身享有学习机会,其中的4.7条提出,到2030年时,所有进行学习的人都掌握必要的知识和技能来促进可持续发展,具体做法包括进行关于可持续发展、可持续生活方式、人权和性别平等、和平和非暴力文化、全球公民意识的教育,以及了解文化多样性和文化对可持续发展的贡献。随后发布的《教育2030行动框架》针对上述目标进行了分析和评价。

总体来看,可持续发展教育在未来将受到世界各国的持续关注和重视。目前,各国正积极建立环境教育委员会、可持续发展教育委员会等相关机构,制定法律和政策保证其实施,联合国教科文组织的指导和发布的报告在这一方面对各国政策制定者具有指导作用。在为可持续发展教育设立专门条例的同时,一些国家还将其融入国家的发展规划之中,从顶层设计上开展可持续发展教育,进一步突出"教育是人类的核心利益"和"教育促进可持续发展"的重要理念。

在具体实施层面,可持续发展教育将进一步融入各级各类教育之中,综合课程、活动课程和"全校整合"的模式将成为国际上普遍采用的重要方法。在正式课程中,强调以环境问题为中心,各学科共同合作的跨学科综合课程；在非正式课程中，主要推进形式多样的活动课程，如自然体验学习、户外教育等。在学校发展方面，强调"绿色学校""绿色大学"的建设，在节能减排、校园配置、环境管理等方面坚持环境友好理念，贯彻"在环境中学习"的思想。

此外，多主体参与也是国际上开展可持续发展教育的普遍做法和发展趋势。除了在学校中开展正式教育，也强调政府、社区、自然保护区、企业、家庭等多方力量的共同努力，营造全民参与的可持续发展教育氛围，并在参与过程中明确和强化不同主体的生态文明建设责任。

值得关注的是，《反思教育：向"全球共同利益"的理念转变？》中指出，只有百分之五十的联合国成员国已将可持续发展理念融入教育政策，国家间可持续发展教育的发展很不平衡。首先，可持续发展教育难以融进国家发展政策和计划，需要更多地采取跨部委合作以保障教育能够支持可持续发展目标，且可持续发展政策制定者能够为教育提供支撑。其次，尽管大部分成员国已经确认本国可持续发展教育取得坚实进展，但只有极少数国家给出了可持续发展教育在教育系统、政策和规划方面的实施报告，各国亟待将可持续发展教育制度化、体系化，应加大人员和资金投入，努力吸纳社会资源，提高教育领导者和实践者的决策能力。再者，至今为止各国极少运用质量检测手段评估可持续发展教育项目的质量、实施程度和学习者成果，提高监测和评估水平能够保证持续扩大的教育投入，为可持续发展教育自身的合法性存在提供证明。这些挑战同时也构成了国际可持续发展教育未来可能的发展方向。

如前所述，自然体验学习是20世纪末期以来在我国逐渐兴起的教育实践，其核心为强调"自然体验"，主张人们（特别是儿童）走

结　语
面向可持续发展的自然体验学习

进大自然，通过自然体验，获得心理和身体方面的发展。目前在国际上，自然体验学习仍是未曾得到系统研究的领域，与之类似的概念包括"自然教育"（nature education）、"自然研究"（nature study）、"自然鉴赏"（nature appreciation）、"在自然中学习"（learning in nature）等。

当代人尤其是儿童缺乏对环境和自然的直接体验已经是一个不争的事实。近年来，随着环境教育和可持续发展教育日渐得到关注，自然体验学习的教育意义也得到越来越多的讨论。研究者认为，应当关注自然的教育潜力，认识到自然体验学习的价值，对自然体验学习的心理、生理、社会、文化效果开展实证分析，并且把基于自然体验的教育活动与社区课程资源、跨学科课程开发结合起来，这展示了将自然体验作为一种教育方法的前景。但是，现有的研究成果仍然缺乏将自然体验和可持续发展教育的学习目标联结起来的有力证据。当前的实证研究已经揭示，自然体验是环境知识感知的一个基础，它有助于树立正确的环境价值观、规范态度以及做出恰当的环境行为，但是目前关于自然体验与环境行为的研究主要关注的是低复杂性的任务。针对可持续发展教育涉及的高复杂性的任务，基于自然体验的教育具有何种贡献还需要更多研究和关注。此外，与环境教育不同，可持续发展教育突显了社会公益、公众参与方面的维度，自然体验与这些维度有何关联性、能否发挥作用还有待讨论。还有，基于自然体验的教育作为一种干预手段，怎样实际地提高学生应对可持续发展主题（如生物多样性、气候变化等）的能力，仍需要进一步讨论。

如何将可持续发展教育和现行学校教育结合起来，是《教育2030行动框架》的重要课题。一些国家和地区的案例已经表明，通过主题活动、课程资源开发、综合实践活动等途径，自然教育可以把可持续发展教育的一些要素整合到教育体系中。目前，以自然体验学习为基础的"自然教育"在中国已经得到广泛开展。这一现象已经引起了国外研究者的关注。例如,康奈尔大学在2019年开发了《自然教育》网络课程,以回应中国的需求。联合国的《2030年可持续发展议程》(2015)、联合国教科文组织的《教育2030行动框架》(2015)、中国政府的《中国落实2030年可持续发展议程国别方案》更为推进环境和可持续发展教育框架下的自然体验学习提供了坚实的管治性、规范性基础。这对于促进我国自然体验学习事业的发展,乃至推动教育和社会面向生态文明的转变,指明了发展方向,具有重要的实践意义。可以期待,在不远的未来,中国的自然体验学习将会得到快速而有质量的发展。

附录 1
自然中心简明指南

一、为什么要创建自然中心

人类总会被各式各样的自然景观吸引，这揭示了人与自然之间的奇妙联系。现在，约75%的人类生活在城市。而随着乡村地区的进一步城市化，人类对公园和绿地的渴望已经成为全球性的需求。这为社区中建立自然中心——自然体验学习的基地提供了基础。自然中心可以激励和教育民众，提供社区原生环境的样本，开展环境解说服务和户外项目。自然中心可以为当地社区居民提供欣赏和享受自然的场所，为学校和大众提供户外教室和旅游胜地，这有助于建立社区的集体记忆，提升社会资本。

一般而言，自然中心是以社区的原生土地为基础，服务于当地社区，培养人与地球之间可持续发展关系的场域。它能够帮助人们了解人与自然、人与人之间的联结性，帮助人们培养环境和生态意识，帮助人们树立对环境的责任感。基于社区的自然中心和具有解说功能的公立公园最直接的区别是"社区"。许多公立公园（包括国家公园、森林公园、湿地公园、地质公园等）都有游客中心，这里都有具备环境解说功能的设施和教育项目。然而，这些设施的解说和教育内容往往是一般性的，并不会针对当地的具体环境。以社区为基础的自然中心可能不一定和地方政府或公共管理部门紧密联系，但一定是和社区居民和组织紧密联系的。

建立自然中心通常围绕以下三个目标：保护、教育和休闲。首先，在保护方面，要明确自然中心并非自然保护区。自然中心的目标不仅要保护某块栖息地，还要改变公众的态度和行为。社区里的自然中心是"全球思考，本地行动"理念的最好体现。自然中心能够借助当地环境教育相关的项目来传播保护自然的伦理思想。自然中心能够通过本区域的保护区来促进自然的保护，而不会把保护的范围局限在一个公园之内。另外，自然中心也通过保护社区内的开放空间，提升社区的规划能力。自然中心还会通过教育活动在社区中赢得信任和尊重，将保护自然的工作扩展到土地、生态、环境等科学内容之外的文化、精神和社会层面上。

教育是自然中心最基本的目的。在这里，公众可以学习保护环境的内容和方法，养成有益于环境的生活方式。体验学习通常是最有效的。居民们都想了解当地的生态，比如花、草、树木、鸟、蝴蝶、天气、水、土壤以及其他自然科学知识。人们会在其中发现很多乐趣。传播关于自然的知识当然是自然中心的重要目的，但更重要的是教会人们更好地与自然互动，学会欣赏和尊重自然，而不仅仅是记住物种的名字或者数据。自然中心可以和当地的学校合作开发学校的课程并且给公众提供参与活动的机会，培养更多的"户外教师"。自然中心的环境解说所发挥的教育作用也不应忽视。好的环境解说能够激发听者把"有形的资源和无形的意义链接起来"，把信息以有趣的方式传播出去。

休闲娱乐也是自然中心的重要目标。大多数人走进大自然的动因只是休闲娱乐，如在森林里安静地散步，在沼泽边点起篝火守夜，在草原上漫游，攀登高峰，潜入海底，在树荫下打盹，与孩子们赛跑，观察野生动物，等等。当人们走进自然，紧张的情绪似乎就消除了，而城市环境常常带来紧张的气氛。人们都有着天生的与自然接触的渴望。户外休闲活动不需要特别组织或者事先制定计划，但要考虑各个年龄段的不同需求。休闲娱乐的项目可以帮助共建社区，支持社区的发展。远足、乘独木舟、背包旅行、露营、洞穴探险、攀岩、音乐表演、讲故事、观鸟、团体外出、参加艺术课程和摄影、制作手工艺品或纪录片，甚至是参加定向越野赛，都可以激发来访者美好的情感。

二、自然中心的志愿者

自然中心的活力源于人。他们管理土地，计划项目，设计活动，提供资金，培养团队和社区意识，维持着自然中心的发展。对于大多数的自然中心来说，最初的活动都是从志愿者开始的。一旦团队意识到有些需求是自身无法满足的，便会产生一个非正式的职位需求。这时，只要有明确的目标定位，以及需要的技能和素质，就可以招募志愿者了。

此外，当人们开始对自然中心的计划感兴趣的时候，常常会表达"有没有什么我能帮得上的忙"。不能忽视人们想要提供帮助的意愿。即使在自然中心尚未开始运行的时期，打好志愿者基础也十分关键。志愿者带着他们自身的需求和想法而来。他们以开放的姿态贡献自己的力量。但是，如果他们在这里没有发现吸引他们的、对他们有意义的活动，他们就会离开。因此要随时做好记录，一旦发现有人想要投入志愿服务的时候就让他们立刻行动。牢记要经常激励志愿者们，否则他们可能无法继续志愿工作。

志愿者汇集了各种服务资源，构成自然中心团队的核心。除了做好志愿者信息表以储备志愿者资源之外，最重要的是要有一名志愿者协调员。因为管理志愿者是一项关键而又很耗费时间的工作。协调员需要有良好的领导能力：能够明确哪些是需要解决的问题；能制定解决问题的方案；能够对感兴趣的人员提供方向性的指导；能够明确工作的目标。

让志愿者保持愉悦的心情非常重要。以下是让志愿者保持热情的一些建议：

（1）帮助志愿者理解组织的目标以及他们自己的任务；

（2）给志愿者分配有意义的、能够胜任的工作任务，无论任务多么微小，都要告诉他们完成任务的重要意义；

（3）让工作充满乐趣；

（4）让志愿者感觉到自己是被需要的；

（5）让志愿者参与决策，激发他们的主人翁意识；

（6）尊重志愿者的个人意愿；

（7）认真倾听志愿者的建议和意见；

（8）不要给一个志愿者过多的负担；

（9）不要浪费志愿者的时间；

（10）经常向志愿者表示感谢。给他们一些小礼物、生日贺卡、办公室里的一朵花、装在罐子里的糖果等，作为惊喜；

（11）在志愿者之中建立团队，组织一些团体的聚会；

（12）让志愿者了解组织的目标，分享组织的成就。

自然中心的组织者需要记住，志愿者并不期望得到名誉和荣耀，但是他们确实需要被欣赏。让志愿者们登上简报、照片墙，或是给他们发出感谢信和证书，或是在聚会的时候表示对他们的赞美，都有助于志愿者团队产生归属感。不要把你的志愿者所做的工作看作是理所当然的，也不要期望他们会永远持续工作。必须怀着感激之心，时时感谢他们。此外，志愿者的工作是出于一种奉献的精神，因此趣味性是要始终并且频繁强调的重要因素。

三、自然中心的活动项目

好的活动项目可以在自然中心形成吸引力，也能够得到持续的收入。自然中心的主要目标之一就是设计并实施一些能够加强人与自然联结的项目。以下列举了多种多样富有创造性的活动项目，这是通过对美国数百个自然中心的调查而获得的优秀案例。这些项目包括对学校、家庭、成人、青少年、特殊群体、特殊需求人群等不同对象的活动。与区域内学校的合作可以更好地完善为学校设计的项目。

鸟类研究协会

加入一个当地的鸟类研究协会是很愉快的事情，这里能分享关于鸟类的知识，观察鸟儿们的飞行路线，做鸟类数量统计。我们将会像鸟儿一样踏遍森林、沼泽、小溪边以及草原。许多鸟的生活习性是非常规律的，我们只需去细心地观察，就会发现一些新的东西和惊喜。

引鸟筑巢

在社区里选择适当的位置安装鸟箱。活动提供最好的鸟箱设计、安全的安装技术，以及具有创意的投食、给水位置以及鸟箱安放地点等。限制：30人参加。花费：会员每人10美元，非会员每人15美元。每对夫妇20美元。

如何修建小路

这门免费课程要求参与者注册，且限制人数为25人。道路修建的师傅会把在园中设计和建造小路的理论教给参与者，并且展示在新修道路中如何应用一些工具。

收集雨水

雨水是可以用来灌溉土地的水资源。本项目包括用工具收集雨水、系统设计和相关问题的解决等。此项目不使用电力，学习运用特定的工具和其他设备为各种生物收集雨水。限制25人参加。

开挖池塘

如何保证一年四季都能有清洁的水源来供给野生动物使用？本项目会介绍一些方法，并且详细介绍如何在庭院里开挖一个池塘。课程将以现存的池塘为案例展开讲授。限制25人参加。

公园里的艺术

本项目是家庭参与的艺术活动。这里有针对幼儿、小学生和青少年的不同设计。包括在自然中涂鸦、花盆绘画、用叶子绘画以及自然摄影等。

会员活动

作为一名会员，你会享受一些特殊的待遇。如果你不是会员，也有机会加入我们成为朋友。加入荒野之友来享受春天的夜晚吧，有野外漫步、聚餐和篝火晚会等很多活动。

售卖本地植物

本项目将会介绍最适应本地环境的各类植物，还会给出园艺方面的建议。该活动一年一次，免费入场。

森林夏令营

本项目是一个持续数周的暑期活动，招收年龄12至15岁的儿童，时间为每天上午9点到下午3点，由具有资质的资深引导员进行指导。每周需缴纳140美元。

第一周：探索古人的工艺。古人具有丰富的智慧，他们能够从"大自然超市"中获得食物、药品、工具和艺术材料等。主要的活动包括睡草垫、制造木质工艺品、制造天然肥皂、用本地泥土烧制陶罐等。

第二周：守护火种。你能只用一根火柴生火吗？你想学习怎样不用火柴而是用原始的方式生火吗？如果你愿意，那就加入我们开始炽热的一周生活吧，我们会训练年轻的你们成为火种的守护者，学会尊重自然的力量以及用安全的方式使用危险的火种。

第三周：制作泥人。和我们一起回到古代学习古人的生活方式。加入我们为期一周的秘密活动吧，我们会追踪动物、制造原始的避难屋子、进行感官体验。活动的高潮将在周四晚上，我们将会在营地中露营过夜。

第四周：小溪边的生物。千万别错过在小溪边玩耍和学习一周的机会。一起在小溪边漫步、制造一个竹筏、制造一个水过滤器、监测小溪水质以及很多很多其他活动。我们还会在湖上划独木舟、沿河漂流等。

服务老人的项目

许多老人常有一种被疏离和不再被需要的感觉，但是事实上他们可以贡献丰富的智慧和经验。本活动为感兴趣的居家人群和退休人员提供了一个有意义的机会，他们可以组成小组参加园艺活动、参观自然中心、教孩子们种植等。自然中心会提供志愿者帮助这些有特殊需要的人群。

自然治愈项目

本项目是为精神病医院里的青少年患者设计的，试图帮助这些特殊人群建立健康的自我认知。对于那些没有时间去适应社会的青年人来说，自然是最好的选择。当儿童有消极的情绪或者颓废的时候，他们经常会怀疑自己能否做一个对社会有价值的人。学习成绩或体育方面处于劣势的孩子常会变得消沉或是易怒，这往往会成为社区生活中的一个难题。然而，无论年龄、天赋、诊断结果，这些孩子们都可以在自然中找到适合他们自己的有意义的工作，通过大自然中的活动，越来越多的青少年能够成为一个积极的、有用的角色，与此同时也能够培养自尊心，建立良好的人际关系。

自然中的生日晚会

本项目提供与动物们一起举行欢乐的生日晚会的机会。

学习燃烧

本项目将会介绍如何安全地对草地和森林进行有限制的人工焚烧，以更好地保护本地的橡树和草原。若天气允许，将会组织参与者在草原上或者森林里开展一些在规定范围内的焚烧活动。会员3美元，非会员5美元。

与科学亲密接触

来自不同学校的学生们合作研究野生动植物。他们会形成一定的假说，去公园中观察野生动植物，记录观察结果并且得出研究结论。

野外的生命奇迹

本项目会在当地的学校课堂中，向学生展示活的蛇、树蛙、乌龟、鹰等动物，并解释这些动物在生理和行为方面的哪些特征适应了野外生存。活动内容可以强化基本的生物知识和环境概念。

森林/河流生态

本项目将会带领三年级到八年级的学生进行户外穿越活动，主题是森林和河流的生态考察。学生们将会探索这些区域，了解人类活动对这些区域的影响。

动植物的栖息地

本项目引导学生探究动物和植物生存的基本需求。项目包括室内和户外活动，有特定的活动设施和教师。室内活动包括木偶剧、合唱等艺术活动。户外活动则会带领学生们像"环境侦探"一样调查自然中心所在区域动植物生存环境的多样性。

儿童堆肥

本项目引导学生对日常垃圾进行追踪研究。学生们通过自己设计堆肥桶，学习堆肥的基本知识，发现日常垃圾中的25%是可以成为"黑色黄金"的。

水底世界的生命

本项目引导儿童观察水底/海底，认识到水底/海底的岩礁、木头和叶子等是许多生命的栖息地。孩子们可以用放大镜来观察生物，并且以手指游戏、戏剧和歌曲的形式表达他们的发现。

制造枫糖

本项目会在制糖季节向来访者展示如何用树汁熬制枫糖。制糖季节结束时，每位参与者会得到8瓶甲级的枫树糖浆和两张年度烤饼餐券。

印第安人的生活方式作坊

印第安人有哪些习俗？本地的原住民是怎样生活的？他们怎样狩猎、收集和储存食物？在与欧洲接触之前，他们的交通运输形式、日常的生活方式是怎样的？本项目将会用一周的时间来了解居住在东北部森林中的土著居民的文化和生活方式。从建设棚屋到制作独木舟，从用石头做工具到使用矛枪，项目提供各种体验活动。参与人数限制在12到18人之间，年龄范围为四年级学生到成人。

探索空间感

本项目包括历史、文化、地理和生物各方面知识，引导参与者理解安全与和平的关系，理解我们生存的空间，探索怎样拥有一种能够改变生活的空间感。活动会包括实践性内容和思考性的内容，来帮助参与者探索人和地球之间的精神层面的联系，以及这种联系是如何构成人们所共享的空间的。

感知自然

本项目引导参与者用五官发现和探索自然，了解自然界中的不同动物如何应用它们的感官。闻闻松脂的气味，感受阳光（或者毛毛细雨），触摸岩石上的苔藓，倾听红尾鹰的歌声，看看蔚蓝的天空，欣赏树木的色彩，把眼睛蒙住行走来强化对其他感官的运用，等等。这个主题可以和寻宝游戏、野生动物标本展示、模仿猫头鹰等活动结合。

"求生存"自然生态夏令营

本项目是四到六年级的学生参加的持续一周的活动，时间为每天上午10点到下午2点。想象一下，你一个人被困在树林里，没有食物也没有人帮助你。你会做什么？你怎么才能回家？在这个课程结束之后，你就是野外探索的小专家了！

"我不怕！"

本项目会引导5—10岁的孩子用一早上的时间调查那些被人们认为是"令人害怕的、吓人的、可怕的"动物们。他们观察的动物有猫头鹰、蝙蝠、蛇、昆虫、蟾蜍和老鼠等。他们将会与这些动物近距离接触。

传统植物知识

本项目会引导儿童学习传统野生植物的知识，以及如何使用这些植物。课程主要关注对于植物的使用和培育，包括做成食物、饮料、调味品、燃料、工艺品和篮子、肥皂等家居用品等。项目中还包括从河边到森林的一次植物之旅。

自然中的正念训练

本项目由一位心理学家和专业的正念培训师带领参与者在野外漫

附录 1
自然中心简明指南

步,进行关于艺术和科学的冥想。要穿得舒适一些,穿宽松的衣服,带一个靠垫或者坐垫。

公园中的杂草

本项目会向参与者介绍本不属于这个公园的外来植物,了解这些植物是怎样来到这里的,为什么外来植物会带来问题,怎样去除这些植物。通过对植物的鉴定和实际动手活动(除草),参与者们能够协助保护本地的植物物种,为环境做一些有意义的事情。

流域管家

本项目将集合各方面的志愿者,帮助监控当地河流流域的状况,保护流域内的野生生物,维护生物多样性,参与各种丰富的流域管理、教育和培训。

野生动物康复研讨会

本项目针对18岁以上人群,以及有意成为专业野生动物康复治疗者的人群,或者愿意在家中照看受伤的野生动物的人群。

聪明的土狼

本项目引导儿童开展对犬科动物的行为调查,让儿童对作为捕食者的土狼、狐狸和宠物犬等动物加深了解。活动会通过幻灯片和实际探索,让儿童了解关于土狼的生态知识和它们生存的真实状态。他们还会学习了解土狼的交流方式,比如嚎叫和肢体语言等。

爱好者俱乐部

这是很多群体都希望有机会参与的自然中心的活动。自然中心还可以为许多团队提供服务,包括天文、徒步旅行、观鸟、钓鱼、自然摄影、地质以及其他的爱好者。

一般而言,自然中心可以接受任何团队的参与。自然中心应当为这些爱好者俱乐部提供空间,而这些俱乐部也会为中心提供志愿者服务，带来更好的项目和活动。

爱好者俱乐部不一定要以自然科学为导向。例如，位于旧金山的一所自然中心为户外运动协会、音乐发烧友协会、生日派对俱乐部、外太空探索协会、铁路模型俱乐部、真菌学协会、养蜂爱好者协会、自然史研究会、自然研究者协会、航空模型爱好者协会、无线电爱好者协会、青少年音乐剧场协会等提供服务。通过与团体、协会或组织开展合作，可以为自然中心带来新的观众、志愿者以及捐助者。

四、自然中心的社区发展

自然中心发展中最大的乐趣之一就是建立一个志同道合的"朋友圈"。自然中心常会激发奇妙的人际关系。当核心团队制定出组织发展愿景时，亲密关系便会展开。当然这并不意味着没有冲突，但合作中的冲突仅仅是为了澄清价值观，并使得朋友之间更加相互欣赏。当小团体向外发展为具有广泛联系的社群时，也会招募新成员，团体中也会建立起新的友谊。

人类需要克服对其他人的恐惧，相互了解，并肩合作，共建社区。如果你正准备从头开始建立一个自然中心，你需要了解谁在你的社区中最具影响力。找出那个最具影响力的人，这个人能够决定你土地的命运、控制潜在的资金来源以及可能帮助或破坏你的事业。

社区资源

任何一个社区机构均可能参加自然中心的建设。没有任何联系的组织都有可能在当地自然中心的创设中找到共同点。当你准备扩大你的社群联系时，不要低估了大自然吸引不同机构和组织的力量。你要抓住每一个机会获取支持。当有人喜欢、赞同你的想法时，请他们写一封支持信。从居民、本地专家、社区领袖、教育工作者以及权威人士那里获得的支持信有可能对你有很大帮助。

公布消息

有很多可以公布消息的方式：报纸广告、公共服务广告、网络媒体、新闻稿、简报、邮件、逐户上门宣传、海报、居委会的公报、当地组织的通讯以及口口相传等。

口头交流

私人交流也许是最重要的交际方式。朋友倾听朋友，并且带来新的朋友。无论走到哪里，随时随地谈论你的项目，因为任何地方都有潜在的志愿者和捐赠者。当然，你的做法应该是轻松随意的，不要给人留下推销的印象。有时候，一张能够引起共鸣的照片胜过千言万语。

纸质简报

记录活动的最佳工具是一份简报。它能展现出志愿者的努力，明确未来的愿景，列出支持者的名单，进行活动宣传，促进联络。简报可以向成员、潜在的成员、感兴趣的居民、潜在的支持者传达基本信息。定期的简报能够激发他人的兴趣，使你的组织显得真实可信。一份有吸引力、有创意的简报可以树立形象，推动项目和活动。因此，应当花时间去制作优秀的、顶尖的宣传物，不要勉强接受仓促、邋遢、混乱的工作。

良好的简报应当发表有故事性，展示志愿者、员工、领导者和支持者的生动的文章。人们喜欢阅读关于其他人的文章。简报要表现出积极的态度，负面评论可能会反过来困扰你。可以邀请读者参与简报的制作。

简报应该带有趣味性，具有吸引力，且易于阅读。它们应该包含照片和充足的留白。可以在简报中运用免费的图片，但必须要经过精心的挑选。记住，原创艺术最具有魅力。除非个人有着非凡的设计能力，否则在简报制作过程中应当寻求专业的平面设计师的帮助。

媒体

一般来说，媒体都会喜欢积极的故事。一个在自然界美丽的环境中"生长"出来的环境项目，可以成为很好的新闻故事。但是，对媒体要采取尊重而真诚的态度，以错误的方式接触媒体可能会导致严重的后果。不要做粗野的宣传或者夸大事实。建议只给媒体发布具有基本事实性的书面信息，这样能够减少他们的工作量，并避免报道的失实。

若有可能，应当仔细选择一位能够代表组织面向媒体的人选。这位发言人应该思路清晰，具有亲和力和组织能力，必须了解组织章程和应该避免的敏感地带。在本地报纸上刊登广告，投稿新闻故事，在当地电台和电视台参与谈话节目，甚至做专题片等都是可以选择的策略。建立自然中心往往需要不间断地开展公关活动，以保持社区的持续参与。

与人合作

以社区为基础的自然中心必须尽可能与众多机构合作。每一个社区都是由很多元素组成的系统：政府、学校、企业、服务机构、各类组织和家庭。这些元素都有可能帮助自然中心。当面对问题时，首先应当考虑谁能解决问题，而不是考虑怎样解决问题。若能把人脉与你的需求连接，你将会把握到解决问题的最佳机会。凡事试图亲力亲为解决所有问题，那可能不是好的选择。

当地政府

自然中心应当争取当地政府的支持。不要在遭到一次拒绝后就放弃，应当带着真诚的决心，冷静地面对拒绝。要对政府抱有积极的态度，因为自然中心的目标和政府其实是一致的：都希望建立持久的公共服务。

政府必须平衡社区中不同组织的议题，因此不能指望自己的议题会得到最大的关注。要找到自然中心能够实现的公共服务目标，并展示给政府。邀请政府官员来参观自然中心，让大自然来推销你的想法。

本地居委会

通常情况下，居委会等组织对自然中心抱有积极态度，因为这会促进社区的发展。无论如何，都应当和本地居委会、工商联合会等建立联系。很可能这会决定项目能否成功。睁大眼睛，看看哪些人会支持你的事业，他们可能是潜在的董事会成员。

企业

企业所有者通常热心公益并关注他们的形象。所以，他们可以大力支持户外教育活动或者特殊活动。发现企业合作伙伴非常重要。

学校

自然中心可以从当地学校中获得巨大的收益。田野考察、科学项目和定制课程可以吸引教师和学生，并且获取学校的支持，极大提高项目的声望。同时，与学校合作的项目会更容易吸收企业的支持，这可能带来新的资金来源。找到一些与你志同道合的骨干教师或管理者，建立稳固的学校支持者非常重要。拥有教育系统中的合作者会大大提升自然中心的生存能力。

服务机构

当地社区的服务机构和不同的爱好者团体可能经常会给自然中心提供帮助。你需要让人们看到，自然中心是如何使得社区和具有特殊需要的人群受益的。要与这些组织熟识起来，这样你才能知道什么样的项目会得到支持。这些组织的帮助不仅限于为自然中心提供资金，它们也可能提供专业的人力。

五、自然中心的规划

总体规划

自然中心若要得到持续的发展，必须要有一个总体规划。如果没有总体规划，自然中心的工作总有一天会崩溃。总体规划能促进合作和统一目标，预防分歧和矛盾，还能带来潜在的支持者。总体规划就是在织就梦想！一般来说，总体规划包括愿景、经营方针、管理计划、设施使用及维护政策、预算、筹资办法和土地管理政策等，还可以包括市场计划、规划图等。规划图中应标注出以下事物的位置：所有现存和规划中的道路、建筑、公园、公共设施、生态脆弱区、关注点、公用线路、分水岭和危险地区。

总体规划并无标准体例，以下列举了一些自然中心的总体规划条目作为参考。

总 体 规 划

（一）区域信息

1. 本区域及周边地图

2. 规划周期和管理力度

3. 背景情况

（二）区域扩展规划

（三）区域资源和管理办法

1. 现有自然资源

2. 管理经验和潜力

3. 目标

4. 资源管理的目标和策略

5. 公众使用情况

（1）受众目标

（2）探访目标

（3）规划和交付目标

（4）志愿者目标

（5）提升目标

（6）评估目标

（四）计划实施表和管理成本

战略计划

战略计划是一个组织长期的行动计划，包括组织问题、市场战略、通信联络和广告推广等部分。战略计划的关键问题如下：

（1）要实现目标，需要获得什么资源，实施什么行动？

（2）要实现目标，需要考虑哪些财务因素？

（3）要实现目标，需要完成哪些任务？

（4）谁来完成任务？谁来明确任务？

（5）怎样提供组织支持？

（6）如何完成任务？何时完成？

（7）对完成的任务如何评估？

（8）收益能大于风险吗？

一般来说，制定战略计划要经历以下五个步骤。第一是需要考虑组织问题，例如确定是否需要外部援助，组建计划的编制小组等。第二是进行现状分析，考虑历史和背景、使命和宗旨、外部机会和挑战、自身优势和劣势、关键问题等。第三是制定策略，选择规划方法，辨别和评估方案。第四是起草并改进计划，统一计划的格式，起草计划，修改计划，完善计划等。第五是对计划的实施，包括计划的落实，绩效的监控，计划的纠正和更新等。

以下列举了一所自然中心的战略计划作为参考案例。

XXX自然中心的战略规划（1990年）

愿景：致力于保护绿色空间和休闲用地，维持在丘陵地带的高品质生活。

（一）目标

1. 建立对大草原及其他后自然区域的长期保护机制。

2. 开展基于本地荒野区的旅游、学习、研究和教育项目。

（二）目标一的实施

1. 寻求通过立法的方式保证长期保护自然中心及大草原。

2. 继续完善受托理事会的职能以确保支持组织的使命和长期目标。

3. 建立有效的支持网络来提供资金以保护、修复和维持自然中心和教育项目的资源利用。

4. 发展壮大社区志愿者的力量。

5. 组织专家在流域、野生植被鉴别和环境演变等方面提供有效支持和建议。

（三）目标二的实施

1. 利用自然中心为当地学校建立一个自然课堂，并协助学校前往。

2. 与大学寻求合作以利用自然中心的资源。

3. 开展培训讲解员的项目，以便为需要自然中心解说的导游人员提供服务。

4. 开展信息公开的业务,为自然中心扩大公共知名度,提高社区的保护意识。

5. 按月报道教育项目进展。

6. 组织咨询委员会确定自然中心的发展理念。

7. 为自然中心建立承载展览信息和教育项目的场地。

(四)方法(行动步骤)

1. 建立定期缴纳会费和筹募基金活动的会员组织。

2. 聘用一名理事和一个专职志愿者主管。

3. 把捐赠的建筑物改造成计算机数控室并联网,并设置自然中心办公室。

4. 全年至少为2 000名学生提供36次教育课程及活动服务。

5. 为以上2 000名学生的教师提供课程材料和师资培训。

6. 由志愿者来负责监督道路维护和改善。

7. 对需要环境相关知识的当地居民和地方团体提供公开讲座。

8. 为环境信息的传播提供场所。

9. 提供简报和教育出版物。

10. 与地方、国家及世界的自然保护团体开展联系和互动。

11. 对丘陵区提供全面的支持和管理。

保持激情

自然既有积极的力量,也有许多消极的力量。对于自然中心的支持者来说,遭遇挫折是家常便饭。多锻炼,吃得健康,节省自己的时间。让参与者充分享受在自然中的时间,培养乐观和开朗的心态,激发对成功的渴望等都有助于自然中心的成长。

附录 2
开展自然体验学习时的注意事项

主题的趣味性是自然体验学习成功的关键，对大自然的热爱、与团队的良好关系是作为自然体验学习的组织者、引导者、实施者的良好基础。在这些因素的基础上，我们才有可能组织良好的自然体验学习活动。

要想使自然体验学习活动卓有成效，有些基本的东西值得注意。下面将从引导者的角度，介绍一些基本的技巧。

一、作为引导者的态度和行为

作为一名自然体验学习的引导者，在进入活动之前，应当介绍一下自己对自然的感觉。自然体验学习是一种集体性的体验活动，在这样的集体活动中，引导者的角色是至关重要的。只有自己全身心地投入，才有可能调动你带领的参与者。为了让每个人都能积极参与，引导者们需要考虑如下建议。

1. 面对参与者讲话

（1）认真对待每一次提问和插话；

（2）如果有可能，应当尽可能当场解释清楚提出的问题；

（3）每次只对一位参与者解释；

（4）重视并认真听取参与者的经验和感受；

（5）讲话要具有针对性，多讨论你看到的、摸到的、听到的、闻到的、尝到的。

不要进行单纯的知识传授，即使你有强大的专业背景也不要这样做。有些教师习惯于这样做。不要生搬硬套教学计划中的课程内容。

2. 保持灵活性

（1）根据参与者的愿望，在缺乏兴趣或时间紧张的情况下，可以改变原定计划；

（2）不必执着于制定好的活动计划，避免使用纯粹的专业概念和职业性的特殊用语，若确有必要使用，那么一定要进行足够的解释；

（3）坦率地承认自己的不足，承认自己的知识是有欠缺的，没有人要求你是无所不知的；

（4）忠于自己的风格，不需要改变自己的语言和表达方式，即使讲的是方言土语也没有关系。重要的是"做好自己"，保持自己的风格。

二、调动感官

调动参与者的感官是自然体验学习的重要环节。在这一过程中需要遵循这样一些原则：第一，回顾、总结、补充或改善参与者已有的知识结构，这要比不断灌输新信息更重要；第二，少而精的信息要比详细而烦琐的信息重要；第三，总结自己的收获比解释过程更重要；第四，展示比长时间的口头描述更重要。在不同类型的活动中，引导者可考虑下面这些建议。

1. 观察

（1）鼓励参与者描述他们所看到的东西，发挥想象力把所观察到的东西完美地描述出来。例如，长发飘飘的垂柳，守卫边疆的白杨等。

（2）使用形象化的语言和概念。

（3）运用比较，寻找所观察事物和其他事物的共同性、相似性、差异性。

（4）鼓励参与者在确保人身安全的前提下，通过所有的感觉器官，去全方位地尽情体会。让参与者不仅通过视觉，还通过触觉（如触摸针叶树的树皮或树枝）、嗅觉（如闻一闻苔藓、树桩、杉树的树枝等）、味觉（如尝一尝蔬菜、草莓、悬钩子的果实等）、听觉（如聆听鸟语、水声、风声等）去感受。

2. 演示

通过形象的、具有娱乐性的演示活动，加强参与者对主题的理解。例如：

（1）用毛线团模仿编织蜘蛛网；

（2）共同模仿一棵大树；

（3）表现树木的层次结构；

（4）建立食物网；

（5）模仿水循环。

3. 沉浸和反思

要给参与者留出时间去思考，去处理所获得的体验信息，而不是迫使他们不停地面对新的体验。

（1）留出静处的时间。

（2）留出停下来观察的时间。

（3）允许"走神"、发呆。

（4）给参与者提供交流时间。

（5）鼓励参与者对体验进行总结和反馈。

（6）留出游览的时间。

4. 语言

说话的语音语调本身也是一种表达。通过语音语调的变化可以营造安静、兴奋、有趣或紧张的气氛。

5. 体力劳动

就像运动一样，自然体验学习可以激发出积极的体力劳动热情。例如，锯木、伐树、割草、搬运土石等活动会带给参与者难得的成就感。很多时候，这些工作还非常有创造性。例如，打雪仗、雕刻木雕等都需要动脑筋。

三、调动积极性

1. 吸引参与者的注意力

（1）收集和寻找自然的物品，鼓励他们去找到特定的东西。

（2）查看地图，找出路径。

（3）辨别方向，做好标记点。

（4）提出经过观察才能回答的问题，如"谁能找到下一个鸟巢""刚才经过的地方看到了什么"。

（5）让参与者进行比较。

（6）让参与者面向全体讲话。

（7）尽可能让参与者自己动手。

2. 保持热情

引导者应当积极主动，热情而有活力,在自然体验活动中带头给参与者传递自己的积极情绪。例如，引导者主动带头动手寻找、收集和挖掘；主动查询动植物的鉴别资料；展示发现新事物的兴奋。要注意，表现出发自内心的热情非常重要，不要让参与者觉得你漠不关心，感到诸如"嗯……差不多就这样吧""这没什么特别的"之类的情绪。

通过积极的反馈来显示你的重视，比如"这真有趣！""太有意思了！""请你来给大家展示一下你的发现好吗？"。

3. 注意观察小组的动态

关注小组的每一个成员很难，要让小组跟随你的思路也很难。引导者应当不断地留意活动进程中的变化，根据参与者的兴趣和水平等作出调整。

如果某个主题/事物是特别有趣的，那么应该：

（1）允许参与者花更多的时间观察；

（2）留出分享的时间；

（3）不要催促；

（4）想想怎么把这一情况与活动主题联系起来；

（5）在既定的计划中删除一些内容来腾出时间（前提是参与者对此不知情）。

在参与者疲劳、情绪低潮、烦躁不安、心不在焉时：

（1）安排提神的活动，比如小惊喜、小发现等；

（2）安排探究性、搜寻类的活动，激发好奇心；

（3）有目的地实施一些轻量的运动游戏或身体活动；

（4）分派具体的任务；

（5）给参与者静处、休息、回忆、分享感受的时间；

（6）让参与者自由活动一段时间；

（7）停下来休息。

4. 团队建设

（1）建立工作小组并且分配具体的工作任务；

（2）设计热身活动、破冰游戏等，打破羞怯和拘谨；

（3）避免长时间的个别交谈，不要只和一两个人交谈，要让集体中所有的参与者都能有浓厚的兴趣；

（4）和参与者谈论共同熟悉的话题，如家乡等。

5. 控制麻烦制造者和发牢骚者

给他们分配特殊的任务，如让他们去帮忙准备活动；让他们去探查路况，发挥探路者的作用等。

6. 建立亲切的关系

为了给参与者带来可持续的、永久性的影响，需要有意识地在引导者、参与者和自然环境之间建立亲切的关系。只有让参与者感觉到引导者和自然环境之间存在着亲密的关系时，参与者才有可能和自然环境建立起类似的联系。以下一些建议有助于亲切关系的建立：

（1）表现出自己对参与者的欢迎和热情；

（2）邀请参与者和你一起参加那些共同感到有乐趣的活动；

（3）避免程式化、重复性的内容；

（4）充分利用和参考已有的各类活动；

（5）不要只谈专业知识，还应当表现出你的情感，让参与者能够与你"共情"。

四、做好活动计划

没有事先的计划，就没有成功的自然体验学习。有明确的活动思路非常重要，在活动开始之前，应当设计好一条贯穿活动始终的主线。

1. 确定目标

在活动开始之前，必须要设定活动的目标。要问问自己，我应当选择什么样的目标？参与者不一样，目标要求也不一样。不要总想着完成很多目标，而要把最重要的、确定的目标放在第一位。最简单的也是第一位的目标永远是：了解自然。最后也是最难实现的目标往往是：传授知识、促成行动。但是，从知识到行动，从大脑到双手，总是要走很长的路。不能指望依靠几次活动就达成这一目标。每个活动一定要有确定的目标，在活动开始之前就需要作出决定。当然，目标应当根据情况随时调整。

2. 选择主题

每次活动都有最优先的事项，不要试图展示和解释一切。通常，"少就是好"（less is more）。

如果是给学校的学生开展活动，那么要事先和学校的老师讨论，并且坦诚地表达自己的想法，听取学校教师的意见。记住，引导者的任务不是代替教师上课，而只是对课程进行补充。

活动需要在合适的季节开展。

做好预备方案，一旦由于天气恶劣无法进行既定活动，则可以采用预备方案。

主题应当紧扣"自然"，只谈看得见、摸得着的事物。

主题应当是具体的、有形的，不以理论讲解为目标。

3. 选择路线

集合的地点应当尽可能选择公共交通工具能够到达的地方，周围应当比较安静（否则学生很容易受到干扰而分心）。

在活动开始前，一定要对路线进行勘查。根据参与者不同的兴趣，以及时间需求，灵活地调整路线。无论如何，应当尽可能计划较短的路线，并准备好替代性的路线。以下是一些路线方面的建议：

（1）选择富有变化的景观地点，例如有溪流、岩石、桥梁等景物的地方；

（2）可以沿着林地的小路前行，但要避免经过一些敏感地点，如动物的巢穴、严格保护的植物附近等；

（3）设计一些能够遇到小动物的路线，比如能够看到小鱼、青蛙、蜻蜓、鸟类和小型哺乳动物的路线；

（4）事先设计一些有针对性的特殊场景，如事先设置一些羽毛、鹿角等动物的痕迹、自然活动的遗迹、人类活动的遗迹等；

（5）注意设置观察、感受、远眺等停留点，让参与者能够得到"精神"上的休息，以便沉浸、反思他们的体验。

4. 了解目标群体

在活动开始之前，需要对参与者的基本情况有所了解。可以与学校教师或相关组织者提前进行电话沟通。

（1）根据参与者的年龄，引导的侧重点应当有所不同。8岁以下的儿童重在让他们运用感觉（例如你能看到听到什么？），8—12岁的儿童重在让他们认识事物的发展变化规律（例如湿地有什么样的功能？），13—17岁的青少年或成人则重在让他们建立自然和个人的联系（例如森林和我有什么关系？）。

（2）根据参与者的数量，考虑是否分组，是否需要合作者或助手，谁可以充当助手，等等。

（3）根据参与者的经验，考虑活动对参与者是否新颖，他们已有什么样的知识，他们对活动已经知道什么，等等。

（4）根据参与者的期望，考虑参与者希望了解什么，愿意做什么样的活动，等等。

（5）根据参与者的特殊需求，考虑参与者是否残疾或有特定的疾病（哮喘、心脏病、过敏等），是否有特别活跃或特别沉默的参与者，是否有观察员或陪同者，等等。

5. 准备活动方案

要在活动前对活动过程心中有数。一次活动常常需要准备许多项目，但是记住，千万不要向参与者提前透露这些信息。

有些参与者会表现得很兴奋，情绪高涨，那么需要准备能够让他们安静下来的活动方案。有些则会显得兴致不足，那么需要准备集体活动提升他们的注意力。因此，需要做好两手准备的预案。

6. 设计好活动环节

一般来说，自然体验学习的活动会分为导入、进行和结束三个环节。在三个环节中，引导者应当注意如下一些要点。

（1）导入环节

准时到达集合地点去迎接你的参与者。

向参与者表达欢迎的态度。

向参与者做自我介绍。

别忘了破冰和热身，相互介绍，互相认识也很重要。

简单说明活动计划，如需要的总体时长，什么时候可以吃饭，要走多远，等等。简单说明活动的线路，指出活动可能的难点，涉及的内容，会到达的地点等，但不要提前说出所有活动的亮点。

（2）进行环节

在活动过程中，记住要保持一定的戏剧性，这是帮助我们激发参与者的兴趣，达到活动目标的技巧。在这个环节中，有以下注意点。

引起注意，调动积极性，如热身游戏、互动、接触动物等。

在注意力还未消退时传播知识。

积极调动参与者的感官，例如让他们触摸、观赏、聆听等。

促进群体间的交流，例如共同讨论、评价、鼓励探索等。

（3）结束环节

在活动结束时可以设计一个"高潮"，以深化参与者的印象。一个成功的、令人印象深刻的结束会对参与者产生深远的影响并留下持久的记忆。如果参与者在结束时获得了自我成就感，或者获得了有纪念意义的礼物，那么大多数人会带着愉快的情绪踏上归途。在结束环节也有以下这样一些注意点。

不要对活动做过多引申。这样会分散参与者的关注点。

给出明确的、可行的、积极的行动建议，如少开汽车，亲自到森林中去探索，参加本地的环保组织，使用经过可持续认证的木制品等。

对活动过程进行反思，让参与者回顾并说出自己的活动感受，或用文字、语言、绘画等方式表达自己的感受。

可以给参与者准备一些小礼物、纪念品等。

明确地指定活动结束的终点，要有清晰的表达解散的信号。

即使活动没有按照原定计划进行也不要表现出失望，因为活动重在体验。

记录和评估。做好活动的记录和总结。可以用问卷、反馈表等方式收集相关信息。

五、其他有用的提示

1. 事故的预防和急救

要带上电话、急救袋、救助手册等，引导者还应当常备一些用具。例如一个装满水的水壶，可以冲洗伤口或其他表面，还有创可贴、绷带、剪刀、消毒纸巾、防止蜂蜇伤的药膏等医疗用品……其他一些用具比如橡胶手套，可以方便在野外做清理；小刀，可以用于切割、刮削等；垃圾袋，可以用于收集和捡拾垃圾。在森林中行走时要留意枯枝掉落，随时排除道路上的危险障碍。

2. 安全事项

（1）自然体验过程中的场景大多为自然以及人造林地，参与者服装应以运动和户外装备为主，穿运动鞋或登山靴最佳。

（2）活动安全第一，参与者必须随时注意自己的人身安全。

（3）不得私自离开活动范围，尽量避免单独行动。

（4）准备好应对天气及变化，如自备防晒用品或雨具、防风帽等。

（5）自然体验过程中必须保护环境，不破坏自然，注意防火，带走所有产生的垃圾。

（6）准备好应急物品，如药物、食物、营养剂等。

（7）确保参与人员的健康状况，身体情况特殊和患有不宜进行户外活动疾病的人员谨慎参与。

（8）在无教师、导游、专业人士指导的情况下，任何人不得擅自进行高空攀爬、下水游泳或其他任何危险活动。

（9）做好防范野生动物的准备，包括防蚊虫。

（10）必须做好行动前的知识培训工作，包括动植物辨别、基本生存技能、注意事项等。

3. 其他事项

对野外可能遇到的疾病问题要有所准备并且及时给出信息。例如狂犬病疫苗的接种（可提前咨询疾控中心），当地可能有的血吸虫、绦虫、蜱虫的情况（可咨询当地卫生部门）。

在大家全神贯注地开展活动时，建议关闭手机，忽然被手机铃声打断会极大地干扰活动进程。参与者可以在休息时间再看手机。

别忘了明确吃饭时间,这对参与者来说很重要。不仅因为参与者们饿着肚子会影响活动的效果,还因为吃饭时间能够提供大家一起坐下来休息、交流的机会。

参考文献

[1] 艾小群,吴振东.师法自然——向自然学习形态构成[J].美术大观,2011(12):85.

[2] 包艳丽,魏智勇.海峡两岸环境与可持续发展教育比较研究[J].环境与可持续发展,2015,40(06):79-82.

[3] 兵库县教育委员会.自然学校实践事例集.

[4] 陈彩红,盛群力.运用自然学习模式进行单元设计——以"动物生存"课为例[J].课程教学研究,2013(10):29-36+64.

[5] 陈世倩.中学体验式环境教育课程设计与实践研究[D].武汉:华中师范大学,2016.

[6] 崔馥微.语言自然学习法在第二外语教学中的应用研究[J].成才之路,2017(25):20-21.

[7] 董雪娟.自然缺失症防治导向下小学环境教育户外活动实践研究[D].昆明:云南师范大学,2018.

[8] 范雪,邹正华,张传峰.欧美"森林幼儿园"对我国幼儿体育教育的启示[J].南京体育学院学报,2019,2(07):1-6+87.

[9] 封积文,等.自然教育行业调查报告[R].全国自然教育网络,2019.

[10] 付兵儿.日本中小学德育的体验教育及其启示[J].天津师范大学学报(基础教育版),2004(02):51-54.

[11] 付瑛,宋东清.瑞典幼儿园环境教育的思考及借鉴[J].滁州学院学报,2011,13(04):92-94.

[12] 贺毓.青少年生物科普教育理论探索及模式构建的行动研究[D].上海:华东师范大学,2007.

[13] 胡园.基于自然学习模式下的小学"品德与社会"教学设计研究[D].扬州:扬州大学,2017.

[14] 黄宇,陈泽.自然体验学习的源流、内涵和特征[J].环境教育,2018(09):72-75.

［15］黄宇，谢燕妮.自然体验和环境教育［J］.环境教育，2017（09）：42-45.

［16］黄宇，徐佳.自然体验学习是如何生成的？［J］.环境教育，2019（08）：58-61.

［17］李凌.青少年户外体验活动的理论与实践研究［D］.重庆：西南大学，2006.

［18］李宁.用语言自然学习法进行外语口语、听力、外语思维一体化训练研究［C］.国家教师科研专项基金科研成果（华夏教师篇卷1）.国家教师科研基金管理办公室，2013：223-226.

［19］李鑫，虞依娜.国内外自然教育实践研究［J］.林业经济，2017，39（11）：12-18+23.

［20］李妍焱.拥有我们自己的自然学校［M］.北京：中国环境出版社，2015.

［21］李妍焱.在民间公益领域培养跨国思维——从日本国际协力机构自然学校技术援助项目论起［J］.中国非营利评论，2018，22（02）：205-229.

［22］刘春英.注重自然体验，培养自主学习能力［J］.北京教育（普教版），2019（04）：93.

［23］卢晓燕.体验教学在小学英语教学中的应用及改进［D］.重庆：西南大学，2011.

［24］马艾斯.回归"自然学习"——读《从仿生到靠生：基础教育改革的根本突破》的启示［J］.现代教育论丛，2009（10）：61+63.

［25］马芮.关于环境教育基地建设内涵及其功能探究［J］.环境保护与循环经济，2015，35（06）：65-67.

［26］聂洋溢.关注过程：基于自然学习模式的跨学科主题教学设计［J］.教育参考，2016（06）：74-80.

［27］裴延娜.基于体验学习的小学科学课程教学设计与实践［D］.曲阜：曲阜师范大学，2019.

［28］彭正文，施永达.日本中小学的社会教育［J］.外国中小学教育，2008（06）：41-45.

［29］钱孝红.基于自然学习法的中职语文阅读教学探究［J］.职业，2015（26）：126-128.

［30］盛群力，陈彩红.依据学习循环圈的性质施教——麦卡锡的自然学习设计模式评述［J］.课程教学研究，2013（01）：25-32.

［31］宋超，张路珊.发达国家环境教育体验式教学特点及启示［J］.山东理工大学学报（社会科学版），2016，32（03）:85-89.

［32］苏青.日本中小学生素质拓展新途径:青少年体验活动综合计划［J］.教育探索，2016（03）：141-144.

［33］孙建中，林娟.语言自然学习法——让"零起点外语学习者"创造四个月脱口说外语的奇迹［C］.全国外语院校科研管理协作会.第五届外语院校

繁荣发展哲学社会科学高层论坛暨全国外语院校科研管理协会年会会议论文集.全国外语院校科研管理协作会：天津外国语大学科研处，2013：44-51.

[34] 孙睿霖.森林公园环境教育体系规划设计研究［D］.北京：中国林业科学研究院，2013.

[35] 田岛与久，自然体验学习与儿童成长相关的研究［R］.北海道文教大学研究纪要，2014.

[36] 王菁."语言自然学习法"在大学英语口语教学中的应用［J］.山东农业工程学院学报，2015，32（08）：95-96.

[37] 王莉，陈知君.3～6岁幼儿亲自然情感的培养策略［J］.学前教育研究，2014（06）：61-63.

[38] 吴根深.小学自然学习质量评价初探［J］.教育实践与研究，2000（03）：44-45.

[39] 小川洁.从自然保护教育的开展派生出来的环境教育的视点［D］.东京：东京学艺大学教育学部，环境教育.2019.

[40] 谢庆飞，何明清.简论英语教学中的自然学习法［J］.中国成人教育，2005（10）：97-98.

[41] 徐虹.体验式学习在日本道德教育中的应用研究［D］.长春：东北师范大学，2015.

[42] 阳思思.亲自然教育实践的分析研究［D］.宁波：宁波大学，2018.

[43] 杨欣澳.北京市环境教育基地的建设研究［D］.北京：北京林业大学，2016.

[44] 杨盈，耿柳娜，相鹏，等.自然关联性：概念、测量、功能及干预［J］.心理科学进展，2017，25（08）：1360-1374.

[45] 余伟芳.日本学校生命教育及其借鉴［D］.北京：首都师范大学，2014.

[46] 翟庆阳.上海J学校"尊重与关怀"德育体验活动的实践研究［D］.上海：上海师范大学，2017.

[47] 张佳，李东辉.日本自然教育发展现状及对我国的启示［J］.文化创新比较研究，2019，3（30）：155-158.

[48] 张金宝.源于自然学习的知识习得认知模式［J］.海外英语，2011（14）：31-32.

[49] 郑莉.体验式教学在农村小学英语教学中的应用现状研究［D］.锦州：渤海大学，2016.

[50] 周翠萍.自然体验型儿童公园景观设计探究宁乡沩水湾儿童公园景观概念性设计［D］.长沙：中南林业科技大学，2019.

[51] 周儒.台湾环境教育理想的实践基地——环境学习中心［J］.环境教育，2007（12）:65.

[52] 周儒.重新联结人与自然[J].环境教育，2016（10）：76-78.

[53] 周儒.自然是最好的学校：台湾环境教育实践[M].上海：上海科学技术出版社，2013.

[54] 周文君.自然关联性与环境行为关系的研究[D].南京：南京大学，2013.

[55] 朱惠雯.日本自然教育行业发展现状及趋势报告[R].自然教育论坛，2019.

[56] 中华人民共和国教育部.普通高中地理课程标准（2017年版）[M].北京：人民教育出版社.2018.

[57] 中华人民共和国教育部.普通高中化学课程标准（2017年版）[M].北京：人民教育出版社.2018.

[58] 中华人民共和国教育部.普通高中生物课程标准（2017年版）[M].北京：人民教育出版社.2018.

[59] 中华人民共和国教育部.普通高中物理课程标准（2017年版）[M].北京：人民教育出版社.2018.

[60] 中华人民共和国教育部.普通高中艺术课程标准（2017年版）[M].北京：人民教育出版社.2018.

[61] 中华人民共和国教育部.普通高中英语课程标准（2017年版）[M].北京：人民教育出版社.2018.

[62] 中华人民共和国教育部.普通高中语文课程标准（2017年版）[M].北京：人民教育出版社.2018.

[63] 中华人民共和国教育部.义务教育地理课程标准（2011年版）[M].北京：北京师范大学出版社.2012.

[64] 中华人民共和国教育部.义务教育化学课程标准（2011年版）[M].北京：北京师范大学出版社.2012.

[65] 中华人民共和国教育部.义务教育美术课程标准（2011年版）[M].北京：北京师范大学出版社.2012.

[66] 中华人民共和国教育部.义务教育生物学课程标准（2011年版）[M].北京：北京师范大学出版社.2012.

[67] 中华人民共和国教育部.义务教育数学课程标准（2011年版）[M].北京：北京师范大学出版社.2012.

[68] 中华人民共和国教育部.义务教育物理课程标准（2011年版）[M].北京：北京师范大学出版社.2012.

[69] 中华人民共和国教育部.义务教育小学科学课程标准（2017年版）[M].北京：北京师范大学出版社.2018.

[70] 中华人民共和国教育部.义务教育音乐课程标准（2011年版）[M].北京：北京师范大学出版社.2012.

[71] 中华人民共和国教育部.义务教育英语课程标准（2011年版）[M].北京：

北京师范大学出版社.2012.

[72] 中华人民共和国教育部.义务教育语文课程标准（2011年版）[M].北京：北京师范大学出版社.2012.

[73] Anderson, L. M. Land Use Designations Affect Perception of Scenic Beauty in Forest Landscapes [J]. Forest Sci, 1981, 27: 392–400.

[74] Änggård, E. Making Use Of "Nature" In an Outdoor Preschool: Classroom, Home and Fairyland [J]. Children Youth and Environments, 2010, 20(1): 4–25.

[75] Ärlemalm-Hagsér, E., & Sandberg, A. Outdoor Play in a Swedish Preschool Context [C]. Knight, S. (Ed.). International Perspectives on Forest School: Natural Spaces to Play and Learn, London: Sage, 2013: 42–52.

[76] Asano, Y. The Comparative Study of Education for Sustainable Development in Early Childhood in Sweden and Japan: Through "The Environmental Epistemological Model of 5 Aspects" [J]. Problems of Education in the 21st Century, 2011, 32: 23.

[77] Barbara, Boughton, & Rebecca, J. Frey. Naturopathic Medicine [M] // Fundukian, Laurie, J. (Ed.). The Gale Encyclopedia of Alternative Medicine. Vol. 4. 4th ed. Detroit, MI: Gale, 2011: 3037–3039.

[78] Barnes, M. E., Evans, E. M., Hazel, A., et al. Teleological Reasoning, not Acceptance of Evolution, Impacts Students' Ability to Learn Natural Selection [J]. Evolution: Education and Outreach, 2017, 10(1): 7.

[79] Beltzig, G. Learn to Play, Play to Learn [J]. Nature, 2015, 523(7560): 287–288.

[80] Berman, M. G., Jonides, J., & Kaplan, S. The Cognitive Benefits of Interacting with Nature [J]. Psychol, Sci, 2009, 19(12): 1207–1212.

[81] Berto, R. Exposure to Restorative Environments Helps Restore Attentional Capacity [J]. Journal of Environmental Psychology, 2005, 25(3): 249–259.

[82] Bond, M. Three Degrees of Contagion [J]. New Scientist, 2008, 201(2688): 24–27.

[83] Brügger, A., Kaiser, F. G., & Roczen, N. One for All? Connectedness to Nature, Inclusion of Nature, Environmental Identity, and Implicit Association with Nature [J]. European Psychologist, 2011, 16(4): 324–333.

[84] Bruni, C. M., Winter, P. L., Schultz, P. W., et al. Getting to know nature: evaluating the effects of the Get to Know Program on children's connectedness with nature [J]. Environmental Education Research, 2017, 23(1): 43–62.

[85] Burls, A. People and Green Spaces: Promoting Public Health and Mental Well-Being through Ecotherapy [J]. Journal of Public Mental Health , 2007, 6(3):

24–39.

[86] Cervinka, R., Roderer, K. & Hefler, E. Are Nature Lovers Happy? On Various Indicators of Well-being and Connectedness with Nature [J]. Journal of Health Psychology, 2012, 17(3): 379–388.

[87] Clayton, S., & Opotow, S. (Eds.). Identity and the Natural Environment: The Psychological Significance of Nature [M]. Cambridge, MA: The MIT Press, 2003.

[88] Coley, R. L., Sullivan, W. C., & Kuo, F. E. Where does Community Grow? The Social Context Created by Nature in Urban Public Housing [J]. Environment and Behavior, 1997, 29(4), 468–494.

[89] Dadvand, P., Wright, J., Martinez, D., et al. Inequality, Green Spaces, and Pregnant Women: Roles of Ethnicity and Individual and Neighborhood Socioeconomic Status [J]. Environment International, 2014, 71: 101–108.

[90] Dillon, J., Morris, M., O'Donnell, L., et al. Engaging and Learning with the Outdoors—The Final Report of the Outdoor Classroom in a Rural Context Action Research Project [R]. Berkshire: National Foundation for Education Research, 2005.

[91] Eid, Ahmad, M., Alhaqbani, et al. Learning by doing and learning by observing: Trainning Parents in Saudi Arabia to Implement The Natural Language Pradigm [J]. Journal of Development and Physical Disabilities, 2017, 29(4): 1–9.

[92] Flap, H., & Völker, B. Gemeenschap, informele controle en collectieve kwaden [M]. Amsterdam: Amsterdam University Press, 2005, 41–70.

[93] Gerlach-Spriggs, N., Kaufman, R. E., & Warner, S. B. Restorative Gardens: The Healing Landscape [M]. New Haven, CT: Yale University Press, 1998.

[94] Grahn, P. Wild Nature Makes Children Healthy [J]. Swed Build Res., 1996, 4: 16–18.

[95] Harper, & Nevin, J. Outdoor Risky Play and Healthy Child Development in the Shadow of the "Risk Society": A Forest and Nature School Perspective [J]. Child & Youth Services, 2017: 38(4): 318–334.

[96] Hartig, T., & Staats, H. The Need for Psychological Restoration as a Determinant of Environmental Preferences [J]. Journal of Environmental Psychology, 2006, 26(3): 215–226.

[97] Hartig, T., Evans, G. W., Jamner, L. D., et al. Tracking Restoration in Natural and Urban Field Settings [J]. Journal of Environmental Psychology, 2003, 23(2): 109–123.

[98] Health Council of the Netherlands, Dutch Advisory Council for Research on Spatial Planning, Nature and the Environment. Nature and health: The Influence

of Nature on Social, Psychological and Physical Well-being. [R] The Hague: Health Council of the Netherlands and RMNO, 2004.

[99] Hilmo, I., Holter, K. På jakt etter skogens kongle (How to find the cones in the wood)[R]. Report from Oslo University College, 2004, 31.

[100] Hui-Chun, Chu, Gwo-Jen, Hwang. A Location-aware Mobile Learning System to Provide Field Learning Guidance for Natural Science Courses [C]. Informatics in Control, Automation and Robotics(CAR), 2010 2nd International Asia Conference on, 2010.

[101] Joyce, R. Outdoor Learning: Past and Present [M]. Maidenhead: Opon University Press, 2012.

[102] Julie Ernst, & Stefan Theimer. Evaluating the Effects of Environmental Education Programming on Connectedness to Nature [J]. Environmental Education Research, 2011, 17(5): 577–598.

[103] Juliet Robertson. Schools S F. I UR OCH SKUR "Rain or Shine": Swedish Forest Schools[R]. Winston, UK: Creative Star Learning Company. 2008.

[104] Kahn, P., & Kellert, S. (Eds.). Children and Nature: Psychological, Socio-Cultural and Evolutionary Investigations [M]. Cambridge, MA: The MIT Press, 2002: 29–64.

[105] Kaplan, R., & Kaplan, S. The Experience of Nature: A Psychological Perspective [M]. Cambridge, UK: Cambridge University Press, 1989.

[106] Kaplan, S. The restorative benefits of nature: Toward an Integrative Framework [J]. Journal of Environmental Psychology, 1995, 15(3): 169–182.

[107] Kellert, S. Stephen Kellert: Build Nature into Education [J]. Nature, 2015, 523(7560): 288–290.

[108] Kim, J., & Kaplan, R. Physical and Psychological Factors in Sense of Community: New Urbanist Kentlands and Nearby Orchard Village [J]. Environment and Behavior, 2004, 36(3): 313–340.

[109] Knopf, R. Human Behavior, Cognition, and Affect in the Natural Environment. In Stokols, D., & Altman, I. (Eds.). Handbook of Environmental Psychology, vol. 1.[M]. New York: Wiley, 1987: 783–825.

[110] Kuo, F. E., Sullivan, W. C., Coley, R. L., et al. Fertile Ground for Community: Inner-city Neighborhood Common Spaces [J]. American Journal of Community Psychology, 1998, 26: 823–851.

[111] Lekies, K. S., & Whitworth, B. Exploring Age Cohort Differences in Childhood Nature Experiences and Adult Feelings of Connection to Nature [D]. Columbus: The Ohio State University, 2014.

[112] Lysklett, O. B. Nature Preschools in Denmark, Sweden, Germany and Norway:

Characteristics and Differences [C]. Waller, Tim, et al., (Eds.). The SAGE Handbook of Outdoor Play and Learning. SAGE, 2017: 242–250.

[113] Maas, J., Verheij, R. A., Spreeuwenberg, P., et al. Physical Activity as a Possible Mechanism Behind the Relationship Between Green Space and Health: A Multilevel Analysis [J]. BMC Public Health, 2008, 8(1): 206.

[114] Mannion, G., Sankey, K., Doyle, L., & Mattu, L. Young People'S Interaction with Natural Heritage through Outdoor Learning [R]. Edinburgh: Scottish Natural Heritage, Report No. 255, 2006.

[115] Mayer, F. S., & Frantz, M. P. The Connectedness to Nature Scale: A Measure of Individuals' Feeling in Community with Nature [J]. Journal of Environmental Psychology, 2004, 24(4): 503–515.

[116] McDonnell, L. Playful by Nature: Transforming the Ecological Imagination through Play and Narrative Learning: The Case of the Swedish "Rain or Shine (I ur och skur)" pedagogy [D]. Ås: Norwegian University of Life Sciences, 2013.

[117] Mei-Jen, Kuo. How does an Online Game Based Learning Environment Promote Students' Intrinsic Motivation for Learning Natural Science and How does It Affect Their Learning Outcomes? [P]. Digital Game and Intelligent Toy Enhanced Learning, 2007.

[118] Mruk, C. Self-esteem Research Theory and Practice: Towards a Positive Psychology of Self- esteem [M]. New York: Springer, 2006.

[119] Nightingale, F. Notes on Nursing [M]. New York: Dover Publications, 1863.

[120] Nisbet, E. K., & Zelenski, J. M. The NR-6: A New Brief Measure of Nature Relatedness [J]. Frontiers in Psychology, 2013, 4: 813.

[121] Nisbet, E. K., Zelenski, J. M., & Murphy, S. A. The Nature Relatedness Scale: Linking Individuals' Connection with Nature to Environmental Concern and Behavior [J]. Environment and Behavior, 2009, 41(5): 715–740.

[122] O'Brien, L., & Murray, R. Forest School and Its Impacts on Young Children: Case Studies in Britain [J]. Urban Forest Urban Green, 2007, 6(4): 249–265.

[123] Ottosson, J., & Grahn, P. The Role of Natural Settings in Crisis Rehabilitation: How does the Level Of Crisis Influence The Response to Experiences of Nature with Regard to Measures of Rehabilitation? [J]. Landscape Res., 2008, 33(1): 51–70.

[124] Pablo, Olivos, & Juan-Ignacio, Aragonés. Psychometric Properties of the Environmental Identity Scale (EID) [J]. Psyecology, 2011, 2 (1): 65–74.

[125] Pelletier, K. R. The Best Alternative Medicine: What Works? What Does Not? [M]. New York: Simon and Schuster, 2000.

[126] Pereira, G., Christian, H., Foster, S., et al. The Association between Neighborhood Greenness and Weight Status: An Observational Study in Perth Western Australia [J]. Environmental Health , 2013, 12: 49.

[127] Prezza, M., Amici, M., Roberti, T., & Tedeschi, G. Sense of Community Referred to the Whole Town: Its Relations with Neighboring, Loneliness, Life Satisfaction, and Area of Residence [J]. Journal of Community Psychology, 2001, 29 (1): 29–52.

[128] Rickinson, M., Dillon, J., Teamey, K., et al. A Review of Research on Outdoor Learning [R]. Shrewsbury: Fields Study Council, 2004.

[129] Ringsmose, C., & Kragh-Müller, G. Nordic Social Pedagogical Approach to Early Years [J]. International Perspectives on Early Childhood Education & Development, 2017, 15: 122–125.

[130] Rosa, C. D., Cabicieri, P. C., & Silvia, C. Nature Experiences and Adults' Self-reported Pro-environmental Behaviors: The Role of Connectedness to Nature and Childhood Nature Experiences [J]. Frontiers in Psychology, 2018, 9: 1055.

[131] Rosú S. A., Toledo L., Urbano B. F., et al. Learning from Synthetic Models of Extracellular Matrix; Differential Binding of Wild Type and Amyloidogenic Human Apolipoprotein A-I to Hydrogels Formed from Molecules Having Charges Similar to Those Found in Natural GAGs [J]. Protein Journal, 2017, 36(4): 374–383.

[132] Schultz, P. W. Assessing the Structure of Environmental Concern: Concern for Self, Other People, and the Biosphere [J]. Journal of Environmental Psychology, 2001, 21: 327–339.

[133] Schultz, P. W. Inclusion with Nature: The Psychology of Human-nature Relations. [M] In Schmuck, P., & Schultz, P. W. (Eds.). Psychology of Sustainable Development. New York: Springer, 2002: 61–78.

[134] Schultz, P. W., & Tabanico, J. Self, Identity, and the Natural Environment: Exploring Implicit Connections with Nature [J]. Journal of Applied Social Psychology, 2010, 37(6): 1219–1247.

[135] Schultz, P. W., Shriver, C., Tabanico, J. J., et al. Implicit Connections with nature [J]. Journal of Environmental Psychology, 2004, 24(1): 31–42.

[136] Sisson, J. H., & Lash, M. Outdoor Learning Experiences Connecting Children to Nature—Perspectives from Australia and the United States [J]. Global Practices that Inform and Inspire, 2017, 72(4): 8–16.

[137] Sonntag-Öström, E., Stenlund T., Nordin, M., et al. "Nature's effect on my mind" — Patients' qualitative experiences of a forest-based rehabilitation

programme [J]. Urban Forestry & Urban Greening, 2015, 14(3): 607–614.

[138] Spero, S., & Hubbell, L. Dioramas as a Window for Teaching and Learning in Natural History Museums [J]. Science & Education, 2017, 26: 739–741.

[139] Sugiyama T., Leslie E., Giles-Corti B., et al. Associations of Neighbourhood Greenness with Physical and Mental Health: Do Walking, Social Coherence and Local Social Interaction Explain the Relationships? [J]. Journal of Epidemiology & Community Health 2008, 62(5): e9.

[140] Sutter, D., & Smith, D. J. Coordination in disaster: Nonprice Learning and the Allocation of Resources after Natural Disasters [J]. The Review of Austrian Economics, 2017, 30(4): 469–492.

[141] Takano, T., Nakamura, K., & Watanabe, M. Urban Residential Environments and Senior Citizens' Longevity in Megacity Areas. The Importance of Walkable Green Spaces [J]. Journal of Epidemiology & Community Health, 2002, 56(12): 913–918.

[142] Tamosiunas, A., Grazuleviciene, R., Luksiene, D., et al., Accessibility and Use of Urban Green Spaces, and Cardiovascular Health: Findings from a Kaunas Cohort Study [J]. Environmental Health, 2014, 13(1): 1–11.

[143] Taylor, A. F., Kuo, F. E. & Sullivan, W. C. Views of Nature and Self-discipline: Evidence from Inner City Children [J]. Journal of Environmental Psychology, 2002, 22(1–2): 49–63.

[144] Tennessen, C. M., & Cimprich, B. Views to Nature: Effects on Attention [J]. Journal of Environmental Psychology, 1995, 15: 77–85.

[145] Ulrich R. S. Natural Versus Urban Scenes: Some Psychophysiological Effects [J]. Environment and Behavior, 1981, 13(5): 523–556.

[146] Ulrich, R. S. Visual Landscapes and Psychological Well-being [J]. Landscape Research, 1979, 4(1): 17–23.

[147] Ulrich, R. S., Simons, R. Losito, B. et al. Stress Recovery during Exposure to Natural and Urban Environments [J]. Journal of Environmental Psychology, 1991, 11: 201–230.

[148] Vries, S. D., Verheij, R. A., Groenewegen, P. P., et al. Natural Environments—Healthy Environments? An Exploratory Analysis of The Relationship between Green Space and Health [J]. Environment and Planning A, 2003, 35(10): 1717–1731.

[149] Watts, D. The New Science of Networks [J]. Ann Rev Sociol, 2004, 30: 243–270.

[150] Weemaes-Lidman, M. C. Educational Stakeholders' Perceptions of Holistic Education in Three Swedish Schools: Towards a Model of Holistic Education in

Early Childhood [D]. Hongkong: Hongkong Institute of Education, 2014.
[151] Wells, N. M. At Home with Nature: Effects of "Greenness" on Children'S Cognitive Functioning [J]. Environment and Behavior, 2000, 32(6): 775–795.
[152] White, M. P., Alcock, I., Wheeler, B. W., et al. Would you be Happier Living in a Greener Urban Area? A Fixed-effects Analysis of Panel Data [J]. Psychological Science, 2013, 24(6): 920–928.